AF402263

SSERTATION

SUR

LES VAPEURS

ET LES

PERTES DE SANG,

Par M. PIERRE HUNAULD, Conseiller, Médecin ordinaire du Roi, Docteur-Régent dans la Faculté de Médecine d'Angers, & de l'Académie Royale des Belles-Lettres de la même Ville.

A PARIS,

Chez JEAN-NOEL LELOUP, Libraire, Quai & grande Porte des Augustins, près la rue Dauphine, à S. Chrysostome.

M. DCC. LVI.

Avec Approbation & Privilége du Roi.

PRÉFACE.

'EST particulierement pour les personnes sujettes aux Vapeurs que j'écris cette Differtation. C'en est une de très-grande considération pour moi, qui m'y engagea, & ç'a été pour me rendre plus intelligible pour elle que j'ai adopté la maniere dont je l'ai écrite.

J'ai preferé à toute autre la forme du dialogue, comme la plus naturelle, & la plus facile. Elle a d'ailleurs l'avantage de mieux contribuer par les demandes, & par les réponses, qui s'y font perpetuellement, à développer toutes les difficultés, à les approfondir d'une maniere plus précife, & plus claire ; enfin à rendre leur détail moins ennuyeux. Le Lecteur s'engage infenfiblement dans l'un, ou l'autre parti ; & l'intérêt qu'il y prend fait qu'il fe confidere moins comme un Lecteur qui ne feroit qu'obferver, qu'avec la qualité d'un *Interlocuteur*, qui parle, qui agit : difpofition qui prévient l'ennui que pourroit caufer une froide lecture. Auffi plufieurs Auteurs ont - ils préferé cette methode, lors particulierement qu'il s'eft agi, ou de longues difcuffions, ou de beaucoup approfondir les fujets qu'ils ont eu à traiter. C'eft de quoi nous avons beaucoup d'éxemples dans les matieres les plus férieufes, & les plus difficiles.

J'établis donc deux Interlocuteurs, &, pour rapprocher davantage mon objet de la portée

des personnes pour lesquelles
j'écris, c'est une Dame, & une
Dame très-vaporeuse, qui con-
verse avec un Médecin, lequel
s'efforce de lui applanir, autant
qu'il est possible, toutes les difficultés : & qui dans ses explications s'attache à parler de la maniere la plus simple, & la plus
naturelle.

Je ne sçais si j'aurai réussi ; mais
je suis persuadé que mon plan est
de tous le plus convenable. J'y
ai fait entrer plus de médecine
que de physique. Aussi est-ce plutôt en homme qui cherche à
guerir qu'en qualité de physi-
cien que je veux écrire.

A dire vrai, il me semble
qu'on prend aujourd'hui une route toute différente ; c'est plutôt
pour philosopher, & faire valoir
la pénétration, & la vivacité,
de son génie, qu'on écrit, qu'afin
de recueillir une histoire exacte

des évenements de la nature. Auſſi
ne les expoſe-t-on que pour en
fournir l'explication ; & , plus
attentif aux moyens de la rendre
vraiſemblable , qu'exact dans leur
hiſtoire (parce que très-ſouvent ,
il s'y rencontre des faits trop em-
barraſſants) on ne prétend s'attacher qu'à ce qui convient le mieux
à ſon ſyſtême favori.

C'eſt le goût du ſiecle ; un Auteur veut toujours égaler par ſon
génie ce que ſon objet a de plus
merveilleux. Il domine ſi fort, ce
génie, que même dans les ſujets,
dont on veut être inſtruit on
cherche encore plus le génie de
l'Auteur que la matiere dont il
traite. Auſſi bientôt la Médecine
ne ſera-t-elle plus que l'art de bien
diſcourir ſur les maladies ; & celui de guerir n'appartiendra qu'à
des gens bornés , & que l'on ne
daigne preſque plus entendre,
parce qu'ils affectent de reſter trop

attachés à leurs sujets, & qu'ils refusent de s'élever comme les autres.

Ce dernier parti est le moins brillant, mais il est le plus utile. C'est pour cela que depuis très-long-tems je m'y tiens attaché. Aussi dans ces Entretiens ai-je pris soin d'éviter en divers endroits plusieurs explications hazardées, qui m'auroient pû rapprocher davantage du goût d'aujourd'hui. C'est à la maniere antique que je raisonne. J'y prends pour ce sujet le nom d'Asclepiade, & je m'applique à ne pas sortir du caractere des Auteurs anciens qui ont rendu ce nom si illustre. Heureux s'il m'avoit été possible de les approcher d'aussi près que je l'aurois souhaité!

Ils furent ayeux d'Hippocrate, & peuvent passer à justes titres pour lui avoir fourni la plus grande partie des mémoires dont il

s'eſt ſervi dans la compoſition de
ſes excellents Ouvrages. C'eſt ainſi
que l'a obſervé un des meilleurs
Commentateurs de ce grand Auteur, le fameux *Proſper Martia-
nus*, qui dans ſes notes ſur le Livre *de Natura Muliebri* écrit que
ce Livre peut être conſideré,
comme un Mémoire compoſé par
les Aſclepiades, d'où Hippocrate
a tiré de quoi compoſer l'autre
Livre des Maladies des Femmes.
Peut-être auſſi qu'Hippocrate a-
voit lui-même compoſé ces Mémoires. Car un homme attentif à
ne travailler que d'*après nature*
recueille d'abord ſes obſervations
à meſure qu'elles ſe préſentent,
pour les diſpoſer enſuite dans l'ordre que ſes raiſonnéments lui indiquent : méthode qu'ont également pratiquée tous ceux qui ont
entrepris d'exceller dans les Beaux
Arts. Ainſi les plus grands Peintres, par exemple, n'ont point

entrepris de tableaux , qu'après en
avoir premierement disposé l'es-
quisse , & sans avoir rempli de
grands porte-feuilles des études
particulieres qu'ils ont faites des
diverses parties d'*après nature*. Là
on trouve avec quelle attention
ils se font rendus exacts à l'observer. Séveres à faire taire leur génie devant elles , ils ont servile-
ment copié leurs *modeles* , & plutôt évité des *aspects difficiles* , &
d'un mauvais effet , que prétendu y ajouter , ou en retrancher ,
pour les rendre d'un spectacle plus
agréable , parce qu'ils ne cher-
choient que la vérité ; & que ce
n'étoit que par elle qu'ils préten-
doient briller ; assez riches par son
propre prix , & recommandables
par leur exactitude , & leur fidélité.

Les Médecins ont encore plus
d'interêt que les Peintres de tenir toutes choses de la nature ;

puiſqu'ils ne deviennent habiles
que de concert avec elle , &
qu'avec elle ils ne ſçauroient agir
qu'en conſéquence de ce qu'ils ont
obſervé de ſes pratiques. Auſſi
trouvons-nous une grande différence entre *ces Livres de génie* aujourd'hui ſi fort à la mode , & ces
autres Livres de pratiques, où, s'il
m'eſt permis de m'exprimer ainſi ,
tout ſyſtème *ſe tait* , pour laiſſer
parler les choſes.

J'ai tâché de ne remplir ma Diſſertation que de ces choſes,de n'y
raconter que des obſervations ,
& de ne rien hazarder qu'on dût
traiter de conjectures. En effet je
n'y rapporte rien que je n'aie obſervé. C'eſt même ayant encore
devant les yeux comme mon mo-
dèle , que je prends la plume.
Ainſi ce que j'écris devra plutôt
paſſer pour des mémoires recüeil-
lis ſur le champ que pour un ouvrage achevé.

Il semblera néanmoins à quelques Lecteurs que, malgré toute l'exactitude dont je me voudrois parer, je donne dans la conjecture autant qu'un autre. Ces esprits *prolifiques*, ou *séminaux*, des aliments, que je fais se développer dans les veines ensuite des mauvaises digestions; ces autres esprits du même genre, que j'établis pour principaux moteurs de toutes les *efflorescences* du sexe, leur paroîtront quelque chose de très-idéal. Mais, avant que de les rejetter, qu'ils observent plus attentivement la nature qu'ils n'ont fait, puisque ces esprits leur ont échappé (car c'est parce qu'ils ne les connoissent point, qu'ils les nient) & bientôt après ils reviendront à mon sentiment.

Ces esprits n'excluent point toutes les méchaniques qu'ils supposent; bien au contraire, elles leur font d'une nécessité absoluë ; préparations importantes à leurs operations. Mais que ces Lecteurs ne se laissent pas surprendre à l'application fausse d'une vérité très-constante ; je veux dire qu'en tous lieux, & dans tous ses procedés, la nature affecte toujours les voyes les plus abregées, & les plus simples. Car tant d'abreviation, & de simplicité, regarde moins les cas particuliers, que les moyens généraux qu'elle met en usage : & , ce qui fait qu'en comparaison de ces moyens généraux les cas particuliers doivent être beaucoup moins simples, c'est qu'il faut que les méchaniques se multiplient à proportion des difficultés qui se rencontrent à faire accorder, & à assujettir parfaitement à des *déterminations* particulieres, les forces qui ne sont répanduës que d'une maniere générale. Verité constante, & que j'ai clairement

démontrée en un autre endroit.
Ainſi c'eſt moins en ces ſujets particuliers que dans l'œconomie,
& l'adminiſtration, des agents généraux, que conſiſte la grande
ſimplicité de la nature ; & de-là
vient qu'elle paroît n'agir jamais
qu'en conſequence de ſon ſyſtême général. D'où je prétends
conclure que tout ce que je ſuppoſe dans le ſyſtême végetal, cette force, cette activité des eſprits germinants, ſuivant la maniere que je l'expoſe ; eſt tout à
la fois plus facile, plus ſimple,
& plus abregée, que ne le ſont
les moyens qu'affectent d'établir ceux qui les veulent nier.

D'ailleurs ſur cela j'en appelle
au ſentiment général de tous les
ſiecles, à ce que leurs propres expériences leur en ont fait connoître ; enfin à ce que nous-mêmes
obſervons tous les jours dans les
expériences qui ſe font ſous nos

yeux par la main de nos Artifants.

J'aurois pû, il eft vrai, auto-
rifer par un plus grand nombre
de preuves une verité dont j'ai
dû prévoir qu'elle feroit contef-
tée ; dans ce tems-ci particulie-
remént , où je trouve qu'une
nouvelle doctrine a prévenu les
efprits fort au contraire. Mais ,
outre qu'il m'a femblé qu'ayant
introduit pour interlocuteur une
Dame avec laquelle il ne devoit
pas s'agir de Differtations fi *pouffées*, & fi épineufes ; mon deffein en écrivant s'eft borné à le
faire plutôt pour des gens qui
voudroient ne penfer qu'à guérir , & qui pour cela fe conten-
teroient de ce qui fe montre d'a-
bord , & de la maniere la plus
fenfible ; que pour ces Phyficiens
pointilleux , dont on peut dire
avec bien des gens que leur coutume eft de douter de ce qu'ils

voyent, pour ne croire que ce qu'ils imaginent.

Mais, me dira-t-on peut-être, pourquoi au lieu de cette Dame, & de ce plan extraordinaire, ne pas introduire plutôt un autre Médecin, qui, plus au fait de la matiére, auroit été plus capable de l'approfondir, de mouvoir des queſtions plus curieuſes, de faire pouſſer plus loin les explications qu'on auroit données; enfin qui dans les termes de l'Art auroit donné lieu à un Traité plus dogmatique, & plus complet?

C'eſt que je n'ai voulu rien entreprendre de tout cela. J'ai jugé à propos d'inſtruire les femmes elles-mêmes; de leur apprendre à s'étudier, à ſe connoître, & même à ſe pouvoir gouverner par leurs propres conſeils, comme elles auroient pû faire ſans la conduite des Médecins. Il faut les croire capables de tout cela; &,

comme c'est principalement le
meilleur régime de vivre qui devient le plus excellent remede
contre les Vapeurs, il est à croire,
qu'étant bien persuadées des vérités que je développe, elles se rendront plus exactes à l'observer
que si elles n'avoient pour regle
que leur confiance dans la capacité d'un Médecin. Je dirai même
qu'en bien des occasions j'ai senti
qu'il m'auroit été bien plus aisé
de m'entretenir avec un Médecin que de m'accommoder aux
manieres d'une femme , que j'ai
dû supposer peu instruite de nos
mysteres. C'est même pour cela,
que j'ai évité avec soin les détails
anatomiques, & les descriptions
de certains événements, qui auroient pû ne pas convenir à son
sexe. Quoiqu'en fait de choses
physiques la pudeur ne s'offense
jamais, il est bon néanmoins de
se rendre si scrupuleux, si exact,

quand

quand on s'expose àux yeux du Public, qu'on ne dife rien qui foit capable de l'allarmer.

Il n'eft point cependant de faits intereffants dont je ne parle ; point d'événements bons à obfer-ver que je ne raconte. C'eft à la vérité d'une maniere enveloppée, mais de forte qu'on fe trouvera affez inftruit. Dans de telles occafions la plume d'un Médecin doit être auffi chafte que fon imagination, & que fa main. La néceffi-té toute feule l'oblige à parler ; ce n'eft qu'autant qu'elle l'exige qu'il lui eft permis de le faire.

Enfin, c'eft aux principaux événements que je m'arrête ; c'eft aux remedes qui m'ont le mieux réuffi, que je m'attache. Car un Livre deviendroit infini, fi l'on entre-prenoit de tout dire. Ainfi j'établis de trois fortes de Vapeurs, deux qui peuvent paffer pour fim-ples, & une troifiéme que je dis compoſée, en ce qu'elle participe des deux autres. La premiere des ſimples eſt l'eſpece des *vapeurs à la mode* ; vapeurs nouvelles, en ce qu'il ne paroît pas qu'elles ayent été auſſi frequentes dans les tems paſſés qu'elles le ſont aujourd'hui : effets ordinaires de l'exceſſive molleſſe, de la volupté trop pouſſée, & de l'intemperance aſſiduë. L'autre eſpece des ſimples vapeurs, qui s'eſt fait obſerver dans tous les tems eſt celle des *hyſtériques*. Enfin la troiſiéme eſt compoſée & des unes & des autres, en ce qu'il s'y rencontre & des hyſteriques & des vapeurs à la mode.

Il eſt vrai qu'ayant en vuë dans l'hiſtoire générale des maladies, que je médite, de compoſer un Traité des Maladies particulieres aux femmes, je me ſuis borné ici ſeverement à ce qui n'intereſſe que les Vapeurs, & qu'en pluſieurs

occasions j'ai évité d'approfondir des faits qui m'auroient engagé dans des détails étendus. Ce
ne seront donc ici que des me-
moires, ce ne sera qu'une Dissertation aisée, & facile, mise
également à la portée de tout le
monde. Cependant j'ai supposé la
Marquise avec beaucoup d'esprit,
instruite sur bien des faits, & avec
beaucoup de goût pour la Philosophie, de laquelle même elle a
reçu quelques leçons. Les femmes de ce caractere sont-elles si
rares ? N'est-il pas même ordinaire à celles qui ont de l'éducation, d'aimer à discourir, & d'a-
voir reçu des instructions pareilles ? C'est assez qu'elles ayent du
goût pour la lecture, & qu'elles
soient d'humeur à s'interesser aux
moyens de conserver leur santé,
pour que je doive leur supposer
tout ce qu'il faut pour profiter
de cet Ouvrage.

Enfin évitant avec soin de me servir autant qu'il m'a été possible d'expressions differentes des plus communes ; & d'employer aucunes descriptions purement méchaniques ; j'ai cru que mon Ouvrage pourroit convenir également à tout le monde. Car si je parlois *trituration*, par exemple, ce ne seroit qu'à ceux de cette secte que j'aurois pû être supportable. Il est vrai que je me sers de *levains*, de *fermentation*, d'*aigres*, d'*absorbants*, d'*huileux*, de *sulphurés* ; mais, pour connoître, & admettre, ces agents, il n'est pas nécessaire d'être Médecin ; les Boulangers, les Brasseurs de bierre, les Vinaigriers, & les autres Artisants, peuvent être nos maîtres sur cela : ce qui dans le fond ne devient pas un préjugé mediocre de la validité du systême où ces termes sont employés ; puisqu'on doit convenir, à mesure

qu'on étudie plus attentivement
la nature, que les Artifants, chacun dans leur efpece, doivent
être écoutés comme de grands
philofophes ; & qu'ils ont des rai-
fonnements-pratiques qui valent
les difcours les plus ingenieux,
& de plus l'avantage de ne fe
tromper jamais fans s'appercevoir
de leur erreur. A dire vrai, parler comme eux, n'avoir pour
preuves que leurs expériences
journálieres, ce font des moyens
bien plus fûrs de fe faire comprendre que de ne fe fervir que
des termes, & de la méthode,
de ce perpetuel *méchanifme*, dont
fi peu de gens font capables de
profiter. Il faudroit avoir le génie
véritablement artifte, l'avoir cul-
tivé longtems dans la pratique,
je ne dirai pas feulement des Méchaniques, & des autres parties
des Mathematiques, mais auffi
des Beaux Arts : talents, & pra-

tiques, qui conviennent à peu de personnes ; ce qui fait que, si quelques-unes sont capables d'appliquer ces Sciences à la Médecine, les autres ne s'en composent qu'un verbiage très-confus, & fort embarrassé. D'ailleurs la bonne pratique de la Médecine n'exigea jamais des préparations si éloignées.

APPROBATION.

J'Ai lû par Ordre de Monseigneur le Chancelier un Manuscrit qui a pour titre : *Dissertation sur les Vapeurs, & sur les Pertes de Sang* ; je n'y ai rien trouvé qui puisse en empêcher l'impression. A Paris ce 31. Mai 1752.

CASAMAJOR.

PRIVILEGE DU ROI.

LOUIS par la Grace de Dieu, Roi de France & de Navarre, à nos amez & féaux Conseillers les Gens tenant nos Cours de Parlement, Maîtres des Requêtes ordinaires de notre Hôtel, Grand-Conseil, Prévôt de Paris, Baillifs, Sénéchaux, leurs Lieutenans Civils & autres nos Justiciers qu'il appartiendra : SALUT, notre amé JEAN-BAPTISTE GARNIER, Imprimeur-Libraire à Paris, Nous a fait exposer qu'il desireroit imprimer &

donner au Public un Ouvrage qui a pour titre : *Differta-*
tion sur les Vapeurs & les Pertes de Sang, s'il Nous
plaisoit lui accorder nos Lettres de Privilége pour ce
nécessaires. A CES CAUSES, voulant favorablement
traiter l'Exposant, Nous lui avons permis & permettons
par ces Présentes de faire imprimer ledit Ouvrage en un
ou plusieurs volumes & autant de fois que bon lui semblera, & de le vendre, faire vendre & débiter par tout
notre Royaume pendant le tems de six années consécuti-
ves, à compter du jour de la date des Présentes. Faisons
défenses à tous Imprimeurs - Libraires & autres personnes de quelque qualité & condition qu'elles soient d'en
introduire d'Impression étrangere dans aucun lieu de
notre obéissance, comme aussi d'imprimer ou faire imprimer, vendre, faire vendre, débiter ni contrefaire
ledit Ouvrage, ni d'en faire aucun Extrait sous quelque
prétexte que ce soit d'augmentation, correction, changement ou autres sans la permission expresse & par écrit
dudit Exposant ou de ceux qui auront droit de lui, à
peine de confiscation des Exemplaires contrefaits, de
trois mille livres d'amende contre chacun des contreve-
nants, dont un tiers à Nous, un tiers à l'Hôtel-Dieu de
Paris, & l'autre tiers audit Exposant ou à celui qui aura
droit de lui, & de tous dépens, dommages & intérêts ;
à la charge que ces Présentes seront enrégistrées tout au
long sur le Registre de la Communauté des Imprimeurs
& Libraires de Paris dans trois mois dela date d'icelles,
que l'Impression dudit Ouvrage sera faite dans notre
Royaume & non ailleurs en bon papier & beaux caractères conformément à la feuille imprimée attachée pour
modéle sous le contrescel des Présentes, que l'Impétrant
se conformera en tout aux Réglemens de la Librairie, &
notament à celui du 10 Avril 1725 ; qu'avant de l'exposer en vente, le Manuscrit qui aura servi de copie à
l'Impression dudit Ouvrage, sera remis dans le même
état où l'Approbation y aura été données ès mains de notre très-cher & féal Chevalier Chancelier de France le
Sieur DE LAMOIGNON, & qu'il en sera ensuite remis deux
exemplaires dans notre Bibliothéque publique, un dans
celle de notre Château du Louvre, un dans celle de
notre très-cher & féal Chevalier Chancelier de France
le Sieur DE LAMOIGNON, & un dans celle de notre
très-cher & féal Chevalier Garde des Sceaux de France le
Sieur DE MACHAULT, Commandeur de nos Ordres ; le

tout à peine de nullité des Présentes , du contenu desquelles vous mandons & enjoignons de faire jouir ledit Exposant & ses ayant causes pleinement & paisiblement , sans souffrir qu'il leur soit fait aucun trouble ou empêchement : Voulons qu'à la copie des Présentes qui sera imprimée tout au long au commencement ou à la fin dudit Ouvrage foi soit ajoutée comme à l'original : commandons au premier notre Huissier ou Sergent sur ce requis de faire pour l'exécution d'icelles tous actes requis & nécessaires , sans demander autre permission & nonobstant clameur de Haro , Charte Normande & Lettres à ce contraires : car tel est notre plaisir. Donné à Paris le vingt-neuviéme jour du mois de Juin l'an de Grace mil sept cent cinquante-deux , & de notre Régne le trente septiéme. Par le Roi en son Conseil.

SAINSON.

Registré sur le Registre XIII. de la Chambre Royale des Libraires & Imprimeurs de Paris , N°. 10. fol. 7. conformément aux anciens Réglemens confirmés par celui du 28. Février 1723. A Paris le 28. Juillet 1752.

COIGNARD, Syndic.

Je soussigné reconnois avoir cédé à M. Jean-Noel Leloup Libraire à Paris le présent Privilége , pour en jouir en mon lieu & place. A Paris ce 25. Octobre 1753. GARNIER.

Registré la présente Cession sur le Registre XIII. de la Chambre Royale des Libraires & Imprimeurs de Paris , fol. 200. conformément aux Réglemens, & notamment à l'Arrêt du Conseil du 10. Juillet 1745. A Paris ce 26. Octobre 1753.

DIDOT, Syndic.

De l'Imprimerie de SEBASTIEN JORRY, Quai des Augustins, près le Pont S. Michel, aux Cigognes.

DISSERTATION

EN FORME

DE DIALOGUE

SUR LES VAPEURS,

ET LES PERTES DE SANG.

ADAME,

Je prens la plume pour vous obéir ;
je me dispose même à passer une bonne
partie de la nuit à écrire ; mais dans ce
moment il me semble que la plume me
tombe des mains, & que je ferois beaucoup mieux de me dédire. Ne me le

pardonneriez-vous pas, Madame, lorfque j'aurois l'honneur de vous dire que
jamais je ne réuffirai à conferver dans
ce Dialogue toute la vivacité, toutes
les graces, qui brilloient dans vos difcours ? Je fens même que, fi j'ai réuffi
à vous fatisfaire, vous m'infpiriez je ne
fçai quelles manieres de m'énoncer que
je ne me retrouve plus. L'efprit, les
agrémens, fe communiquent ; il femble
qu'on s'en remplit avec les perfonnes
qui en ont autant que vous, Madame,
comme on fe parfume parmi les orangers.

Encore fi vous vouliez m'en quitter
pour l'expofé de ce que je penfe fur les
vapeurs, & les pertes de fang, il ne s'y
rencontreroit rien qui ne fût à ma portée ; mais la matiere eft trop férieufe,
dites-vous, pour ne la pas égayer, on
rifqueroit même à prendre des vapeurs
fi l'on vouloit s'en inftruire fi férieufe-
ment : c'eft-à-dire que vous voulez que
j'écrive plutôt pour les Dames qui s'y
trouvent fujettes, que pour ceux qui
doivent les en guérir. Rien de plus jufte,
car les Médecins habiles n'ont pas befoin de mes lumieres.

Que ne me le difiez-vous plutôt

nous aurions fait écrire nos entretiens : mais tout ce discours ne sert de rien, vous voulez être obéie, faisons donc nos efforts, quand même je ne férois aujourd'hui que barbouiller du papier.

Commençons par établir mes interlocuteurs, & par chercher un nom qui vous convienne, puisque vous ne voulez pas que le vôtre paroisse. Minerve vous plairoit-il ? vous en avez les caractéres, & ce que la plus ingénieuse fiction imagine de plus excellent dans cette Divinité se découvre dans votre personne. Peut-être aussi que ce nom est trop profane, & trop poétique ; mais, sans changer d'intention, vous aurez nom *Sophie*, & moi, qui dois aussi prendre un caractere, je serai Asclepiade ; car étant partisan très-déclaré de l'antique méthode de guérir, il me faut un nom qui sente l'antiquité : venons présentement au fait.

Le Médecin Asclepiade étoit à la campagne dans le Château de la Comtesse e*** depuis très-long-tems accablée de vapeurs, lorsque la Marquise Sophie — mais ce nom de Sophie convient peu, ce me semble, avec le nom de Marquise ; disons donc, s'il vous plaît, So-

phie tout court ; auſſi bien le nom de
Sophie ſignifie de ſi grandes choſes pour
ceux qui l'entendent , que lui ſeul vaut
tous les titres.) Sophie donc vint dans
ce château voir ſa parenté. Comme elle
a beaucoup d'eſprit , de juſteſſe , & de
diſcernement , elle ne manqua pas de
ſe faire inſtruire du détail de la maladie;
détail qui fut ſouvent interrompu. Toujours quelques exemples étoient cités à
la traverſe,& l'expérimentée Sophie prétendoit en avoir autant vû , & même
autant ſouffert,que le Médecin en avoit
pû apprendre dans les longues années de
ſa pratique. Cependant il finit enfin ce
détail , mais tout auſſitôt il fut ſuivi
d'un long cortége de queſtions , où le
Médecin , tantôt loué , tantôt deſap-
prouvé , vit enfin ſa doctrine payée à la
maniere qu'employent les eſprits forts.

En vérité , Monſieur , lui dit Sophie
(car vous me paroiſſez trop galant homme pour n'entendre pas raiſon , ou , ſi
vous voulez, raillerie) , les vapeurs ſont
des maladies où les Médecins ne voyent
guéres clair. Quand je n'en aurois pas
d'autres preuves que l'étonnante différence de leurs ſentiments,m'en faudroit-
davantage ? Si je ne craignois même de

vous chagriner, j'étendrois ma proposition à toute l'histoire des maladies ;
mais n'avançons pas si vîte.

Asclepiade sourit à ce propos. Je n'en
serois pas surpris, Madame, mais
ce que la Médecine a de singulier, c'est
que, sans avoir encore réussi à mériter
la confiance, & l'affection des esprits
forts, elle ne les rend pas moins ses
tributaires à la fin que le vulgaire le
plus crédule.

Je vous comprends, dit Sophie; mais,
sans nous arrêter à ce qu'on dit pour &
contre la Médecine, lieux communs
trop de fois rebattus, parlons de bonne
foi ; comprenez-vous bien ce que sont
les vapeurs, ce qui les cause, les raisons de leur étonnante diversité ? Maladie au-dessus de toutes, qui a cela
de singulier qu'en bien des rencontres,
elle pourroit se nommer la maladie
très-fatigante d'une personne qui se
porte bien. Quel bonheur si vous les
connoissiez assez pour m'en guérir !
J'en suis tourmentée à l'excès, tantôt
d'une façon, & tantôt d'une autre.

Je pourrois vous le promettre, Madame, répondit Asclepiade; mais....

Oui, Monsieur, dit Sophie, je vous

entens ; vous y ferez tout ce que vous pourrez , mais ce fera à des conditions fi dures qu'elles me deviendront autant infupportables que les vapeurs même. Je vous parle d'après mon expérience ; car que ne m'a-t-on point fait jufques ici ! Le détail en feroit ennuyeux. Avec les vapeurs ce font toujours chofes nouvelles. Hier , par exemple , j'étois d'une triftefle accablante ; pefante , engourdie , comme liée , affujettie; dans toutes les parties de mon corps , ou plutôt comme une mafle douloureufe , & incapable de me donner le moindre mouvement. Je fentois ma poitrine oppreffée ; & ce n'étoit qu'après de longs & profonds foupirs qu'elle fe dégageoit un peu pour céder auffitôt à une oppreffion nouvelle; & cela étoit joint à un étonnement de tête , qui par d'importunes révolutions me fembloit fe bouleverfer continuellement. J'y fentois alternativement une tenfion , une plénitude , & puis un vuide douloureux ; qui, bizarrement fuivi , ou même accompagné, d'un tintement dans les oreilles , d'une forte de bruit fifflant , me renverfoit abfolument la cervelle. Més tempes battoient , & augmentoient confidérablement mes douleurs. Il faut, d’ailleurs vous dire, Monfieur, que ces douleurs font d’une efpèce auffi nouvelle que les vapeurs font indéfiniffables. Car on ne les fent point comme les autres maux. On ne fçauroit même dire précifément le mal qu’elles vous font ; fi ce n’eft qu’on fouffre plus que fi l’on reffentoit tous les maux enfemble. Enfin après un *manége* bizarre de cent fortes de tenfions, & de tournoyements, c’eft par des bâillements importuns, jufques à fe démancher prefque les machoires, ou par des cris comme d’une perfonne prête à expirer dans les plus cruelles afflictions, & par les larmes, que finit enfin peu-à-peu la tragédie. Mais enfuite quelles laffitudes ! quelles fatigues ! C’eft comme fi l’on fortoit d’un travail long, & très-pénible, qui auroit épuifé toutes les forces.

La Comteffe de *** eft reftée quelquefois immobile, infenfible, décolorée, en un mot fi peu différente d’une perfonne morte, que la refpiration toute feule faifoit voir qu’elle ne l’étoit pas ; & cet état duroit des heures entières. La gorge lui enfle ; fa poitrine, malgré l’oppreffion qui l’étouffe prefque, refte à

demi suspenduë ; son ventre s'élève, s'é-
tend, comme celui d'un hydropique
venteux ; le bonheur est grand, lorsqu'a-
près bien du tems elle peut pousser
quelques *raallemens*, comme feroit une
personne à demi étouffée. Elle vomit ensuite tout son repas, ou le matin beaucoup d'eaux glaireuses ; & alors ce sont
des secousses de tout son ventre, des
efforts des bras, & des jambes ; on diroit
une personne qui employe toutes ses
forces pour se dégager des liens dont
elle seroit assujettie. Ses mains & ses
pieds sont glacés, son visage se ride &
se réfroidit, enfin surviennent les soupirs, les bâillèmens, les larmes.

Pour moi je n'ai jamais eu de si
fortes vapeurs ; car chez elle on s'ac-
coutume si peu à de si étranges scènes
que, malgré la confiance que laisse l'i-
dée que ce ne sont que vapeurs, on
craint toujours pour sa vie. Elles sont
d'ailleurs d'une grande longueur, &
très souvent ces accès si inquiétans se
succédent de si près qu'à un quart
d'heure ou une demie heure d'intervalle, ils reviennent tels que la première fois. Des journées entieres se passent
ainsi. Heureusement pour elle elle ne

tombe pas auſſi fréquemment que moi dans ſes accès.

Mes vapeurs ſont plus inégales , ſi elles ſont moins fortes ; mais leur bizarrerie eſt la choſe du monde la plus incroyable. Je vous parlois, par exemple , de mes vapeurs d'hier ; il faut voir comme elles ſont aujourd'hui ; ce ne ſont plus ces accablemens, ces langueurs, c'eſt une vivacité qui devient un autre ſupplice. Je ne ſçai même quelle ſorte de gayeté eſt de la partie. Car c'eſt d'un fond triſte , & douloureux à l'excès , qu'elle me paroît naître ; elle me fait rire de la moindre choſe ; & c'eſt ſouvent ſans le moindre ſujet, & ſont pourtant des éclats pouſſés ſi loin , que j'en reſte pâmée avec des douleurs d'épuiſement dans la poitrine, & dans les flancs, que je ne ſçaurois vous exprimer. Bientôt après je me ſens agitée par de bizarres inquiétudes qui m'empêchent de pouvoir me contenir ; je m'agite, je me leve, je veux marcher. Qui prétendroit alors me retenir , me feroit une violence inſupportable. Cependant , ſi je veux marcher , ou courir , je ſens auſſi-tôt que mes genoux, mes jambes tremblantes, ſe dérobent ſous moi , & je tomberois, ſi je n'étois ſoutenuë.

A dire vrai, dans ce tems-là, je fuis peu à moi, & fi peu que, fi par quelque hazard, je m'apperçois du défordre où je fuis, je m'afflige & m'irrite; ce qui n'augmente pas médiocrement l'excès de ma vapeur. J'obferve autour de moi quiconque m'approche : je m'inquiette, fi je remarque un air férieux & trifte, ou quelques fourires qu'arrachent mes folles tracafferies : alors, ou je me crois prête à mourir, ou perduë d'efprit pour jamais.

Quelles fouffrances pour lors de l'efprit, & du corps ! l'un & l'autre agité par le même orage, confus, déconcertés, me femblent fe combattre, & toujours au defavantage de l'un & de l'autre côté. Quelles impatiences ! quels défefpoirs ! & par une forte de propagation incroyable d'accidens, il en naît d'autres, & d'autres encore de ces premiers. Je m'irrite donc de me voir fi fort irritée. Non ! je ne réuffirai jamais à vous faire comprendre à quels fupplices on fe trouve livrée quand la raifon s'engage de la partie. Enfin ces vapeurs paffent comme les autres : les bâillemens, les foupirs, les larmes, la foibleffe, l'accablement, font toujours

comme les coups de bâton qui terminent les *Scènes d'Arlequin.*

Les vapeurs de la jolie Madame
de *** font bien plus paifibles. On dit
pourtant que ce font les plus dangereufes. C'eft comme une forte d'extafe, où
tout fon efprit plaifant, & enjoué, lui refte ; mais elle ne connoît perfonne, elle
vous regarde, vous parle, vous répond;
& c'eft prefque toujours par des faillies
plaifantes. — Elle joue même au quadrille.
Il eft vrai qu'une très-longue habitude
l'a pû familiarifer affez avec ce jeu pour
qu'elle y joue tout *machinalement*; mais
ce qu'il y a de furprenant, c'eft qu'au
milieu des Joueurs, dont elle ne connoî-
tra aucun, elle ne laiffe pas de connoître fes cartes, de compter, & de faire
fon jeu.

Je connois cette Dame, interrompit
Afclepiade ; je ne l'ai pas vu jouer ; mais
on m'en a fait l'hiftoire. Elle-même m'a
dit qu'on l'affuroit qu'elle jouoit ainfi.
Car après ces fortes de vapeurs elle ne
fe fouvient abfolument de rien ; mais je
l'ai fort examinée dans fes extafes, ou
vapeurs, qu'on peut fort bien appeller
plaifantes. A dire vrai, je les trouvai
d'abord fi extraordinaires que ce ne fut

qu'avec bien de la peine que je les crus vraies.

J'étois alors dans une maison voisine où l'on m'envoya avertir ; j'y courus pour observer par moi - même ce que diverses personnes m'en avoient raconté. Je la trouvai couchée sur son *canapé*, les yeux beaux, bien ouverts, nullement décolorés, parlant, & plaisantant, sur tout ce qu'on lui disoit. Un Cavalier même, qui ne lui est pas indifférent, n'étoit pas plus connu que les autres. On m'annonça ; je me présentai, je lui touchai le poulx ; mais elle ne me connut pas. Elle me parla de moi comme d'un tiers. Dans le vrai, je crus d'abord qu'il y avoit un peu de caprice, parce que ses regards se fixoient sur moi avec des yeux beaux, & brillants ; & sans nul changement dans son visage. Il n'y a pas, dis-je alors, d'aveugles plus obstinés que ceux qui ne veulent pas convenir qu'ils voyent. Mais chacun s'efforça par tant de preuves à me déprévenir de mon erreur qu'enfin je consentis à croire. Le lendemain je revis la jeune Dame qui ne se souvint de rien.

Indépendamment de cette sorte de vapeur si extraordinaire, par intervalles elle en avoit d'autres encore, suivant le *style commun des vapeurs*. Mais, malgré tout cela, je puis vous répondre, Madame, que je la laissai guérie.

Oh ! interrompit Sophie, ne le croyez pas ; vous les avez pû suspendre pour quelque tems, mais des vapeurs on n'en guérit jamais. Elles reviendront, Monsieur, & peut-être d'un autre caractère; car de leur part ce sont de perpétuels déguisemens. Non, jamais le Prothée de la Fable n'en revêtit autant.

Cela peut être, reprit Asclépiade ; mais ne compterez-vous pour rien de longues trèves? Si d'ailleurs d'une nature que vous regardez comme bien saine il naît pour la première fois des vapeurs, il y a bien de l'apparence qu'après qu'elle aura été une fois déterminée vers de si fâcheuses dispositions, elle acquerera plus que jamais la facilité d'y retomber. Cependant on a quelques raisons de croire avoir guéri lorsqu'il n'y a plus à craindre que des récidives éloignées. D'ailleurs n'y reviendra-t-on pas avec succès avec les mêmes remèdes ?

Il faut bien, repliqua Sophie, s'en consoler ainsi ; mais je ne vous ai encore parlé que des vapeurs les plus commu-

nes, & qui font quafi à toutes les femmes.

Il eft vrai, Madame, dit Afclepiade,
que jamais elles ne furent fi fort à la
mode. Etre jeune, belle, aimable , &
fans vapeurs , c'eft un prodige. Vous
plaifantez , interrompit Sophie , mais
rien n'eft plus commun ; & les laides ,
comme les belles, les jeunes & les vieilles fe trouvent aujourd'hui également
affervies à ce bizarre tribut. Ce qui me
furprend en cela , c'eft qu'il s'en eft fait
déformais une règle fi générale pour les
femmes qu'autant qu'elles furent rares , à ce qu'on dit , du tems de nos
ayeux, autant fe rencontrent-elles aujourd'hui partout. Mais n'en faites point
fi fort les vains , vous autres hommes ,
peu - à - peu vous y tomberez comme
nous. J'ai déjà obfervé qu'une efpèce
d'hommes n'en eft pas plus exempte que
nous , & qu'il s'en rencontre beaucoup
parmi les autres qui *vapotifent* auffi.

Oferois-je, Madame, reprit Afclépiade,
vous demander ce que vous entendez
par cette efpèce d'hommes ? La diftinction me paroît nouvelle.

L'efpèce l'eft auffi , répondit Sophie.
Quoi ! vous ne l'imaginiez pas ? Et vous

ne faites nulle attention à ces délicats voluptueux, à leurs perpétuelles manières de s'écouter en toutes choses. D'abord, plus attachés que nous à leurs toilettes , plus *façonniers* dans toutes leurs actions, c'est pour eux une sorte de mérite, à ce qu'ils croyent , d'avoir peur de tout , de s'amuser de petits riens , de ne s'occuper que de choses aimables. Car ce ne sont que de ces amusemens qu'il leur faut , incapables qu'ils sont du moindre travail. Leur teint , leur embonpoint', leur fraîcheur, font leur grande affaire. Sur ces articles ils sont cent fois plus femmes que nous. Ils aiment la bonne chere , & tout doit être exquis , mais d'un arrangement, & d'une propreté *étudiée.* En un mot , si l'on nous reproche trop de mollesse , & d'attention sur nos personnes , ils en ont bien au-delà pour les leurs : & , à dire vrai , l'unique marque qui les distingue de notre sexe , c'est qu'ils ont de la barbe, & la mine d'hommes.

Voilà , dit Asclepiade , en riant de tout son cœur, de plaisants portraits que vous faites , & je crois reconnoître bien des gens.

Sont-ce des Abbés, dit Sophie, ou

quelques autres personnages aussi déscœu-vrés ?

Il y en a des uns & des autres, répondit Asclepiade. Pour moi, dit Sophie, j'en connois plus à robe noire que d'autres. Ce sont nos *tenants perpétuels* au *quadrille* ; &, pour peu que nous les voulussions souffrir, ils ne seroient pas moins assidus à nos toilettes.

Il est vrai que les vapeurs de cette sorte d'hommes sont moins tracassantes que les nôtres. Ils bâillent, rougissent, soupirent, gémissent, pleurent. Ils se sentent oppressés, engourdis ; se plaignent de charges dans la tête, de maux d'estomach.

En vérité, Madame, interrompit Asclepiade ; votre érudition en fait de vapeurs est étonnante.

Bon, repliqua Sophie, nous ne voyons autre chose autour de nous que de tels vaporeux. Ils ont au nez sans cesse leur petit flacon ; ils tiennent dans leurs fauteuils, que toujours ils ont grand soin de prendre, cent postures inquiettes ; il faut qu'ils marchent, qu'ils aillent à l'instant prendre l'air, qu'ils reviennent aussitôt s'asseoir, s'étendre, se frotter *pesamment* la tête. C'est bien une nécessité

pour

pour nous de consentir à leur voir faire ce manège, puisqu'ils paroissent prendre tant de part au nôtre, & l'imiter de si près. Vous guéririez sans doute aussi, Monsieur, ces vapeureux personnages?

Pourquoi non, Madame, répondit Asclépiade, puisqu'ils ont des vapeurs si semblables aux vôtres. Ne croiriez-vous pas même que ce seroit des vôtres, comme par contagion, qu'ils tireroient les leurs?

Je le croirois assez volontiers, dit Sophie.

N'en doutez pas Madame, reprit Asclépiade, puisque ce n'est qu'à suivre vos mêmes *manières*, qu'à pratiquer le même régime de vivre, en un mot qu'à se rendre par leur délicatesse en toutes choses, permettez-moi de le dire, Madame, encore plus femmes que vous, qu'ils ont les mêmes maux.

Votre raisonnement, Monsieur, reprit Sophie, n'est pas des plus flatteurs. Mais je veux bien passer condamnation du moment que vous m'aurez expliqué pourquoi nos manières de vivre produisent nos vapeurs.

Je le ferois volontiers, Madame, s'il ne falloit pas entrer dans un long détail.

B

Que cela, dit Sophie, ne vous arrête pas. J'aime les détails lorsqu'ils m'instruisent. D'ailleurs quoi de plus intéressant que la découverte de la cause des vapeurs! Rien encore ne me paroît plus curieux, & ce sera avec beaucoup de plaisir que je vous donnerai toute mon attention.

J'essayerai donc à vous satisfaire, Madame; mais vous ne sçavez pas à quoi vous vous engagez. Il me faudra, pour vous expliquer seulement les raisons de quelques vapeurs particulières, établir les mêmes principes que si je devois traiter de toutes leurs espèces. Il faudra encore bien de l'attention, & du raisonnement, pour suivre dans toute leur étenduë l'ordre des conséquences qu'on doit tirer de ces principes. Une matière moins *philosophique* vous plairoit davantage.

C'est-à dire, Monsieur, repliqua Sophie, que vous ne me croyez capable que de badiner. Je suis un peu philosophe, afin que vous le sçachiez; & je vous suivrai si bien (& c'est de quoi je vous puis répondre) que je ne laisserai peut-être rien échapper de ce que vous ne me démontrerez pas clairement.

Vous voulez donc, Madame, reprit

Afclepiade, que j'entreprenne ici de vous compofer un livre.

Oui, Monfieur, dit Sophie, & un gros livre, un in-folio, un bon & ample traité. Car ne croyez pas que je vous écoute fans replique, ni que je manque à vous demander toutes les inftructions que je me croirai néceffaires. Auffi-bien je ne m'imagine pas que nous devions fitôt nous quitter. Ainfi nous ne fçaurions mieux faire que d'établir pour matière de nos entretiens une belle, & ample Differtation fur les Vapeurs.

Vous en ferez quitte, dit Afclepiade, à moins de frais que la lecture d'un gros livre, & je vais effayer à me rendre intelligible avec briéveté. Cependant je prévois que ce feroit trop entreprendre que de vouloir aujourd'hui épuifer une auffi vafte matière ; votre attention s'en trouveroit trop fatiguée.

Eh bien, dit Sophie, partageons en plufieurs entretiens ce que vous préparez à me dire ; nous y raifonnerons plus a fond, & d'une manière moins précipitée. Mais, Monfieur, trouvez bon, je vous prie, que fur toutes chofes, je vous demande premièrement de n'affecter avec moi, ni ces termes nouveaux où l'on ne comprend rien , ni ces expreſſions figurées qui ne ſervent qu'à en impoſer , & nullement à éclaircir. Vous n'êtes pas le premier que j'aye entendu diſcourir ſur les vapeurs. La plûpart m'ont impatienté à l'excès. Ils faiſoient de notre corps une machine à reſſort , comme un moulin qui ne fait que moudre, & triturer; comme un canal perpétuel, qui, au lieu d'être paiſible, & de ſe prêter ſeulemeut au paſſage des humeurs, leur donnoit par ſes bizarres battemens, toute leur activité ; & même, au lieu de ces humeurs , qu'il auroit été ſi à propos de ſpécifier , ils les comprenoient toutes ſous le nom général de *Fluides*. En un mot ils ne parloient que de tiraillemens , de rétréciſſemens, de relâchemens , d'engorgemens , d'obſtructions : tous termes que j'ai bien retenus à force de les entendre répetter , & auſſi parce qu'ils m'ont tout autant de fois bleſſé l'imagination , bien loin de me ſatisfaire. Avec tous ces grands mots , vous pourriez comme les autres (car c'eſt la doctrine d'aujourd'hui) me compoſer un beau & pompeux diſcours , dont je m'irriterois encore , parce qu'il ne m'expriqueroit rien.

A ce sujet je vous ferai part d'une observation que je fis l'an passé, & que depuis ce tems je n'ai pas manqué de suivre. Cinq à six de mes amies furent malades de maladies très-différentes. Je me rendis très - assiduë auprès d'elles , mais particulièrement lors de la visite des Médecins. Un entr'autres, qui étoit le plus à la mode , les visita quasi toutes. J'observai qu'il préludoit toujours par le même discours. Rien de si brillant que ce prélude , ni de prononcé avec plus *d'aisance , & de facilité.* Tout y paroissoit couler de source , & avec une rapidité merveilleuse. D'abord j'en fus surprise. Quelle éloquence , disois-je ! quelle justesse , mais j'en découvris bientôt l'artifice , lieux communs qu'il répétoit partout ; & qu'il récitoit autant pour une maladie que pour une autre. Il en avoit bien pour remplir une demie - feuille de papier ; & si je l'avois apprise par cœur , j'aurois pû m'ériger en Médecin autant que lui. Car en conséquence de ce discours, indifférent pour tous les cas , il purgeoit, saignoit, & ordonnoit le reste. Sa préface universelle contenoit les raisons du tout.

Les autres Médecins n'en faisoient pas

davantage, si ce n'est que quelques-uns,
d'une Secte sans doute opposée, ne parloient que de fermentations, & d'autres
termes également obscurs. Car ils avoient
aussi leurs préfaces *banales*. Point de
fermentations donc, je vous prie, ni de
broyemens & de triturations. L'homme
d'aujourd'hui est-il si différent de celui
des tems passés qu'on ne se doive pas
servir des mêmes termes qu'on em-
ployoit autrefois ? Car tous ces verbia-
ges sont nouveaux.

En vérité, Madame, interrompit
Asclepiade, je vous trouve prodigieuse-
ment instruite. J'en suis étonné ; j'en
deviendrois même d'une timidité assez
grande pour n'oser entrer en lice avec
vous ; car je prévois de votre part bien
des répliques.

Parlez-moi clairement, Monsieur,
répondit Sophie ; nettement ; & ne
vous servez que d'expressions simples, &
naturelles ; nous n'aurons aucunes disputes.

Alors quelqu'un entra dans la chambre, qui interrompit l'entretien, &
l'on ne s'occupa plus que de la Dame
malade, qui paroissoit prendre quelque
plaisir à cet entretien.

ENTRETIEN II.

*Histoire des Vapeurs en général,
& de leurs différentes espèces.*

LA Dame malade avoit bien passé la nuit, & Asclepiade la félicitoit sur sa prompte convalescence, lorsque Sophie entra, fit son compliment, prit un siége, & parut se disposer au second entretien. Il me semble, lui dit la malade, qu'après le caffé j'aurai le plaisir de vous entendre bien discourir. Hier j'en fus charmée, & Monsieur le Médecin trouvera bon que je vous dise en sa présence que vous parûtes pour le moins aussi sçavante que lui en fait de vapeurs.

Oh ! pour cela, dit Sophie, c'est de quoi je me picque ; car la différence est grande entre n'être que simple spectateur des maux d'autrui, ou les souffrir soi-même. Je parle parfaitement de tout cela, & par expérience. De telles études valent bien mieux que la lecture des livres.

Ajoutez, Madame, s'il vous plaît,

reprit Afclepiade un difcernement exquis, beaucoup de juftefle, & de pénétration. Ce ne fera pas vous complimen-
ter de vous dire que vous excellez en
tout cela.

Le compliment eft bien flatteur, répliqua Sophie, de la part d'un homme
d'efprit comme vous. Mais *parlons vapeurs*, puifque nos entretiens font plaifir à Madame.

Il y en a, dit Afclepiade, de tant de
fortes que ce feroit nous engager dans
un vrai labyrinthe, fi, pour les examiner autant que vous le fouhaittez, nous
n'établiffions un ordre qu'il faudra fuivre
exactement ; fi d'ailleurs nous ne les ré-
duifions pas à de certaines efpeces, qu'il
faudra fommairement examiner. Car
dans celles même qui feront de la même
efpece il fe rencontre une telle inégalité
entre leurs fymptômes propres qu'aucun
accès ne fe reffemble précifément.

C'eft de quoi je puis vous répondre,
dit Sophie ; jamais je n'ai fouffert de
vapeurs femblables. Toujours du plus
ou du moins ; ou quelques incidents bi-
zatres furviennent fans fçavoir pourquoi, & c'eft en effet ce qui caufe mon
étonnement. N'eft-on pas toujours la
même

même perfonne, & la matière vaporeufe change-t-elle fi fort de caractère du
foir au matin ?

Il eft peu de maladies, répliqua Afclépiade, & même des plus réguliéres., où
vous ne puiffiez faire de pareilles obfervations fur leurs accès. Je puis même
d'abord avancer une propofition, mais
qui ne pourra trouver fon éclairciffe-
ment que dans la fuite, fçavoir que
dans quelques points précis qu'on pré-
tende établir la caufe d'une maladie,
elle ne trouve jamais la perfonne entiè-
ment difpofée de la même manière d'u-
ne révolution à l'autre. Je vous la dé-
montrerai ; & par-là je pourrai, Madame, vous faire conclure qu'à plus forte
raifon cette caufe, que vous aurez pû
déterminer exactement n'être qu'une
certaine chofe, n'agira jamais en diverfes
perfonnes de la même façon.

Prenez garde, Monfieur, de m'embarraffer, dit Sophie. Je me défie du
raifonnement des Médecins. Ce font de
tous les hommes ceux qui fcavent mieux
s'envelopper par d'ingénieux détours.
Car, ne vous en offenfez pas, je vous
prie, Monfieur ; ma franchife ira jufques à vous dire que ces hommes d'ef-

prit font peut-être les uniques dans le monde qui parlent éloquemment de tout ce qu'ils ne fçavent point.

Bon, Madame, répondit Afclépiade ; l'aveu eft fincére. Laiffez-moi donc, s'il vous plait, pour le préfent établir ma fuppofition, puifque je ne fuis pas encore parvenu à pouvoir vous l'expliquer. J'en conclus cependant que ce fera affez de s'attacher aux efpèces générales des vapeurs : & il en fera de même à-peu-près que fi, vous faifant l'hiftoire de divers naufrages, j'avois l'honneur de vous dire que tel vaiffeau, après avoir lutté quelque tems contre les vents , & les flots, s'abîma enfin parcequ'il s'ouvrit par la quille ; que tel autre fut brifé par la pouppe ; que la chute du grand mat fit enfoncer celui-ci à l'inftant qu'il rouloit de ftribord à bas-bord ; que cet autre fut enveloppé par des *lames* d'eau prodigieufes : en un mot tous naufrages égaux quant à ce que les vaiffeaux furent également fubmergés, mais très-différents par leurs diverfes circonftances. Or ne fera-ce pas vous en dire affez, Madame , que de ne s'attacher qu'à ces circonftances , ou caufes principales , au lieu d'entreprendre de charger chacunes de leurs relations du compte exact de tous les mouvements ſi nombreux, & ſi bizarres, qu'a ſouffert chaque vaiſſeau avant que de périr ? on les ſuppoſe aiſément, puiſqu'on les juge néceſſaires ; s'ils manquoient même, ils deviendroient une circonſtance qu'il ſeroit à propos de remarquer; auſſi ne tire-t-on pas d'autres inſtructions de ces divers malheurs que celle de mieux lier la quille avec les courbes & les planches, d'affermir plus ſolidement les mats &c.

Je vous entends, Monſieur, dit Sophie, & la comparaiſon de votre vaiſſeau me plait ; car dans les vapeurs on eſt auſſi bizarrement agité que ſi tous les vents, & tous les flots, s'efforçoient d'abîmer notre freſle petite barque. Mais vous m'épouvantez auſſi, ne me parlant que de naufrages, & je commencerois à redouter infiniment les vapeurs. Je ſçai cependant, Monſieur, qu'il n'eſt pas ordinaire d'entendre dire qu'elles ont été funeſtes ; d'où je conclus que l'on en eſt quitte pour le mal qu'elles font.

Il eſt vrai, Madame, repliqua Aſclépiade, que je ne vous parlois que de naufrages ; ce qui convient à certaines vapeurs qui ſont ſuivies de la mort ;

mais combien les vaisseaux souffrent-ils d'orages sans périr ! combien dans leurs voyages de long cours ont-ils à essuyer de tempêtes , quoiqu'enfin ils parviennent heureusement au port ! vaines , & inutiles secousses , qui tout au plus causent quelques allarmes. Diverses sortes de vapeurs leur ressemblent. Elles n'ont trait à rien de funeste , & sont plutôt ennemies de la santé qu'intéressantes pour la vie.

Ces différences obligent à faire diverses classes de vapeurs. J'en ferai une de celles qui arrivent à des personnes saines , & qui ne font ainsi que déranger , que *tracasser*, leur santé ; & une autre des vapeurs qui sont de vrayes maladies , ou qui les accompagnent ; se mêlent , & se confondent avec elles ; qui en multiplient les symptômes , & qui augmentent même ce qu'ils ont de plus fâcheux.

Je distinguerai encore celles qui ressortissent aux singularités qui distinguent les sexes , & à leurs différentes propriétés , de celles qui sont indifférentes pour chaque sexe , en ce qu'elles n'ont pour causes que certains défauts dans l'ordre des digestions ; & ce sont les plus fréquentes , & les moins dangereuses.

Je prétends que les miennes , inter‑
rompit Sophie , sont dans l'ordre de ces
dernières. Je digère néanmoins parfaite‑
ment, & l'appétit , je vous en réponds ,
ne me manqua jamais.

La disposition est heureuse , reprit
Asclépiade ; cependant vous avez des va‑
peurs; &, accusez juste, les vôtres sont de
ce dernier caractère; mais peut‑être aus‑
si qu'il y entreroit un peu de ce qui
n'appartient qu'aux femmes.

Oh ! pour cela , interrompit So‑
phie, rien du tout ; & dans la vérité j'au‑
rois grand tort.

Oui, Madame , dit en riant la Ma‑
lade ; votre aveu me paroît sincère. Mais,
Monsieur , poursuivit‑elle , comment se
peut‑il faire que la Comtesse de * * * ,
qui fait un enfant tous les neuf mois ,
& cela depuis qu'elle est mariée , ait
néanmoins si souvent des vapeurs ?

Elle en est accablée , dit Sophie , &
cependant jamais femme ne fut d'un si
fidèle rapport.

Trouverez‑vous bon , Mesdames , ré‑
pondit Asclépiade , que je vous dise que
nous ne sommes pas encore parvenus
au tems où je dois discourir sur les cau‑

ſes ? Pour ne rien confondre, s'il vous plaît, procédons avec ordre.

Je vous ſuppoſe donc ici deux ſortes de vapeurs indépendantes l'une de l'autre, parce que leurs cauſes ſont différentes ; vapeurs ſimples de caractères différens, mais qui s'allient ſouvent, & de leur mêlange ſe font des vapeurs compoſées.

Mais pourquoi, dit Sophie, tant de diviſions, & de multiplications d'eſpèces ? Cela peut dans la ſuite nous embaraſſer.

Nullement, répondit Aſclépiade : ce ſera même un moyen ſûr pour éviter toute confuſion, & procéder avec juſteſſe. Comment d'ailleurs ferions-nous des choix appropriés de remèdes, & de régime, ſans un juſte diſcernement de cauſes ſi différentes ? Car ce qui convient aux unes ne ſuffit point aux autres.

Trouvez bon encore que je diſtingue les vapeurs vagues, errantes, & qui naiſſent indiſtinctement, tantôt d'une partie, & tantôt d'une autre. Dans celles dont les origines paroiſſent plus marqués, les unes naîtront de l'eſtomach, les autres des entrailles, & des embar-

ras du mesentère ; celles-ci viendront
de la rate , ou de quelques autres parties ; celles-là enfin se trouveront can-
tonnées plutôt dans une partie que dans
une autre. Je pourrois dire encore qu'il
y en a d'*incomplettes*, qui ne sont précisément que des *flatuosités* , ou des
vents , qui portent à la tête ; ou qui restent enveloppées dans la poitrine , dans
l'estomac , dans les entrailles, qui se glissent même dans les vaisseaux sanguins ,
& les autres vaisseaux , ou qui se re-
pandent dans les chairs , & y produisent
des *fourmillemens* importuns, des douleurs vagues, & inquiettantes , comme
d'un léger rhumatisme , des tensions ,
des bouffissures. Suivant qu'elles sont plus
ou moins fortes, leurs effets deviennent
plus ou moins considérables. Ce seront
quelquefois des points très-douloureux ,
& tantôt ce ne sera que par saccades ,
qu'ils blesseront ; sortes de coups qui
surprennent autant qu'ils font souffrir,
& qui se dissipent presqu'aussi promptement : tantôt ces points resteront fixes , & ne céderont que très - difficile-
ment aux remèdes. D'autres, indolents ,
insensibles , mais d'un puissant effet ,
rendent comme paralytiques les parties

qu'ils occupent , & cela quelquefois affez long-tems pour qu'on croye le devoir attribuer à des caufes plus confidérables.

Je ne crois pas vous devoir rien dire de
celles qui participent fi fort de *l'épilep-
fie* vraie , ou de fes différentes efpèces ,
de la catalepfie , & ...

Ah ! mon Dieu , interrompit Sophie,
ne me dites pas un mot de ces vilains
maux. Qu'ils font horribles ! leur idée
feule fait trembler,& me donneroit bientôt des vapeurs. Parlons des nôtres,puif-
qu'heureufement elles fe trouvent exemptes d'un fi étrange commerce. Je vous
avoue cependant que j'en ai vu à une
Dame de fi étranges que je ne ferois
pas fâchée de fçavoir fi elles n'ont rien
d'épileptique ; mais je crains que ma
curiofité ne me coûte trop cher.

Parlons donc , s'il vous plaît , Madame , reprit Afclépiade, des vapeurs *d'u-
fage.* Souvent leurs caufes ont quelque
chofe de bien myftérieux ; mais elles
n'ont d'autre effet que de faire à propos réuffir ce qu'on veut. Elles font jo-
lies , ces vapeurs , & vous pourroit
divertir de l'idée effrayante de celles dont
je voulois parler.

Je ne les comprends pas, ces vapeurs d'ufage, dit Sophie ; pourriez-
vous me faire croire que les vapeurs puf-
fent être utiles à quelque chofe de bon,
& qu'on fe voulût les procurer, quand
on en feroit maîtreffe ? Mais non, ce ne
fut jamais qu'à les éviter, qu'à les chaf-
fer, que tout le monde s'eft appliqué ;
loups-garoux qui ne vous pourfuivent
que trop ; qui, dans les plaifirs mêmes,
nous viennent impitoyablement attaquer ; qui déconcertent tout, & font
fuccéder une affreufe trifteffe à la gayeté, & à la joye la plus animée.

On dit pourtant, reprit Afclépiade, que bien des fois certaines Dames
font promptement forties d'intrigue par
le fecours des vapeurs ; qu'elles ont ar-
rêté bien promptement ce qu'elles crai-
gnoient de certains incidents ; enfin
qu'avec des vapeurs placées à propos,
elles ont fait réuffir bien des deffeins.
C'eft pourquoi....

Je vous entends, Monfieur, dit Sophie ; mais, croyez-moi, nous fommes
de meilleure foi que vous ne le penfez
vous autrres hommes, & nullement affez capricieufes pour entreprendre d'allarmer mal-à-propos. Je ne dirai donc

point un mot de ces vapeurs , reprit
Asclépiade ; aussi n'a - t - on jamais vû
qu'elles ayent été funestes. Je ne veux
même plus rien croire de ce l'on m'a
dit du grand usage de l'art de vaporiser
à propos.

L'art est nouveau , dit Sophie en
riant , & maintenant que j'y pense , je
croirois aisément qu'en effet il ne lais-
seroit pas de réussir quelquefois.

Voilà donc , Madame , reprit Asclépiade, parcourues de la manière la plus
générale toutes les espèces des vapeurs ,
entre lesquelles il faut désormais observer qu'il se rencontre un grand nombre de symptômes communs , & au sujet desquels il se glisse très-souvent des
occasions de méprise , quelques différences qu'elles ayent autant par la singularité de leurs *symptômes propres,* que par
celles de leurs causes.

Je comprends, dit Sophie, qu'il en doit
être ainsi. Mais est-il possible de faire
toujours un discernement assez juste de
ces symptômes propres pour ne s'y jamais méprendre ?

Non , Madame , repondit Asclépiade; il s'y glisse de trop fréquentes occasions d'équivoques. Car , pendant que

les symptômes propres y font les moins marqués, ceux que je nommois communs à tout le genre vaporeux paroissent davantage. Mais on pourra dire que les meilleurs connoisseurs s'y tromperont moins que les autres. Car, pour réussir dans ces sortes de discernements, ce n'est pas seulement à ce qui est de ce genre vaporeux qu'on s'attache; on observe encore les sexes, les âges, les tempéramens; on observe la physionomie, les qualités du pouls, le régime de vivre, les dispositions de l'état, en un mot tout ce qu'il est possible de recueillir de l'histoire de chaque personne.

C'est-à-dire, Monsieur, interrompit Sophie, que vous allez m'engager dans des routes impraticables, pour parvenir à un but que vous comprenez inaccessible. La défaite est heureuse, & vous n'éludez pas mal l'impossibilité dont vous refusez de convenir.

Vous pensetiez autrement, Madame, repliqua Asclépiade, s'il vous plaisoit de juger avec moins de précipitation. Car, trouvez bon que j'aye l'honneur de vous demander si vous croyez qu'on soit du même esprit, des mêmes mœurs, avec de pareilles inclinations, à dix-huit ans, à trente, & à quarante; que des tempéraments bilieux, fanguins, pituiteux, & mélancholiques, fe reffemblent affez en tous points pour être des mêmes inclinations, & avoir des fentimens pareils ; qu'avec de certaines habitudes, & que n'en ayant point, on foit également indifférent fur les mêmes objets ? Enfin voudriez-vous nier que de cette diverfité des traits qu'on obferve dans les vifages la phyfionomie n'apprît pas à juger de la différence des caractères, & de ce qu'il y a de plus dominant dans les inclinations ? Beaucoup de vertu, une grande politique ; de longues habitudes à fe contréfaire, peuvent fans doute furmonter bien des caufes naturelles, impofer, donner le change ; mais, quand on eft bon connoiffeur, le genre vaporeux démafque bien des chofes. C'eft du fond de la nature même qu'il tire fon origine ; tout l'art du monde ne le changea jamais, quelque capable qu'il foit d'en étouffer les apparences ; car alors cet art trouve fouvent tout fi fort en defordre qu'il devient incapable d'agir. Les vapeurs, comme l'yvreffe, développent les qualités du perfonnage, & font également incapables d'être affujetties.

Une petite objection, s'il vous plaît, Monsieur, dit Sophie, & tout ce beau raisonnement s'anéantit. Les pleurs, les soupirs, les larmes, sont des marques certaines de tristesse, de méluncholie. Les ris, les éclats de joye, les discours plaisants, sont les effets de la joye, de la gayeté. Qu'avez-vous à dire de ces signes ? On fera donc de plaisants jugemens, lorsque d'un moment à l'autre on taxera de mélancholique celle qu'on aura cru joyeuse.

Ce ne sera pas ainsi, Madame, répondit Asclépiade, que nous en jugerons. Elle étoit, dirons-nous, dans la joye, à présent elle est triste ; mais ce sont-là des événemens passagers, & qui dépendent moins de ce qui est du caractère de la personne que de la qualité des objets dont elle est frappée. N'avez-vous vû jamais rire des mélancholiques lorsque le jeu leur a plû ? Jamais s'attrister des personnes gayes, quand elles ont eu sujet de s'affliger ? Diversité de passions, qui suivent la variété des sentimens, & qui ne se succèdent pas moins à l'égard d'un tempérament que d'un autre. Il est vrai néanmoins que, suivant que les propriétés de certains tempéramens s'ac-

cordent mieux avec la qualité des objets, & les sentiments qu'ils produisent,
ils s'y livrent avec plus de facilité.
Qu'un homme naturellement gai &
un autre mélancholique se rencontrent
à un même spectacle qui sera bouffon.
Observez avec quels ris, quels éclats,
l'homme gai exprimera son plaisir, pendant que le mélancholique ne fera que
dérider son front, former quelques
sourires, ou tout au plus, s'il rit, il ne
poussera jamais d'éclats. Rien de si paisible pour lui que ce jeu qui agite si fort
l'autre. Mais changeons d'objet ; qu'à
des bouffonneries succède un objet tra-
gique, le mélancholique s'y plaît, gémit,
soupire, pleure, & de sa douleur, quoiqu'étrangère, se fait une sorte d'objet
flatteur, dont il aime à se repaître.
L'homme gai ne s'y prêtera qu'avec peine, ou s'efforcera de le fuir, & d'en
dissiper les impressions.

Mais, Madame, ce n'est pas en cela
précisément que consiste le point essentiel de la difficulté que vous m'avez pro-
posée. Avez-vous bien observé de quel
caractère sont ces ris & ces pleurs *vaporeux ?* Oui, j'en conviens, toutes
les apparences des vrais ris, & des pleurs

véritables, s'y rencontrent. Ne croyez pas néanmoins qu'il s'y trouve de véritables joyes, & une tristesse bien réelle. Il y a là-dedans plus de la machine que de l'esprit. Ces ris tiennent beaucoup du mouvement *convulsif*. De là vient qu'ils sont si fatigants, & quelquefois poussés à tel excès qu'ils en deviennent fâcheux? Les rieurs ne trouvent pas toujours le jeu aimable, & ne sentent jamais que leurs joyes répondent à ce qui s'en exprime.

Il en est tout de même des pleurs, des gémissements, des soupirs, des larmes; simples effets de l'oppression qui les blesse. Alors ce sont toutes leurs parties qui font diversement effort pour se débarasser; mais bientôt j'aurai l'honneur de vous rendre raison de tout ce *méchanisme*.

C'est-à-dire, Monsieur, dit Sophie, qu'alors on rit, on se réjouit sans joye; qu'en s'atristant, gémissant, soupirant, on n'a pas de tristesse vraye. Je le croirois en effet assez volontiers. Jamais je n'y avois fait réfléxion, quoique cent fois, mécontente de l'un & de l'autre de ces incidents toujours outrés, je les désavouasse, les vapeurs étant passées;

heureuſe, me diſois-je, qu'on les veuille bien mettre ſur le compte des vapeurs. Mon Dieu, qu'on eſt donc folle en
vapeurs ! n'y auroit-il point quelque riſ-
que d'en perdre l'eſprit ?

Il s'en rencontre quelquefois d'aſſez
dangereuſes, répondit Aſclépiade, pour
rendre fort extraordinaires les perſonnes
qui les ſouffrent. Leur véhémence, leur
continuation, leur caractère mélancholique, & bizarre à l'excès, les trop fortes impreſſions qu'elles laiſſent, les aſ-
foibliſſent de telle ſorte que le moindre
objet eſt capable de déranger. Ainſi l'on
a vu des perſonnes que le moindre bruit
mettoit en vapeur ; que la plus légere
ſurpriſe, l'incident le plus léger, faiſoient également tomber. Elles ſe ſen-
toient bleſſées à l'aſpect d'une couleur
vive, & brillante : & , cédant peu à peu
aux caprices dont elles ſe plaiſoient à
nourrir leur imagination, elles ſe rendoient d'une ſenſibilité ſi extrême qu'elles ne pouvoient preſque plus rien ſouffrir. Auſſi prenoient-elles le parti de
s'enfermer, & de fuir aſſiduement tout
objet. Concentrées en elles-mêmes, elles
ne faiſoient chaque jour que ſe nourrir,
ou plutôt s'empoiſonner, de leurs mélancholiques illuſions.   N'a-

N'avez-vous point connu , dit Sophie, M. * * * ?

Non, Madame , répondit Afclépiade.

En peu de mots je vais vous en faire
l'hiftoire , reprit Sophie. Ce que vous
difiez lui reffemble fi parfaitement qu'il
me fembloit que vous l'aviez en vuë.
Jeune, jolie, & avec beaucoup d'efprit ,
mais d'efprit mutin , caché , mécon-
tent, elle s'abandonna à tel point à fes
vapeurs , qu'elle fe fit enfin une prifon
de fon appartement , & qu'elle n'y laiffoit entrer que quelques perfonnes connuës. Il auroit même fallu pour elle ,
comme on fait pour panfer les lions, ne
jamais changer d'habit. Un d'écarlate
lui donnoit mal à la tête, & la jettoit
en vapeurs. Le bruit le plus leger, ne
fût-ce que de fermer fa tabatiere , la
faifoit frémir, & ç'en étoit affez pour
qu'auffitôt la vapeur commençât, & du-
rât des heures entières. Elle reftoit immobile, pâmée, quelquefois roide, étenduë
comme une ftatuë; quelquefois auffi elle
affectoit des poftures bizarres , & extraordinairement forcées. Ç'auroit été
la bleffer que prétendre l'en ôter. En
un mot on ne fçauroit exprimer dans
combien de diverfes manies elle tomba.

D

Lors même qu'elle étoit obligée d'entendre la meſſe, qu'on lui faiſoit dire dans la chapelle de la maiſon, à peine y pouvoit-elle ſouffrir la préſence du répondant. Enfin, Monſieur, rien de plus bizarre, de plus extraordinaire. Qu'en dites-vous ? Des exemples pareils ſe trouverent-ils jamais ?

Ils ſont rares par bonheur, répondit Aſclépiade ; mais, lorſque j'ai eu occaſion d'examiner ces ſortes de vapeurs, & quelques autres qui ont avec elles beaucoup de rapport, il me ſemble que j'ai découvert qu'il y entroit pour le moins autant de myſtères du cœur que de diſpoſition des humeurs. Certaine perſonne de ma connoiſſance auroit voulu être mariée ; &, deſeſpérant preſque de l'être, elle tomba inſenſiblement dans une mélancholie qui la rendit difficile,& inégale ; ce qui, joint à beaucoup de hauteur naturelle, ne ſervoit qu'à la rendre moins acceſſible. En effet, c'eſt ainſi que beaucoup de jeunes perſonnes, chagrines de voir qu'on ne leur dit rien, tirent de leurs phantaiſies de ſi mauvais conſeils qu'elles rebuttent, au lieu de ſe rendre aimables. Semblables à-peu-près à de malheureux forcenés ; elles s'entre prennent elles-mêmes, & se vangent à leurs dépens du desespoir qui les dévore. La solitude qu'elles affectent devient pour elles un grand mal ; & , par l'effet d'une capricieuse mélancholie, elles trouvent dans leurs maux une sorte d'indolence, qu'elles craindroient de déranger. Cet état les rend mal saines. Les vapeurs font de la partie. Leur imagination s'échauffe, s'anime. Ce sont d'abord comme des vapeurs *raisonnées*, où les caprices triomphent. Alors elles s'imaginent pouvoir intéresser, toucher, attendrir, ou chagriner, par leur excès : ces divers caractères tiennent beaucoup des qualités du tempérament, ou des motifs sécrets, dont ces personnes s'efforcent d'envelopper de plus en plus les mystères.

Combien alors de ces filles, dont on avoit tout lieu de desesperer, sortent de leur état, dès la première proposition de mariage, ou tout au moins après quelque appareil de *grimace* ! mais enfin, pour peu qu'on ait la charité de les importuner, elles se rendent ; le masque tombe ; & de ces sombres manoirs, de es sépulchres, selon elles, si délicieux, l se fait d'étonnantes résurrections.

D ij

Mais leur disgrace est-elle assez grande , pour qu'on ne s'occupe qu'à les plaindre, qu'à gémir auprès d'elles , qu'à les commettre enfin aux soins de la Médecine , ou à la douleur de les voir s'enfoncer de plus en plus dans les profondes ténébres de leurs mystérieuses vapeurs ? Enfin elles-mêmes en deviennent les duppes. L'habitude a trop dérangé toutes choses ; il s'est fait dans le cerveau de trop vives impressions : toutes les humeurs se sont insensiblement trop altérées pour qu'enfin à des maladies feintes , ou très-médiocres, il n'en succède pas de réelles. Elles sont amaigries, échauffées, consumées enfin par une petite fiévre hectique. C'est bien alors qu'elles sont brusquement frappées du moindre bruit , que les plus petites choses les étonnent , que le grand jour les blesse , & qu'elles se consument comme sur le bucher qu'elles-mêmes se sont dressé.

Non Monsieur , dit Sophie , il n'y a pas un mot de vrai dans tout ce que vous venez de dire. J'ai pris grand plaisir pourtant à vous entendre. Car, de la manière que vous le contez , vous paroissez le croire ; mais vous autres hommes ,

plus portés que nous cent fois à la bagatelle, croyez qu'elle devient en nous le
premier *mobile* de toutes nos actions ;
que nous ne penſons qu'à elle, & que
nous ne ſommes jamais bleſſées que de
ſa part.

Non, Madame, répondit Aſclépia-
de ; ce n'eſt pas ainſi que je penſe. Si ce
que vous appellez bagatelle eſt bagatelle en effet, alors j'y attacherois des
idées trop indignes pour avoir l'injuſ-
tice de préſumer que la plûpart des perſonnes frappées de vapeurs du côté que
je penſe en fuſſent aſſez vivement tou-
chées. Leur vertu, la pureté de leurs
mœurs, l'excellence de leur éducation,
la gloire enfin dont elles ſe piquent, mé-
ritent trop de reſpect de ma part, &
jamais mon imagination ne ſeroit aſſez
téméraire pour leur imputer des ſentiments indignes d'elles. Mais écoutez-
moi, s'il vous plaît.....

A dire vrai, Monſieur, interrompit
Sophie, je n'aime pas trop à m'éclaircir
ſur ces myſtères.

Ne craignez rien, je vous prie, Madame, reprit Aſclépiade, & me ſuivez
avec attention.

Quelque différence eſſentielle qu'il y

ait entre l'esprit & le corps, leur union, qui est pour nous un mystère impénétrable, est telle néanmoins qu'il ne se passe en nous aucun sentiment sans une matière propre à les exciter. Toujours quelques sortes d'esprits en deviennent ou les occasions, ou les moyens ; matières infiniment subtiles, telles que les *émanations*, ou les efflorescences, des corps odorants ; car vous les pourriez comparer à la vapeur très-subtile qui s'en détache, & qui vient frapper notre odorat.

Or, en conséquence des loix de l'union du corps & de l'ame, il est établi qu'à l'occasion de certains mouvemens de ces esprits dans nos organes naîtront en nous de certains sentiments, de certaines passions. Car les sentiments sont à l'égard de l'ame ce que le mouvement est au corps ; effets également déterminés, également nécessaires ; parce qu'on peut dire de nos corps plus que de tout le reste de l'Univers, que tout y est réglé, pesé, mesuré : c'est pourquoi à l'occasion des différentes actions de ces esprits, quelques effets particuliers sont toujours produits.

Je sais parfaitement tout cela, interrompit Sophie ; je le comprends, je l'admire.

Ainsi, Madame, reprit Asclépiade, desormais il ne vous sera plus difficile de juger que dans l'homme, & dans tous les animaux, comme dans les arbres & les plantes, c'est à ces sortes d'esprits que sont commis les mystères des principales propriétés dont ils ont dû être capables. Or une des principales ayant été celle de perpétuer leurs especes, tout est dans leurs corps artistement préparé pour l'opération de ces esprits. Il n'est pas nécessaire, Madame, que j'entre dans le détail de ces préparations.

Non, je vous prie, repliqua Sophie, & c'en est assez qu'on puisse y faire quelques découvertes de fort loin.

Ces esprits donc, reprit Asclépiade, que vous comprendrez, à la différence de tous les autres, dans l'idée que vous avez de ce qu'est le germe des plantes, de ce qui anime & vivifie leurs graines, ou leurs semences, de ce qui les rend d'une si étonnante fécondité, ne sont distingués, dans chaque espèce des choses que par la destination de leurs différents ouvrages. Mêmes loix pour eux tous ; pareils moyens généralement déterminés.

Quoi , dit Sophie , vous ne met-
triez entre eux aucunes diſtinctions ! il
me ſemble néanmoins qu'il paroît tant
de différence entre les eſpèces des choſes!

Ces différences , Madame , répondit
Aſclépiade, ne ſont tout au plus que
quelques déguiſements très-ſuperficiels.
Ils ont dû ſervir a introduire cette a-
gréable diverſité qui plaît ſi fort dans
l'Univers ; mais le fond , ce qu'il y a
d'eſſentiel , de principes , eſt le même en
toutes choſes ; ou, ſi ce n'eſt pas par un
moyen déterminé que certaines opérations s'exécutent dans un ſujet , un équi-
valent lui eſt ſubſtitué , & cela parce que
tout n'eſt exécuté qu'en conſéquence
d'un même ſyſtême, & que le ſouverain Auteur n'a agi que d'une maniere
générale. En conſéquence, il arrive que,
de quelques grandes compoſitions que
les choſes paroiſſent chargées , elles ne
ſont néanmoins miſes en action , &
n'opèrent que de la manière la plus aiſée,& la plus ſimple.

Ainſi , Madame, ce n'eſt en général
qu'au développement , qu'à l'activité
des germes, ou des eſprits germinants,
qui ſont ſont renfermés dans les ſujets
de chaque eſpèce , que ſont duës leurs
propa-

propagations. Il est vrai qu'il est des sujets où les esprits se trouvent moins
favorablement disposés que dans les autres, & de-là dépend leur moindre fécondité.

Mais d'où vient cela, interrompit
Sophie, puisqu'il semble à vous entendre parler des sujets de chaque espèce,
qu'ils n'ont pas dû, les uns moins que
les autres, entrer dans les intentions générales de la nature, & servir à leur propagation ?

C'est, Madame, repliqua Asclépiade, qu'il s'est rencontré dans la propriété du tempérament de quelques - uns
des dispositions moins favorables à l'activité des esprits que dans celui des autres. Car, s'il arrive, par exemple, que,
pour mieux servir à l'activité de ces esprits, il faille une chaleur d'un certain
dégré temperée par une humidité convenable ; autant que dans cette disposition favorable ces esprits agiront efficacement suivant leur manière d'agir la plus
aisée, la plus facile, autant se trouveront-
ils traversés, interrompus, embarassés,
orsqu'une humidité trop abondante ,
op froide, ou qu'une chaleur trop ar-
ente, ou trop aride, se rencontrera. Or

E

ce qui occasionne fréquemment des incidents si désavantageux vient du jeu de ces combinaisons générales, qui régnent dans l'Univers entre les êtres. Alors ces occasions de diversités, qui se trouvent poussées trop loin, mettent, pour ainsi dire, les choses plus ou moins hors du ton. Combien, par exemple, d'années trop pluvieuses, & trop froides, nuisant à la maturité des moissons, ont occasionné l'inefficacité d'une grande partie de leurs semences? Combien d'autres années trop ardentes, & trop séches en de certaines saisons, ont quasi brûlé, ou trop desséché les germes?

Cependant il y aura d'autres sortes de plantes auxquelles ces années extraordinaires se rencontreront favorables; & cela, parce que leurs semences s'accordoient mieux avec leur intempérie.

Ne craignez pas, Madame, que, si nous nous étendons un peu sur ce sujet, nous nayons pas dans la suite occasion d'en profiter.

Je ne m'en plains point, interrompit Sophie, la matière est trop curieuse pour ne pas m'occuper agréablement; je compte néanmoins que la suite me fera voir que notre curiosité ne nous a pas dérangés.

Vous voyez donc, Madame que de quelques admirables propriétés que soient revêtus les esprits germinants, ou prolifiques des choses, ils ont besoin pour leur opération d'être puissamment secondés. Il leur faut des sujets favorables, & qui plus est, qu'ils soient dans leurs tems *suscités*, mis en action, par des agents généraux ; car par eux-mêmes ils ne sortiroient point comme de ce sommeil profond où les retient la Nature. Cachés, enveloppés dans les semences, ils attendent comme en silence le moment de leur saison ; & c'est en conséquence de cet ordre qu'on les voit successivement produire, & remplir ainsi les uns après les autres tous les tems de l'année.

Que cela est admirable, interrompit Sophie ! mais, de l'humeur contredisante dont sont les Philosophes, un autre que vous viendra tout détruire, & discourir de votre sentiment & du sien, de manière qu'il ne m'en restera qu'une confusion embarrassante. Je veux néanmoins, Monsieur, m'en tenir au vôtre.

Vous le trouverez, Madame, repliqua Asclépiade, le plus généralement reçu par ceux qui cultivent la Nature

par les Philofophes des jardins , par tous
ceux en un mot qui s'en rapportent plutôt à leur propre expérience qu'aux fai-
feurs de fyftêmes.

Il ne vous refte donc plus , Madame,
qu'à vous imaginer que les animaux ne
font que des végétaux animés. Comme
eux ils font produits , multipliés , ils
fe nourriffent , croiffent , & fe perpétuent. Ainfi , Madame, ajoutez à ces efprits prolifiques, ou germinants, des arbres , & des plantes, incapables de produire en eux le moindre fentiment ,
parce qu'ils font infenfibles , ajoutez , dis-je , à des efprits pareils qui
feront en nous les facultés propres
à répandre des fentiments , ou à les
occafionner , dans des corps fenfibles ,
vous aurez une jufte idée des efprits
qui dans les bêtes, & dans les hommes,
produifent ces affections , ces fentiments , qui les portent à réparer ce
que la mort détruit.

Continuez enfuite vôtre parallèle;
vous y trouverez que ces animaux n'ont
pas moins que les arbres,& les plantes,
leurs faifons déterminées ; qu'alors on
entend dans les bois *bramer* les cerfs ,
les taureaux *mugir* dans les plaines ; les
lions *rugir* dans les forêts, les oifeaux

chanter ; en un mot il n'eſt pas un animal dans la Nature qui n'exprime à ſa
manière ce qu'il ſent de la part de ce
développement des eſprits qui ſe préparent, qui excitent.....

Ah ! que vous me faites grande peur,
interrompit Sophie ! ne pouſſez pas plus
loin, je vous prie ; l'explication pourroit devenir enfin trop ſérieuſe.

Non, Madame, reprit Aſclépiade ;
je voulois ſeulement vous dire qu'alors,
& par des effets purement naturels (ce
qui les rend d'autant plus puiſſants)
tout aime juſques aux tigres, & aux
Philoſophes.

Mais il me ſemble, dit Sophie, que,
ſi l'on veut en croire les hommes, ils aiment en tous les tems.

Croyez-en auſſi les femmes, repliqua
Aſclépiade, qui diront la même choſe.
C'eſt que les uns & les autres ont plus que
les animaux de quoi aimer fréquemment.

Or, pour revenir déſormais aux affections vaporeuſes qui ont donné lieu à
cette Diſſertation, il ne faut pas douter
qu'elles ne ſoient ſuſcitées à l'occaſion
de ces ſortes d'eſprits quand ils entrent
dans leurs *effloreſcences* : & ils y entrent
ſouvent indépendamment de l'ame, &

de toute volonté ; & , bien que la raison s'y refuse , & qu'elle livre alors de violents combats , le corps ne laisse pas de céder, & d'en beaucoup souffrir. Les plus chastes souvent gémissent de l'injure qu'alors la Nature leur fait, & dont dans le fond de leur cœur elles lui font des plaintes amères.

Vous venez *furieusement* de m'instruire, Monsieur, dit Sophie ; & jamais je n'aurois cru que les vapeurs dûssent me donner lieu d'apprendre tant de choses. En ce cas l'injure n'est donc pas si grande de penser que de tels mouvemans occasionnent les vapeurs, si ce n'est qu'on n'aime pas à accorder sur de certains points qu'on ressemble à tout le monde. Mais vous m'avez dit, Monsieur, qu'il y a des vapeurs, & vapeurs. Je ne veux jamais perdre cette distinction de vue. Car dans les miennes je ne sentis jamais rien de ce qui fait aimer vos philosophes, & vos tigres.

Je le veux croire ainsi, répondit Asclépiade ; mais, quand vous l'auriez senti , je n'en diminuerois rien de l'idée que j'ai de l'austérité de votre vertu ; & pour preuve , voici en peu de mots l'histoire de certaine fille dévote au vingt-quatriéme carat, coëffures simples, manches abbatues, quoique jeune & jolie, & sous la conduite des plus sévères Directeurs. Un jour, qui fut peut-être un jour de combat, certain jeune homme son voisin, entrant chez elle, la rencontra, & ne fit que lui prendre la main, en lui disant bon jour. Le coup fut terrible. A l'instant même elle entre en vapeurs, ne fait que deux pas en arrière, tombe sur le premier siège, se pâme, s'évanouit, soupire, gémit, étouffe. Le peu expérimenté jeune homme s'en effraye, & fuit à l'instant, comme un meurtrier. Cependant on vient à elle; il la fallut délacer, lui faire en un mot toutes les opérations qu'exigent les grandes vapeurs.

Expliquez-moi tout cela, dit Sophie; il me semble que je m'aguerris. Puisque les vapeurs ne sont que des jeux de la machine où l'animal tout seul prend part, elles me font moins de peur. Les vilains jeux pourtant! mais, quoiqu'il m'en doive coûter, je veux devenir sçavante, le sort en a décidé.

Madame, reprit Asclépiade, si dans les hommes, & dans les femmes, les esprits, qui, bien qu'inégaux quant à leurs opérations, mais de même natu-

re , n'ont pas, comme dans les bêtes
certaines saisons déterminées , ils ont
leurs moments. Il est néanmoins de
certaines saisons où ces moments se
rencontrent plus fréquemment, & où
ces esprits paroissent agir avec plus d'activité , & plus de force. C'est pour cela
que le printems est appellé la saison des
amours , & que dans la fin de l'été, &
de l'automne , tout se trouve d'une
plus grande vivacité. C'est dans ce tems
en effet que la Nature paroît faire produire , & végeter , avec plus de force
la plûpart des choses.

Je puis donc supposer que dans ce
moment les esprits, suscités dans leur domicile , mis dans leur efflorescence , &
répandus ensuite avec plus d'activité
dans les veines, ou pour mieux dire dans
tout le corps , mais plus spécialement
dans les organes qui leur sont le plus
appropriés ; je puis, dis-je, supposer que, si
au moment de cette efflorescence, il se
présente quelque objet de sa convenan-
ce , c'est assez pour la faire agir avec
plus d'impétuosité, pour la déterminer
avec plus de violence , & pour la fixer
sur cet objet. Sans doute que ce fut
dans un moment si défavorable à la jolie dévote que le jeune homme lui

prit la main. Il agita tout, & le mit
extraordinairement en déſordre. Etant
vaporeuſe d'ailleurs de l'autre eſpèce,
ce déſordre devint ſi impétueux qu'elle n'en put ſoutenir l'effort. Car, du
moment que de tels eſprits, que les
autres eſprits mêmes agitent le corps
d'une manière irrégulière, & deſordon-
née, ils mettent tout en confuſion, &
chaque partie n'eſt plus capable d'exécuter rien à propos.

Vous comprenez bien, Madame, quel
eſt le domicile de ces ſortes d'eſprits
prolifiques, quelles parties ſont de leur
appanage. C'eſt-là que d'abord ſe déclare leur première impétuoſité. Il s'en
communique à l'inſtant des gonflemens
dans toute l'étenduë des entrailles. L'eſtomac en eſt violemment attaqué. Il ſe
groſſit, s'étend, s'élève. En conſéquence de ſon gonflement, qui pouſſé avec
effort, & comprime, le diaphragme,
les poumons ſont preſſés, gênés, la
reſpiration en devient embaraſſée. De-là
viennent ces étouffemens, ces ſuffo-
cations, ces maux d'eſtomac, qui produiſent encore ce qu'on appelle maux de
cœur, pendant que d'un autre côté le
ſang, embarraſſé dans ſon cours autant

par l'effort de ces esprits qui l'agitent,
à-peu-près comme le vent fait les flots,
que par l'extraordinaire compression
qu'il souffre dans le *tissu* de sa liqueur,
& qui fait effort contre l'ordre de sa
raréfaction naturelle, cause une sorte
d'inégalité, de suspension, d'irrégularité, dans le développement des esprits,
& leur distribution dans les nerfs. Car
c'est par son moyen qu'agit le cerveau,
qui, bien qu'il soit de toutes les parties la plus éloignée du lieu de la scè-
ne, entre aussitôt dans le désordre général. Il souffre encore par quelque retour des esprits qui se trouvent suspendus dans les nerfs, & lui reportent à
l'instant la même impression qui les a
frappés. Il n'en faut pas davantage pour
que le cœur ne batte plus à l'ordinaire, &
que son désordre, aussi bien que celui qui
s'est glissé dans toute la masse du sang,
se manifeste par le pouls. Rien de plus
inégal, de plus irrégulier alors, que ses
battements.

Mais, pour vous mettre mieux au fait
encore d'un tel événement, que je
pourrois appeller *tragicomique*, puisque ce pourroient être les ris, plutôt
que les larmes, qui termineroient la

ſtène ; ſuppoſez, s'il vous plaît, qu'alors & dans l'inſtant même de cette extraordinaire *invaſion*, la Nature agiſſoit avec ordre ; que de la part du ſang, & des eſprits, il ſe faiſoit un mouvement régulier ; que ce mouvement doux, & paiſible, avoit néanmoins de la force ; & qu'ainſi par l'extraordinaire développement de ces eſprits, comme s'ils étoient étrangers, il ſe fait une ſorte d'oppoſition, de combat. Il arrive que, ſuivant que l'un ou l'autre de ces mouvemens contraires prend le deſſus & triomphe, vous voyez la perſonne ou reprendre ſes forces, & ſe rétablir, ou s'affoiblir, tomber, & paroître en un mot dans une extrême défaillance.

Tant de mouvemens divers, tant de ſymptômes ſi bizarres, ſi irréguliers, qui ſe ſuccédent les uns aux autres ; ces changemens de couleur, ces variations du pouls, ces froids comme de glace, ces feux comme de la plus vive flâme qui portent à la tête ; enfin tant de ſortes de douleurs, de compreſſions, d'étouffements, de battemens dans les tempes, de peſanteurs *aggravantes* dans la tête, & quelquefois très-aigues, mais de peu de durée ; ces ſifflemens dans les

oreilles ; ces tournoyements de tous les
objets qui se présentent ; enfin ces sortes de transports si irréguliers de la masse
du sang qui s'élève dans la tête avec
tant d'impétuosité , ! abandonne les
pieds , & les laisse glacés , tremblants ,
incapables de se mouvoir : tout cela est
l'effet de ce combat de la nature & de
la matière vaporeuse. Alors , suivant
qu'une partie s'y trouve plus intéressée
qu'une autre , & que dans l'étendue des
usages de cette partie , il s'en trouve
d'autres engagées , cette partie cesse
d'abord d'agir , ou souffre de violentes
secousses , de fâcheuses impressions ; & ,
par une sorte de *propagation* de ces
symptômes ; toutes les parties de sa dépendance , ou qui ont avec elles des
relations , souffrent aussi , & font que
le nombre de ces fâcheux effets s'étend
à l'infini.

Ainsi , Madame , je vous compose-
rois un gros livre si , après être entré
dans le détail de tant de symptômes divers , j'entreprenois ensuite de vous en
rendre méchaniquement raison.

Ah mon Dieu ! Monsieur , je vous en
quitte , reprit Sophie. C'est sur ces explications qu'entre vous autres Philo-

sophes naissent les plus violentes alter-
cations. Vous auriez beau convenir des
faits, que les seules explications feroient
des disputes. D'ailleurs vous y voyez
trop peu clair pour ne pas consulter
votre imagination plutôt que la vérité. Vous la suivez, & aimez fort à la
suivre ; ce qui fait que les belles explications que vous donnez tiennent
toujours trop de la diversité de ses caractères. Une plus ingénieuse que l'autre expliquera tout autrement que celle qui ne l'est pas autant. De là vient
que vous fournissez moins ce que l'on
demande que ce que vous avez imaginé.
Mais que nous importe de n'avoir que
vos conceptions ? Des faits donc, s'il
vous plaît, Monsieur, puisque nous
n'en sçaurions évidemment connoître
davantage. Ce n'est d'ailleurs que conséquemment à ces faits que vous dé-
terminez vos remèdes, ou du moins
que vous le devez faire.

J'admire, Madame, dit Asclépiade,
la justesse de votre raisonnement, & je
conviendrai de tout mon cœur que tout
seroit assez paisible entre nous autres,
si la curiosité n'y jettoit pas la pomme
de discorde,

Ces faits donc véritablement se peuvent dire infinis, parce qu'il ne faut qu'une vapeur pour susciter toutes les autres. Mais les vapeurs *hystériques*, dont je vous faisois l'histoire, sont les plus *impérieuses* de toutes. Elles les suscitent, pour peu qu'elles ayent de disposition à éclorre, & se servent des symptomes qui leur sont propres pour armer les leurs, & les rendre plus fâcheux, & plus irréguliers.

Ce n'est pas que les vapeurs hystériques ne le soient déja beaucoup par elles-mêmes ; car premièrement le moindre dérangement qui arrive dans le sang, & les esprits, leur donne lieu ; les conduit, les entretient : elles dépendent outre cela beaucoup du caractère des personnes, de leurs tempéraments, de leurs âges, en un mot de tout ce qui se rencontre en elles d'*incidentaire*, ou de naturel ; & c'est ainsi que ces vapeurs sont accompagnées de symptômes si différents, je ne dirai pas seulement en diverses personnes, mais dans la même, que d'un jour à l'autre, du soir au matin, elles varient, & à tel point que vous ne trouvez souvent à faire aucune comparaison entre les unes & les autres.

Vous touchez là, dit Sophie, un point que j'attendois depuis longtems ; cette diversité m'a toujours paru incompréhensible. Une de mes amies m'en a fait faire des observations terribles quelquefois, & alors les plus pitoyables du monde. En combien d'occasions l'ai-je vûe expirante, morte à n'en plus douter ; & d'autres fois dans des agitations, & des violences extrêmes ! Non, le haut mal n'agita jamais si furieusement une personne. C'étoit des cris, ou plutôt des hurlements, à faire peur. Dans la vérité je ne m'aime point à être seule avec elle ; &, si ce n'est qu'elle est très-aimable, & que depuis longtems nous sommes amies, je l'éviterois en tous lieux, bien loin de la visiter. Ce ne sont jamais les mêmes vapeurs ; toujours quelques évènements nouveaux viennent tout déconcerter. L'autre jour, par exemple, quatre hommes ne la purent contenir. D'où vient, Monsieur, qu'alors on a tant de forces ? qui peut agiter les entrailles par des efforts si prodigieux ? jamais on ne put les assujettir, quelque violentes compressions qu'on lui fit. Il lui fallut presser la gorge comme on auroit fait pour étrangler le plus fort de tous les hommes. Auſſi lui arrive-t-il enſuite de ces accès ſi étranges de reſter des ſemaines entieres à ſe remettre. Cependant elle paroît délicate; elle n'eſt point fort chargée d'embonpoint, & l'on diroit qu'alors elle a la force de dix hommes pour le moins. Mais tout cela n'eſt point comparable à ce qui lui arriva il y a quelques mois. Sa vapeur la rendit toute paralytique, & cet accident, qui dura pluſieurs jours, fit craindre infiniment pour la ſuite. On commença même à la juger réellement paralytique.

J'ai vû, Madame, reprit Aſclepiade, un exemple à-peu-près pareil, & ce n'eſt que depuis que l'événement fut paſſé, que j'ai reconnu mon erreur. Une pauvre fille d'environ trente ans, fraîche, & avec de belles couleurs, fut crue paralytique. Elle me parut telle en effet; car, à l'exception de quelque facilité qui lui étoit reſtée pour avaller du bouillon, la paralyſie étoit générale. Elle ne pouvoit même articuler le plus petit mot. On la mit chez une Dame qui a ſoin des incurables par charité. Je l'y vis, &, après l'avoir examinée avec beaucoup d'attention, & lui trouvant toutes les diſpoſitions favorables pour le

ſuccès

succès d'un bain d'eau froide ; je le jugeai convenable, & je me disposai à le lui faire donner. A dire vrai, n'étant pas alors assez au fait de ce remède, qui se pratique si fréquemment en Angleterre, mais particulièrement dans l'Ecosse, je différai pour prendre conseil d'un Medecin Ecossois qui devoit lui-même conduire l'opération. Pendant ce délai, je fus obligé de partir pour un voyage de quelques jours : je le fis, mais le jour de mon retour, ma surprise fut extrême. On m'annonça, & fit entrer la fille, que d'abord je ne reconnus pas. Elle venoit me remercier du bon conseil que j'avois donné, m'assurant qu'elle étoit parfaitement guérie: Madame Germain, me dit-elle, impatiente de votre absence, m'a fait baigner dans l'eau froide, comme vous l'aviez proposé, & dès le second bain, la nuit même que je m'éveillai, je me sentis à la tête quelque demangeaison; j'y portai la main, plutôt par un mouvement d'habitude, que par un mouvement volontaire, & je me trouvai si surprise d'y avoir pû réussir qu'aussi-tôt je m'essayai l'autre bras. J'y réussis: Je voulus me lever; je le fis: je marchai,

& mon étonnement fut si grand que
je voulus éveiller une garde qu'on m'avoit donnée. Elle en pensa mourir de
peur ; me prenant pour un phantôme.
Dès le lendemain, je remerciai la bonne
dame qui m'avoit fait la charité, &
ce soir, Monfieur, je viens vous rémercier.

Il faudra, Monfieur, dit Sophie, me
dire comment s'eft pû faire un changement si prompt. Il me paroît prodigieux.

J'effayerai, Madame, répondit Afclépiade, à vous fatisfaire ; mais ce ne
font pas encore là de ces vapeurs à étonner le plus. J'ai eu occafion d'en
voir d'autres ; mais entr'elles, une particulièrement qui m'à toujours paru
furprenante. En voici l'hiftoire.

Une petite Servante d'environ vingt
& cinq ans, fort active, & nullement
de complexion vaporeufe, du refte fort
raifonnable, je pofe cette circonftance,
comme très-néceffaire ; car en bien des
occafions les vaporeufes de cette efpèce jouent la comédie ; & c'eft pour elles,
au milieu des maux qu'elles fe font une
forte de dédommagement que le plaifir d'inquietter les autres, & de leur

paroître avoir quelque chofe de merveilleux, & d'incompréhenfible. Cette fille donc, naturellement bienfaifante, &
raifonnable, tomba malade fubitement,
& d'un mal fort extraordinaire. Ce n'é-
toit que d'un peu de vin, dont on
lui arrofoit les lèvres, qu'on la pût
faire fubfifter. Elle paroiffoit même toujours agonifante, couchée fur le dos,
& ne refpirant que par des efláns la-
borieux, les yeux fixes prefque toujours
vers le même point de vue, malgré,
hâlée, & avec une fièvre continuelle.
Elle fut pendant vingt-un jours un fpec-
tacle très-pitoyable. Alors un des plus
habiles Médecins de la Province en pre-
noit foin, & ne faifoit pas difficulté de
convenir qu'il n'y comprenoit rien. Tous
fes foins, les remèdes qu'il effaya, furent inutiles. Je ne vous en ferai point
le détail, non plus que de plufieurs autres fymptômes différens de ceux que je
vous ai rapportés, qui accompagnoient
fa maladie. Mais, ce qui m'y parut
de plus furprenant, de tems en tems,
après avoir pouffé de profonds foupirs,
elle parloit d'une voix forte, & bien articulée, & difoit voir comme préfentes
les chofes qui n'arrivèrent que dans la

suite. En voici une, par exemple. Je vois, dit-elle, la pauvre bonne femme *Marie* qui prend bien inutilement soin de ses cochons ; elle aura beau faire, il les faudra tous jetter dans l'eau. On prit ce discours pour une vision, pour un délire ; mais le lendemain on amena six cochons à la maison, c'étoit un Couvent de Religieuses. Une des servantes de basse-cour les renferma pour les faire tuer le lendemain. Pendant la nuit un de ces cochons devint enragé. Il avoit été mordu par un chien qu'on ne croyoit pas enragé, & il mordit tous les autres. Il les fallut tuer, & les jetter dans l'eau. Elle dit encore diverses autres choses qui se verifièrent de la même manière. Sur quoi moi, qui avois occasion de la voir souvent, je lui donnai en plaisantant le nom de *Sybile*, qui depuis ce tems lui est demeuré. Pendant tout ce tems elle paroissoit quasi ne pas entendre, ou si elle vouloit répondre à quelques questions qu'on lui faisoit, c'étoit avec beaucoup de peine, & d'une voix foible, mal articulée, où l'on ne distinguoit presque rien. Le vingt & unième jour de sa maladie passé, le matin elle se leva, s'habilla ; &, quoiqu' très foible, descendit de sa chambre, & ne se souvint de rien.

Voilà en effet, dit Sophie, un événement, des plus extraordinaires ; & comment, Monsieur, concevez-vous que cela puisse arriver ?

Madame, répondit Asclépiade, je ne sçaurois vous en rendre aucune bonne raison. Cent fois j'en ai essayé la recherche, & tout autant de fois je n'ai rien trouvé de satisfaisant. On prétendoit dans la maison qu'elle étoit ensorcellée, mais je crois si peu à ces sortes d'ensorcellements que je regarde ce bruit comme une erreur populaire.

Souvent il est arrivé dans les vapeurs de quelques personnes mélancholiques, de dire par hazard, & parmi un grand nombre de choses vaines, quelques vérités qui, dans la suite, se sont trouvé vérifiées, & auxquelles d'abord on ne faisoit pas attention. Mais dans la personne, dont j'ai eu l'honneur de vous parler, il s'est rencontré de certaines circonstances qui mettoient hors de toute comparaison ces sortes de prédictions. Quelques Auteurs ont écrit sur ces événements prodigieux. A ne faire même que m'en tenir à ce qu'un Médecin Es-

pagnol en a écrit, j'aurois bien des choses à vous dire, mais..........

Oui, Monsieur, interrompit Sophie:
à nos vapeurs, s'il vous plaît, puisque
nous voici embarqués.

J'en reprendrai donc l'histoire, dit Asclépiade, c'est toujours des dernières que
je parle. Elles sont plus ou moins fortes;
plus ou moins violentes, d'une durée plus
ou moins considérable; & parce qu'elles
se répandent à peu-près comme une sorte d'yvresse, qui ne fait que troubler,
remuer, agiter, ce sont les diverses propriétés des tempéraments où elles se
trouvent qui caractérisent leurs *expressions.*

Sur cela, reprit Sophie, trouvez bon,
Monsieur, que je vous propose une
idée qui m'est venue dans le moment. Si ces vapeurs sont du ressort
des occasions qui font aimer, & que
l'on puisse même prendre pour vapeurs
des sentiments trop passionnés, n'en seroit-il point à-peu-près de même des
vapeurs maladies comme de ces sentiments? Chaque personne les exprime à
sa manière. L'une languissante, l'autre
vive, prompte, emportée; celle-ci
craintive, inquiette, inégale, cette au-

tre audacieuſe, hardie; une autre enfin muette, & devenuë quaſi ſtupide.

Vous l'avez trouvé, Madame, reprit
Aſclépiade; rien de plus juſte, de mieux
imaginé.

Sans doute, dit Sophie, que *Sappho*,
quand elle fit ces beaux vers, avoit à
votre compte & au mien, de ces vapeurs
les plus tendres. Vous le ſçavez, rien de
plus *vaporeuſement* exprimé.

Oui, Madame, répondit Aſclépiade,
je me-les remets dans ce moment :

Je ſens de veine en veine une ſubtile flamme
Courir par tout mon corps ſitôt que je te vois;
Et dans les doux tranſports où s'égare mon ame,
Je ne ſçaurois trouver de langue, ni de voix.

Un nuage confus ſe répand ſur ma vuë;
Je n'entends plus, je tombe en de douces lan-
    gueurs;
Et, pâle, ſans haleine, interdite, éperduë,
Un friſſon me ſaiſit, je tremble, je me meurs.

Voilà des vapeurs bien décrites. Ce
ſont ces friſſons, ces moiteurs, ces
accablements, ces langueurs, ces pleurs,
ces larmes, qui ont coutume d'en clorre
la ſcène.

Mais, interrompit Sophie, puiſque-

vous prétendez que ces vapeurs font du genre tendre, ou paſſionné ; & que cependant vous ne me les annonciez d'abord que comme des jeux de machine; prétendez-vous qu'en effet l'eſprit & le cœur agiſſent alors comme le corps, & que toujours les ſentiments, les déſirs, s'accordent avec les expreſſions du corps?

Non pas toujours, repondit Aſclépiade ; c'eſt même dans la plupart des femmes l'occaſion de ce qu'elles ſouffrent de plus affligeant pendant leurs vapeurs, que l'irritation de leur eſprit effrayé, épouvanté, allarmé. Car alors, inquiettées par ces mouvements, ces agitations ſi extraordinaires ne leur font rien ſentir qu'elles ne s'efforcent de réprimer : révolté alors que la raiſon combat de tous ſes efforts, pour les intérêts de ſa gloire.

Mais, ſi quelques perſonnes triomphent en héroïnes, pluſieurs de caractère moins ſupérieur, ſeroient facilement vaincues.

En vérité, dit Sophie, de telles maladies ſont bien deshonorantes, & bien fâcheuſes, pour la nature humaine, & l'homme, avec toute ſa raiſon, a bien peu dequoi tant ſe vanter

Dans

Dans ce moment le Maître d'Hôtel arriva, & le dîné qu'il annonça fit remettre à un autre entretien la suite de l'histoire des vapeurs.

III. ENTRETIEN.

Des causes des vapeurs, & de leurs différentes manières d'agir.

CE ne fut que le lendemain matin qu'Asclépiade & Sophie recommencèrent leurs entretiens. Il leur falloit le même loisir qu'ils avoient eu le jour précédent, & leur rendez-vous auprès de la Malade leur en procura l'occasion. Ils en profitèrent, comme les premières fois, & c'est ainsi que commença leur troisième entretien.

Jamais, dit Sophie, je n'avois tant pensé aux vapeurs. Je ne trouve qu'elles à tous moments, & il me semble que tout le genre humain est vaporeux ; si ce n'est d'une façon, c'est d'une autre. Mais d'où vient qu'elles sont si nouvelles, ou qu'elles n'ont pas toujours également régné ? A quels changemens si

G

extraordinaires furvenus dans l'Univers
pouvez-vous les attribuer ? & de quelle
manière une fi bizarre calamité a-t-elle
pû arriver ? Enfin quels aftres affez malins pour les produire ont dominé fur
nos têtes ? Je m'en prends à tout ; parlons déformais fur ce fujet ; car je comprends, Monfieur, que ni vous ni moi
n'épuiferions jamais leur hiftoire. Quand
vous en auriez encore de plus extraordinaires à raconter, auffitôt quelqu'un
qui furviendroit en auroit bien d'autres plus prodigieufes ; il en eft comme
des revenants ; chacun fçait fon hiftoire, & l'on paffe jufques à l'infini d'u-
ne plus incroyable à une autre.

Il eft vrai, Madame, dit Afclépiade, que la matière des vapeurs eft in-
tariffable ; cependant je puis avoir l'honneur de vous dire que les réduifant à
des claffes particulières, comme je commençois à vous le propofer, il s'en faut
beaucoup que leurs caufes foient auffi
nombreufes, & auffi différentes, que le
paroiffent leurs productions.

Suivant l'idée que je m'en fuis faite
conféquemment à mes obfervations,
ces caufes fe peuvent réduire à deux,
que je puis nommer générales, parce

que chacune d'elles souffre des variétés, qui, bien qu'elles leur donnent certains caractères d'original, laiſſent pourtant découvrir qu'elles tiennent d'un même principe.

Les vapeurs hyſtériques furent de tous les tems ; mais les autres, devenuës à la mode par leur fréquence, aujourd'hui plus grande que jamais, furent auſſi rares autrefois qu'elles ſe ſont aujourd'hui renduës communes. Elles ont même pris de nos jours certains caractères de ſingularité, qui font qu'elles reſſemblent peu à celles de la même eſpèce que ſouffrirent quelques-uns de nos ayeux. Ce n'étoit que de ſimples vents embarraſſés dans l'eſtomac, dans les entrailles, dans les veines qui leur donnoient occaſion ; mais ces vents ne les rendoient point ſi importunes, ſi bizarres, ni d'une *curation* ſi difficile. Or ces flatuoſités furent de tous les tems. L'on en trouve même un Traité parmi les œuvres d'Hippocrate, qui en étend à tel point les propriétés fâcheuſes, qu'il en voudroit faire la cauſe de toutes les maladies.

En effet, elles y ont toujours quelque part, & même, pour peu que l'on y fasse de sérieuses attentions , & que sous le nom de flatuosités on veuille comprendre toutes les matières legéres , facilement *dissipables* , & d'une activité plus ou moins grande ; ce systême des vents se trouvera judicieusement pensé. Ainsi , Madame, ne vous en prenez ni à l'incident de quelques astres malins , ni à quelques dérangements arrivés dans l'Univers , mais , (oserois-je le dire) aux dérangements des nouvelleu manières de vivre. Trop de sincérité ne vous déplairoit-elle point ?

Poursuivez , Monsieur , repliqua Sophie , pourquoi ne feriez-vous pas comme les autres qui veulent toujours rendre leurs malades coupables de leurs maux ?

Voudriez-vous , Madame, reprit Asclépiade , qu'on ne les en dût jamais accuser ? Mais il conviendra mieux , ce me semble , que , sans faire aucune application , j'aye l'honneur de vous expliquer de quelles manières les vapeurs sont produites. Ainsi c'est à présent des vapeurs à la mode que je vais vous entretenir, tantôt nous viendrons aux hystériques , pour achever l'explication que je n'ai fait qu'ébaucher.

Des vapeurs à la mode ; soit, dit Sophie ; il est à-propos de n'en pas confondre les causes, puisqu'essentiellement elles sont si différentes des autres. Mais je vous y attends. Voilà le moment où vous m'allez renverser la tête de *triturations*, de *broyements*, de *tensions*, de *crispations*, de *fermentations*, d'*acides*, d'*alkali*, & de ces autres chimères de l'Ecole moderne.

Mais, Madame, répliqua Asclépiade, si je vous expliquois assez clairement ces termes, si je vous faisois voir de quel usage ils sont dans la méchanique du corps humain.....

Vous me proposeriez, répondit Sophie, une doctrine reçue parmi les Docteurs de vôtre Secte, desavouée par ceux d'une autre, & dans laquelle les ignorants ne comprendroient rien. Faut-il avec vous être sçavant pour être instruit? Et vous est-il impossible de parler, & de vous faire comprendre, aux ignorants?

Il est vrai, Madame, qu'un des grands préceptes que nous donne Hippocrate, notre Maître, comme vous sçavez, c'est de conférer avec nos malades, de leur expliquer ce que nous pensons sur leurs maux , & cela d'une manière ſi évidente , & ſi claire , qu'ils nous comprennent aiſément. *Car, dit-il, tout Médecin qui ne ſçait pas ſe faire comprendre par ſon malade eſt encore bien loin de la vérité.*

Que j'aime donc Hippocrate , s'écria Sophie ! voilà le Médecin que je voudrois.

Mais , Madame , reprit Aſclépiade , avec lui vous n'auriez pas le plaiſir de parler ſyſtême.

Eh que m'importeroit, repliqua Sophie ! ce ſont des phantômes , dont l'imagination ſe jouë, qui n'impoſent qu'à la foible curioſité. Non, Monſieur, point de ſyſtême ; & parlez-moi en Hippocrate tant que vous le pourrez, ſinon je fais peu de cas de vos diſcours , & *je vous trouve très-loin de la vérité.*

Eſſayons donc , puiſque vous le voulez , Madame , dit Aſclépiade , la manière de raiſonner d'Hippocrate. Mais ne vous rebutez pas ſi vous me voyez imiter ſi mal un ſi grand Maître. Ainſi , pour poſer nos principes , trouvez bon, s'il vous plaît , que je vous demande ſi jamais vous n'avez réfléchi à cette merveille qu'opère tous les jours

la Nature ; à ce grain de bled, si peu
de chofe en apparence, & néanmoins
d'une force, d'une efficacité, fi grande
dans fa végétation. Peut-être, Madame, que vous ferez furprife de me voir
m'écarter ainfi, & prendre les chofes
de fi loin ; mais bientôt vous verrez
combien ce début m'eft néceffaire. N'a-
vez-vous donc point admiré cette puif-
fance végétative ?

Que me demandez-vous là, Monfieur, dit Sophie ? C'eft ma paf-
fion de réfléchir fouvent fur ces mira-
cles perpétuels de la Nature, & j'en
fais une de mes plus amufantes occu-
pations à la campagne. Oh ! je fuis plus
philofophe que vous ne penfez. Le Gou-
verneur de mon fils eft homme d'efprit,
& il ne m'entretient d'autres chofes.
Oui, Monfieur, je fçai que ce petit
germe qui, en fubftance, n'eft peut-être
pas la millième partie de la femence
qu'il habite, en fait toute la force, la
vivacité, la vie ; qu'en lui feul font raf-
femblées toutes les facultés végétales ;
& que, du moment qu'il eft mis en action, il végete, *pouffe*, & devient lui
feul l'architecte du grand édifice qu'il
habite. Croyez-vous que j'aurois pris

tant de plaisir ces jours passés à vous
entendre discourir sur ces choses, si je
n'en avois pas été prévenue ? Etablissez
donc votre doctrine sur ces principes ;
j'en suis charmée , & j'en aime fort
les observations.

Rien , Madame , poursuivit Asclépiade , ne me pouvoit faire plus de plaisir.
Avec de si avantageuses préparations
vous serez bientôt au fait. Faites-moi
donc l'honneur de me répondre. De ce
grain de froment , par exemple , si viva-
ce dans son *germe* , si animé du moment que toutes ses propriétés sont sus-
citées , mises en action , on fait de la
farine , on la détrempe ...

Oui , Monsieur , interrompit So-
phie ; je sçai tout cela On fait aussi de la
bierre , & c'est par l'opération même des propriétés de ce germe qu'elle
bout , & fermente , comme le vin. Alors
c'est une opération seulement détour-
née , mais qui pour l'être n'a rien perdu de son activité. Nous irons bien loin,
si vous voulez , sur ces articles ; ce sont
là mes premières leçons. Je vous dirai
même que ce n'est pas par une autre
raison que la pâte leve dans la *met* ; que
les levains ne tiennent toute leur for-

ce que de lui ; enfin qu'elle est de si grande vertu fermentative qu'elle est presque immortelle. Mais ne me demandez pas pourquoi ; ne m'obligez pas à vous expliquer par quels moyens une si petite chose est capable d'agir si efficacement. Je ne me souviens pas trop de ce qu'on m'a dit là-dessus, & je n'aime pas à me commettre. Mais le fait me suffit ; & il me paroît si vrai, que les moisissures du pain sont duës tout entières à un reste de force qui agit toujours de la part de ce germe ; & que d'ailleurs ce pain ne laisse pas de conserver toujours assez de propriétés de levain, ou *germinantes*, pour être capable de faire fermenter beaucoup de choses par son mêlange.

Il ne nous en faut pas davantage, Madame, dit Asclépiade. C'est donc dans l'efficacité merveilleuse de ces esprits, aussi puissants dans tous les corps que vous les connoissez dans le pain, que consiste leur force, suivant Hippocrate. Car je veux vous le citer, puisque vous l'aimez. A dire vrai, il vous aimeroit beaucoup aussi, vous trouvant si sçavante, & si spirituelle. C'est, dis-je, dans cette efficacité que consiste *la plus gran-*

de force de l'aliment ; & c'eſt particuliè-
ment à la ſurmonter que s'employe la
plus *grande force* de l'eſtomac : ce ſont
ſes termes.

Ainſi nous ne ſommes noutris que
de matières très-vivaces , très-fermen-
teſcibles. Car, tout bien conſidéré , ce
bled, dont ſe fait notre pain, n'eſt capable de nous être ſi profitable qu'autant qu'avant d'être farine il étoit
propre à végéter. Tout autre, vieux ,
uſé , je veux dire , duquel ſe ſeroient
diſſipées toutes les facultés germinantes , n'y conviendroit jamais. Tout au
plus on en compoſeroit des maſſes incapables de *lever* ; & qui ne fourni-
roient à l'eſtomac qu'une matière *pe-
ſante* , indigeſte , de l'uſage de laquelle
la ſanté ſeroit bientôt altérée. Ce que
je dis du pain ſe doit entendre généralement de toutes les matières alimenteuſes , du vin , de la bierre, & des autres liqueurs fermenteſcibles.

Je vous ſuis ; pourſuivez , dit Sophie : ſur tout cela il ne faut qu'ouvrir
les yeux.

Suppoſez donc déſormais , dit Aſclépiade , que , ſi dans tous les animaux,
dans tous les végétaux , en un mot dans

tout ce qui existe, il y a de pareils esprits germinants, autant pour leur propre conservation que pour la propagation de leurs especes, l'homme n'en a pas dû être moins partagé.

C'est, dit Sophie, ce que vous m'avez déjà avancé. Mais, pour vous faire voir qu'on m'a bien instruite, on m'a fait observer un parallèle si exact entre les animaux & les végétaux, quant à ce qui regarde leur nourriture, que j'ai appris que dans les animaux l'estomac & les entrailles se pouvoient comparer à la caisse des orangers; que les aliments y devenoient par leur digestion comme une terre féconde en sucs nourriciers ; que de petits vaisseaux venoient s'y ouvrir pour se remplir de ces sucs, à peu près comme les racines des arbres, & des plantes, pour les transporter ensuite vers le cœur, comme dans le tronc de l'arbre, où bientôt la circulation du sang qui s'en saisit le distribue à toutes les parties du corps.

Comment, Madame ! vous en sçavez autant que les Docteurs les plus habiles. Poursuivez donc, s'il vous plaît en concluant que par un effet de la digestion qui se fait dans l'estomac , &

se perfectionne dans les entrailles, comme dans cette caisse des orangers ; il ne faut pas seulement que les aliments soient dissous, mais qu'ils soient digérés , & mis comme dans le *ton* , où les mesures les plus exactes , des qualités les plus convenables à chaque tempérament , à l'état des âges, des sexes ; en un mot aux dispositions personnelles de chaque personne : & cela se fait d'une manière si régulière, & si exacte , que tous les jours vous voyez que du même morceau de pain , du même aliment , le sanguin, le bilieux, le pituiteux, & le mélancholique , tirent également les nourritures qui leur sont convenables ; je veux dire que celui-là en sépare de quoi servir à l'entretien de ses qualités sanguines ; celui-ci en nourrit ses humeurs bilieuses; cet autre en fait ses pituites ; & enfin cet autre sa bile noire, ou mélancholie: que ceux-là même qui souffrent de certaines maladies habituelles, tels que sont les gouteux , par exemple; les asthmatiques, les graveleux, y trouvent de quoi servir à l'entretien de ces fâcheuses dispositions. Preuve convaincante qu'il ne faut pas seulement considérer la digestion qui se fait dans

l'eſtomac, ou dans les entrailles, comme la ſimple diſſolution des maſſes alimenteuſes, mais qu'il s'en tire une ſorte de ſuc préparé ſuivant la néceſſité
de ſes uſages. J'aurois l'honneur de vous
en développer les moyens, ſi je n'ap-
préhendois pas que leur détail fût trop
long. Ils ſont ſi ſimples, mais ſi ſûrs,
qu'ils ne ſont pas moins admirables que
l'opération même. Mais il nous ſuffira
de ſuppoſer cette vérité.

Cependant cette digeſtion comprend
deux parties, & c'eſt ici la première.
L'autre, qui ſe fait dans le même
tems, comprend ce qui appartient aux
eſprits germinants, qui alors ſe développent de leurs maſſes avec activité. Car
vous comprendrez aiſément que, pour
broyer, diſſoudre, faire cuire des matières, on ne ſurmonte, ou l'on n'éteint
pas pour cela en entier la force des eſprits dont elles ſont remplies. Auſſi trouve-t-on que, pour peu qu'on les abandonne, elles prennent bientôt autant de
ſortes de corruptions que leurs eſpèces
ſont différentes. Car ce qui pouſſe ces
odeurs avec impétuoſité, ce qui les détache avec tant de force, vient du développement de ces eſprits. Ainſi il y a

néceſſité abſoluë qu'à l'inſtant même que les aliments ſe digèrent, les eſprit-propres à l'eſtomac diſſolvent , entres prennent, ceux des aliments, les ſurmontent , les aſſujettiſſent comme dans leur *propre tourbillon* , ou les contiennent dans l'ordre exact de leurs mouvements particuliers : en ſorte qu'alors , comme les maſſes alimenteuſes n'ont de force,& d'action fermenteſcible, qu'autant qu'elles ſont agitées par ces ſortes d'eſprits, il leur arrive , lorſqu'ils ſont changés, & réduits comme au *ton* de ceux de l'eſtomac, de prendre une fermentation convenable,& de ſuivre facilement l'impreſſion de ces levains , & de ces diſſolvants. Alors ces matières , à meſure qu'elles ſe dépouillent ainſi de ce qu'elles avoient de particulier, ſe chargent comme d'un joug étranger. De leurs loix propres, elles paſſent à d'autres loix convenables aux uſages de leur nouvelle deſtination , & c'eſt par ce moyen qu'il ne s'y excite aucuns mouvements irréguliers, ni extraordinaires.

Je vous comprends parfaitement, dit Sophie ; mais il me ſemble que vous entrez dans un plus long détail que ne font les *triturateurs*. Car , lorſque mon

Médecin, qui l'est à la fureur, m'a voulu expliquer son systême, en deux ou trois coups de meule il fait son affaire avec une merveilleuse facilité. Il est vrai que, m'accordant les choses à si grand marché, j'ai toujours craint que sa marchandise n'en fût pas de meilleur aloi.

J'en ai fait usage quelque tems, reprit Asclépiade; sa nouveauté m'imposa; mais j'aurai l'honneur de vous dire franchement que par l'usage que j'en voulus faire je la trouvai si défectueuse en plusieurs endroits que je l'abandonnai, & repris l'ancien systême. C'est en effet celui de tous le plus ancien. Hippocrate s'en est servi. Il fait consister la grande force de l'estomac, comme aussi la grande force des aliments, dans ces sortes d'esprits si actifs, & si puissants. Une preuve même de la justesse de ce sentiment est qu'il est dit par la bouche d'un grand Prophete que Dieu, pour punir les hommes, ôtera la force du pain, & éteindra toute son activité alimenteuse; c'est-à-dire, qu'il rendra vaines, & annéanties, ces forces germinantes, & fermentescibles, dont le froment est animé. Alors il s'en fera bien du pain; mais il sera mauvais, & mal fermenté,

fepant, indiffoluble , & tel en un mot
qu'on l'éprouve de ces froments ufés ,
qui dans les champs feroient incapables
de végéter.

Ne difputons point fur cela , dit Sophie; la chofe eft évidente, je m'y rehds ;
mais qu'en prétendez-vous conclure ?

Nous y voici , Madame , en peu de
mots , répondit Afclépiade. Je prétends
tirer de ces efprits *mal affujettis* par
l'eftomac , & développés malheureufe-
ment dans les veines , la caufe principale des vapeurs ; & pour cela c'eft ainfi
que je raifonne.

Je prétends que les perfonnes vaporeufes ont l'eftomac,& les entrailles,difpofés
de forte que par trop de chaleur , & d'activité , qui précipite extraordinairement
leurs digeftions ; ou par une autre in-
difpofition qui leur viendra de foibleffe , de défaut de chaleur , qui rendra
ces digeftions moins exactes , elles ne
produiront que des fucs mal conditionnés , & vaporeux. Les uns auront trop
de crudités ; les autres trop d'acrimonie
bilieufe, & faline : enforte que par la fuite des autres digeftions, qui fe pourfuivent toujours en conféquence des premieres, les efprits fermentefcibles , ou
germinant

germinants, des matières alimenteuſes, venant à ſe développer, cauſeront tous les ſymptomes des vapeurs.

Arrêtons-nous un peu, interrompit Sophie; cette concluſion eſt déciſive; &, quoique je commence à la gouter j'ai beſoin, pour m'y rendre, de quelques éclairciſſements.

C'eſt judicieuſement penſer, reprit Aſclépiade; & je ne vous en ſçaurois trop donner; puiſqu'ils ne feront que ſervir à étendre davantage l'explication que je dois vous faire des ſymptômes vaporeux. Commençons-les donc, Madame, ces éclairciſſements ſi utiles. Or voici comme je m'y prends.

Nous ne ſommes compoſés que de ce qui eſt entré dans la compoſition de notre ſubſtance. Si ce ſont des princi-pes doux, paiſibles; s'ils n'ont rien que de *concordant* entre eux; enfin ſi c'eſt ſuivant les loix les plus parfaitement di-rigées pour la méchanique de notre conſtruction, tout s'y trouvera paiſible; il ne s'y fera *nul bruit*, nulle agitation extraordinaire; en un mot la ſanté, qui n'eſt autre choſe que l'effet toujours conſtant, & uniforme, d'une ſi parfaite

H

Harmonie, en deviendra plus parfaitement établie.

Cela est juste, dit Sophie.

Or, reprit Asclépiade, si tout au contraire un si bel ordre est renversé, le dérangement, la *cacophonie*, ne manqueront pas d'arriver.

Fort bien encore, dit Sophie.

Que trouvez-vous à présent, poursuivit Asclépiade, de plus irrégulier, de
plus dérangé, de plus bizarre, que les
vapeurs ? Or j'ai besoin d'agents puissants, mais qui ne fassent que brouiller,
que troubler ; qui, sans causer d'altérations considérables dans le sang, & les
esprits, & sans altérer même les nerfs,
& les muscles ; je veux dire les parties
solides ; produisent néanmoins dans toutes ces parties des mouvemens tumultueux, extraordinaires, & d'autant
plus que ces mouvements seront plus
impétueux.

Nous sommes convenus, Madame,
que souvent, & même pour l'ordinaire, les vapeurs étoient comme la grande, & la très-importune, maladie d'une
personne qui se porte bien. Avant que d'y
tomber, vous lui trouviez une santé parfaite ; l'orage fini, cette santé ne reparoît

elle pas ? Vous diriez qu'il en seroit alors de son sang, & de ses esprits, à-peu-près comme de ces eaux coulantes, & qui de quelque rapidité qu'elles soient entraînées dans leur lit, où tout se trouve d'accord, sembleroient presque immobiles, tant elles glissent avec facilité. Mais survient-il un coup de vent contraire, quels flots ! Quels bruits impétueux ! leur cours en est retardé. Ce n'est plus avec sureté qu'on y navige ; ce ne sont qu'écumes sur les flots qui viennent se briser sur le rivage. Les esprits que j'accuse, mal-à-propos developpés, ne pourroient-ils pas agir à peu près de la même manière sur le sang, & sur les esprits ? Ne pourroient-ils pas se cantonner tantôt dans une partie solide, & tantôt dans une autre ; & alors, suivant les fortes impressions qu'ils y feroient, & les embarras qu'ils causeroient à la Nature, exciter des douleurs plus ou moins vives ? Car la douleur est l'effet de ces accidents ; c'est comme le cri que fait la Nature d'abord qu'elle est pressée, gênée, par quelque cause étrangère.

Oui, Monsieur, dit Sophie ; mais si, à l'exemple de ces vents, les esprits

font capables de tant de chofes ; je ne
comprends pas de quelle manière, à l'e-
xemple de ces vents qui font élévés ,
libres , lancés de loin , ces efprits, que
vous fuppofez enveloppés dans le fang,
pourront s'en dégager affez pour agir
enfuite avec la liberté qui leur eft néceffaire.

Non , Madame , répondit Afclépiade ;
il n'eft pas néceffaire qu'ils s'en débar-
raffent autant que vous l'imaginezpour
faire beaucoup de mal. Quand , à
mefure qu'ils fe développent , ils ne feroient que faire bouillonner extraordinairement le fang, c'en feroit affez pour
embarraffer fa circulation , exciter même de la fièvre. C'eft ce qui fait que
beaucoup de vapeurs ne font point fans
émotions fièvreufes ; que l'on en reffent
alors la plûpart des fymptômes ; & qu'il
fe fait des gonflements, des raréfactions,
fi confidérables dans la maffe du fang.

En effet voici de quelle manière il
faut concevoir que les chofes fe paffent. Depuis le centre du corps, ou ce
qu'il contient de plus intérieur , jufques
dans toute l'étenduë de fa circonféren-
ce , il fe fait une tranfpiration générale. C'eft comme une fumée, une va-

peur, par laquelle ce qu'il y a de plus
volatil, & qui l'eſt trop pour être de
quelque uſage, s'exhale continuellement.
Rien de ſi doux, de ſi paiſible, que cette
évacuation, ni d'une plus grande utilité à la nature. On l'appelle tranſpiration inſenſible, & cette tranſpiration
eſt ſi conſidérable que chez les perſonnes les plus ſaines on a découvert
qu'elle entraîne à-peu-près douze à trei-
ze fois plus de matières qu'il ne s'en
évacue par les voyes ſenſibles : maſſe
très-conſidérable, & ſur laquelle la Nature a ſi parfaitement compté, qu'elle
a préparé tout exprès dans toutes les
parties, mais particulièrement dans le
tiſſu de la peau, & dans les parties
voiſines des *pores*, ou paſſages impercep-
tibles, pour lui donner iſſuë.

C'eſt à cette ſorte d'évacuation qu'eſt
commiſe celle des eſprits étrangers, je
veux dire ceux des aliments, lorſqu'ils
manquent d'être aſſez convenables pour
ſe mêler long-tems avec le ſang, ou s'al-
lier aſſez parfaitement avec les eſprits
propres, & naturels, à cháque ſujet. Mais
vous comprenez bien, Madame, que,
lorſque dans les premières digeſtions,
toute la maſſe alimenteuſe n'a pû rece-

voir des préparations convenables, qu'il
reste à ces esprits de certains caractères
assez mal conditionnés, pour qu'ils ne
puissent se dégager à l'ordinaire des humeurs, ou trouver dans les pores des
passages à l'irrégularité de leurs atomes;
en sorte que, ne pouvant se dégager de
la masse du sang, ils se répandent dans
les vaisseaux à-peu-près de la même manière que les *Fontainiers* observent dans
leurs canaux que les eaux, à force de *rou-
ler* les unes sur les autres, laissent échapper les parties de l'air dont elles étoient
remplies, lesquelles ensuite ainsi dégagées coulent superficiellement avec l'eau;
mais contractent peu-à-peu une telle
force que, si ces Fontainiers n'avoient
pratiqué des *évents*, ou soupiraux, élevés
de distance en distance pour leur procurer une libre sortie, elles auroient
bientôt fait crever leur canal. Car ne
croyez pas, Madame, que de tels effets,
qui arrivent si nécessairement en conséquence des loix générales du cours des
fluides dans des canaux exactement fermés, n'ayent en tous lieux exigé de
pareils expédiens, ou d'autres équivalents.

C'est-à-dire, Monsieur, reprit So-

phie, que ces vents vaporeux s'écarte-
ront par les voyes insensibles dans l'é-
tat de la santé; & que, du moment
qu'elle sera interrompue, venant à ne
plus trouver un libre cours dans leurs
routes accoutumées, ils se repandront bi-
zarement partout, s'arrêtant çà & là,
cherchant de nouvelles issues; & alors
répandront par leur impétuosité plus
ou moins grande le désordre, & l'agitation. Voyez si je ne vous suis pas
avec attention?

Vous le faites, Madame, répondit
Asclépiade, mais avec une conception
si juste qu'on ne la sçauroit assez ad-
mirer.

Poursuivez donc, Monsieur, dit Sophie; &, puisque nous commençons à
convenir de l'effet de ces vents *muti-
nés*, & vagabonds, ne me laissez rien à
desirer sur l'histoire de leur production.
Car toutes mes difficultés ne me paroissent pas bien nettement éclaircies.

Trop de chaleur dans les entrailles,
reprit Asclépiade, vient d'un sang bilieux, échauffé de l'usage d'aliments
propres à l'entretenir dans cette mau-
vaise disposition; d'un tempérament
chaud, plein de feu, tel qu'est celui des

sanguins, & des bilieux ; d'un régime de vivre mal entendu ; de veilles assiduës ; de contentions d'esprit trop fortes ; d'agitations qui épuisent les esprits , & entretiennent le sang dans des mouvements trop rapides. Diverses maladies peuvent encore laisser de pareilles indispositions.

Or , pendant qu'elles règnent, rarement les digestions sont parfaites. Trop précipitées , trop *poussées* , elles font à-peu-près des aliments ce que vous voyez arriver à ces sucs fermentescibles, tels que ceux du raisin , ou aux infusions des grains dont on compose la bierre. Leurs parties huileuses , & balsamiques , se partagent. Les unes s'exhalent, & se détachent trop promptement des autres qui , pour être moins dissoutes , se lient au lieu de se raréfier; s'épaississent à mesure que les parties salines se développent à l'excès; &, prenant le dessus , font aigrir la liqueur.

Vous voulez donc dans ces sucs des parties salines , dit Sophie ?

Oui , Madame ; elles sont comme la base de toutes les liqueurs ; &, suivant qu'elles sont plus ou moins enveloppées par les parties huileuses, ou balsamiques,

ques, elles se montrent avec plus ou moins de douceur. Qu'on me présente le meilleur vin, le plus parfait, j'en ferai d'excellent vinaigre, à ne faire que le dépouiller de ce qu'il a de plus balsamique, & de plus spiritueux; sur le champ il ne faudra que détruire l'acidité cachée qu'il contient, pour que j'en change la consistence. Versez-y un peu de sel de tartre, c'est un alkali, parfait destructeur souverain de toute acidité.

Or par cent diverses opérations, on découvre que toutes les choses ont leurs sels essentiels; mais, suivant qu'on les tourmente pour les développer, ou les séparer par l'*Analyse*, ils se déguisent en autant de consistences différentes. Mais quoi! Madame, vous qui êtes si sujette aux vapeurs, n'auriez-vous jamais senti dans votre estomac des aigreurs? n'auriez-vous point rejetté de ces pituites aigries, dont l'estomac souffre quelquefois si fort? ne doutez pas qu'elles ne soient produites par le développement trop précipité des sels essentiels de nos aliments.

Que me demandez-vous là, Monsieur, répondit Sophie? c'est mon mal le plus assidu. Il est même des tems où elles me

tourmentent si fort qu'à peine mes aliments sont-ils descendus dans mon estomac qu'aussitôt je les sens s'aigrir, le
vin particuliérement qui le fait aussitôt
que s'il étoit versé dans un tonneau au
vinaigre.

Il n'est pas difficile, Madame, de vous
en guérir pour peu de tems. Un alkali
doux, fixe, tels que sont le corail, les
yeux d'écrevisses, la nacre de perles,
font des merveilles presque sur le champ.
On en compose une poudre à laquelle
on joint quelques huileux, tels que sont
quelques gouttes de baume blanc, ou
de baume de coto. Quelquefois même
j'y fais ajouter de la plus fine limaille
d'acier ; & sur le champ, la propriété
étant d'*absorber*, d'éteindre les acides,
tout ce qu'on sentoit de leur effet est
effacé. Mais il est mal-aisé de rendre
ces secours, qui ne sont que momenta-
nés, aussi durables qu'il seroit à souhai-
ter, parce que la chaleur de l'estomac
est si ardente, tout ce qui distille du
sang, & s'en sépare pour servir de dis-
solvant à l'estomac, est si propre à faire
aigrir, que souvent cette aigreur re-
commence, & fait que des premiers
aliments qu'on a pris il s'en sépare

tout de nouveau, qu'il se trouve même dans le *velouté de l'eſtomac* une sorte
de glaire aigrie, & que je pourrois comparer à ce qu'on appelle la mere du vinaigre, tant elle est essentiellement aigrie; glaire qui n'est pas plutot découverte après le passage des alkalis qu'elle a
surmontés qu'on la sent aussitôt exhaler
ses acidités. Souvent il ne faut qu'un
verre d'eau pour la dissoudre, & lui donner occasion de se développer davantage. Alors cette eau paroit s'aigrir,
donner à ces aigres, qui sont très-souvent
d'une aigreur très-corrosive, plus d'activité, plus de force. Mais le vin, qui
s'aigrit en effet lui-même, qui alors
joint sa propre acidité développée à celle de ce mauvais fond, fait bien plus
de ravage. Enfin il paroit d'une manière
très-sensible qu'il se fait encore par de
certains reflux de la rate de tels épanchements d'un suc aigre & corrosif que
l'eſtomac en souffre des maux insuppor-
tables.

Vous me donnerez, s'il vous plait,
Monsieur, des remédes pour ces maux,
interrompit Sophie ; ce sont mes plus
cruels ennemis, &, puisque vous me ren-
dez sçavante, je veux aussi que vous

me faſſiez habile à me guérir.

De tout mon cœur, Madame, répondit Aſclepiade. Mais pourſuivons
notre Hiſtoire, s'il vous plaît.

Quoique ce développement des aigres ſe faſſe en conféquence des loix
générales, ils doivent néanmoins en ces
occaſions être reputés des effets contre
nature. Il n'eſt pas de leur ordre d'arriver dans ces circonſtances de la digeſtion. Ils la troublent, & la pouſſent
d'une manière trop forte. Bien au contraire il ne devroit ſe former que des
ſucs doux, *bien liés*, ſuivant leur conſiſtence légitime, tel qu'eſt le lait, par
exemple. Car le *chyle*, ou le ſuc alimenteux, lui reſſemble beaucoup. En effet
le lait, tout doux qu'il eſt, tout coulant
& fluide qu'on le voit, ne laiſſe pas
de contenir un acide puiſſant, mais il
y reſte ſi bien enveloppé par les parties
huileuſes ou balſamiques ; ſes atômes ou
parcelles ſont ſi bien ſéparées qu'elles
demeurent ſans action : elles ne contribuent même qu'à donner une bonne
conſiſtence au lait, & à produire avec ſes
parties huileuſes ſa grande douceur. Cet
acide eſt produit par les ſels eſſentiels
doucement fermentés, *exaltés*, volatili-

tés, des herbages que broutent les ani-
-maux d'où il est tiré.

Mais tout le contraire arrive...

Je vous interromps, s'il vous plaît,
Monsieur, dit Sophie. Car je ne puis
consentir qu'il y ait dans le lait aucun
acide, puisqu'il s'aigrit, qu'il se *caille*
à la moindre acidité.

Madame, repliqua Asclépiade, comment s'aigrit - il donc sans aucun mêlange, d'abord qu'après un peu de ré-
pos le départ des parties crémeuses se
fait d'un côté, celles du fromage se coa-
gulent de l'autre; & que dans cette sérosité qui devient si abondante, on
trouve une aigreur si manifeste? Comment d'ailleurs le caillé, & sa sérosité,
deviendroient-ils par leur mêlange a-
vec le lait doux un moyen si prompt
pour le faire cailler, & l'aigrir?...Mais,
Madame, si de mon épée, tant qu'elle
sera dans le foureau, je frappois quelqu'un, l'entamerois - je de la moindre
plaie? Non. Ainsi à-peu-près les acides
du lait sont enveloppés dans les parties huileuses & balsamiques. Elles leur
font à tous, comme autant de petits fou-
reaux, d'envelopes, qui les empêchent
d'agir. La li   vient lle à se rompre;

ces parties crêmeuses qui les embarraſ-
ſoient ſe ſéparent-elles , ils ſe débar-
raſſent & ſe répandent dans leur véhicule le plus naturel , qui eſt la ſéroſité.
Ainſi bien des compoſés ne paroiſſent
être rien moins que l'aſſortiment des
principes qui les forment.

Je me rends , dit Sophie , & je ſuis
fâchée de vous avoir interrompu.

Ne le ſoyez pas , Madame , cet éclair-
ciſſement trouvera ſa place , & nous en
profiterons bientôt.

Je reviens donc à ce que j'avois l'honneur de vous dire que les choſes ſe paſſent bien autrement dans ces digeſtions
précipitées par trop de chaleur , & dans
la force de ces acidités qui dominent
alors dans l'eſtomac , où d'ailleurs les
levains ſe trouvent ſi mal conditionnés.
Car alors ce qu'il y a de plus doux dans
les aliments , ce ſuc nourricier qui commence à s'en développer , eſt preſqu'auſſitôt entrepris , aigri ; ce qui fait qu'il
rentre en de nouveaux épaiſſiſſements.
Ce ſont des matières gluantes , glaireuſes , & d'autant plus ou moins peſantes & épaiſſes , que leur matière étoit
mieux diſpoſée à ſe changer en nourriture , pendant que ce qui devoit ſervir

de véhicule à ces sucs s'allie avec eux, & ne forme qu'un composé doux, huileux, balsamique. Un chyle véritablement laiteux s'en sépare au contraire en pituites, en sérosités acides, qui sont quasi les seules parties, qui pénétrent par les voyes du chyle pour réparer le sang.

Je vous dis *quasi*: car toujours quelque petite partie enfile avec elles les mêmes routes ; & le malheur seroit trop grand s'il n'en passoit aucunes. Elles seules sont propres à nourrir, & alors, malgré les digestions, les parties frustrées de nourriture se désscheroient bientôt, ou tomberoient dans l'inanition.

Vous prétendez donc ainsi, dit Sophie, que la production des glaires est une des causes de la vapeur, & que la matiere dont elles sont produites, est la meilleure partie du suc nourricier.

Oui, Madame, répondit Asclépiade ; & c'est pour cela que les glaires de l'estomac & des entrailles se rencontrent toujours dans les personnes vaporeuses ; & que plus ces glaires abondent, moins les parties sont nourrics. Aussi considérez bien la plus grande partie de ces vaporeuses *fameuses* ; elles se plain-

dront toujours d'avoir l'estomac rempli
de glaires, & de pituites; elles n'auront
point une consistence de chair fraiche
& ferme; ou bien elles seront séches,
décharnées, ou de ces graisses molles,
peu *consistentes*, qui ne viennent que
de la trop grande abondance des matières huileuses, ou des graisses mal préparées. Aussi se trouvent elles pesantes,
souvent accablées de leur propre poids.
Aux unes & aux autres le ventre est
rarement libre; mais leurs urines sont
très-abondantes, le matin particulierement; & ces urines sont presque toujours claires, philtrées, & avec les signes
d'une grande crudité. Je vous demande
pardon, Madame, si je poursuis si loin
les détails.

Vous me faites plaisir, dit Sophie;
ce sont choses sur lesquelles on ne peut
être trop instruit; &, quand on est mal
saine, il est heureux d'apprendre à se
connoître.

Je reprends donc mon détail, poursuivit Asclepiade. Or suivant l'ordre de
ces sortes de digestions mal saines, c'est
une nécessité que la sérosité abonde où
les glaires se produisent beaucoup. Elles
seront comme le caillé de la matière

nourriciere. Alors cette séroſité, aigrie plus ou moins, venant à ſe répandre dans les veines, elle y entraîne toujours beaucoup de ce qu'il y a de glaireux, le moins épaiſſi, pendant que d'un autre côté elle lie, coagule, épaiſſit encore la lymphe qui ſervoit de véhicule au ſang, ou la séroſité qu'elle y rencontre, & qu'elle doit ſervir à renouveller.

Il n'en faut pas davantage pour engluer peu-à-peu, s'il m'eſt permis de m'exprimer ainſi, toute la maſſe du ſang, le rendre moins coulant, d'une circulation plus embarraſſée, d'ailleurs plus tenace, & moins facile à laiſſer tranſpirer ce qu'il contient de ces matieres propres à s'échapper par les iſſues de l'inſenſible tranſpiration.

Une autre circonſtance naît des deffauts de cette digeſtion. Les parties huileuſes, ou ſulphurées du ſang; ces parties qui ſervent, comme feroit *l'huile de la lampe*, à l'entretien de la chaleur naturelle, & deſquelles d'abord ſe forment les graiſſes, comme une premiere préparation pour ſe changer en cette huile vitale; ces parties, dis-je, mal diſſoutes, peu digerées, incapables par conſéquent d'une raréfaction convenable,

ne fervent dans les veines qu'à augmenter la pefanteur, & la groffiereté du fang;
de maniere qu'il devient groffier, pefant, lié, & gluant peu-à-peu dans toute
fa maffe.......

Et c'eft ainfi que vous prétendez
qu'eft difpofé le fang des vaporeufes,
interrompit Sophie ? je m'y oppofe. Elles font d'une trop grande vivacité ; la
plûpart, trop inquiettes, trop actives.
Comment d'ailleurs m'expliqueriez-
vous ces mouvements funeftes, fi bizarres de feu, & de glaces, qui quafi dans
le même moment fe font fentir fur le
vifage ? car vous l'avez remarqué cent
fois, c'eft dans cet inftant comme une
flamme qui porte à la tête, qui s'éteint
auffitôt qu'elle s'eft fait fentir ; & l'inftant après on pâlit, & l'on fe trouve
également furprife par le froid qui fuc-
cede.

Ajoutez à cela, Madame, s'il vous
plaît, reprit Afclepiade, qu'ordinairement ces perfonnes fe fentent l'eftomac froid, lorfque leur fang petille
dans les veines, & que leur poitrine en
fouffre beaucoup.

Elles voudroient boire du caffé, du
chocolate ; des ratafias, & d'autres li-

queurs chaudes. Leur estomac en est soulagé ; mais leur poitrine pâtit aussi-tôt, l'incendie s'allume dans leur sang, leur tête s'échauffe, elles sentent aux environs de leurs oreilles des battements importuns, leur voix s'enroue même souvent, & leur ventre en devient plus paresseux.

Vous leur voyez sur les mains, dans les bras, des vaisseaux *prominents*, éle-vés ; à les toucher vous les trouveriez pleins, tendus ; leur pouls est dur, vite, fréquent ; toutefois leur fait-on une saignée, le sang qui d'abord part com-me un trait, & qui se porte loin, se dé-prime aussitôt, & ne fait plus quasi que baver le long du bras. Enfin ce sang est aussitôt ou coagulé comme en gelée de groseille, rouge, éclatant, vrai sang de victime, tant il paroît beau ; ou il est couvert d'une couesne solidement épaissie, comme celui des pleuretiques.

Or, Madame, de tous ces effets, qui deviennent des signes certains, on peut conclure que le sang est plutôt trop lié, trop grossier, que suffisam-ment raréfié ; qu'ayant néanmoins, comme toutes les autres liqueurs, des parties plus volatiles les unes que les

autres,ces parties s'y trouvent mal *liées*;
ensorte que,pendant que les plus pesantes
ne circulent qu'avec peine,les autres trop
dégagées sont d'une excessive mobilité.
Flatueuses,& comme la plus fine fleur de
toute la masse, elles ne font qu'errer çà
& là suivant que le moindre mouvement les détermine. Aussi à dire vrai
elles me paroissent plus tenir des matières qui auroient dû transpirer que de
la nature du sang. Dumoins ce sont elles
qui détachent de sa masse, & en en-
levent,cette fine fleur.

Aussi peut-on compter que ces sortes
de personnes transpirent peu , qu'elles
ont toujours l'estomac & les entrailles
remplies de glaires; la tête rarement
fort libre. Toujours quelques embarras,
quelques pesanteurs , s'y font sentir,
particulierement dans la région du
front. De-là vient qu'il leur est si difficile de pouvoir soutenir de longues ap-
plications , de fortes contentions d'esprits. A leurs moindres efforts , leur
tête s'échauffe, ils la sentent se remplir
comme d'une sorte d'yvresse. Vous les
voyez alors le visage enflammé , les
yeux rouges & étincelants, pendant

que leurs pieds se glacent.

N'attribuez tant de bizarres mouve-mens à d'autres causes qu'à des sérosités venteuses qui troublent l'ordre de la circulation. En effet ces personnes les sentent très-distinctement. Alors, suivant que ces flatuosités sont plus ou moins chargées de teintures aqueuses & salines, elles répandent avec elles mille sortes de douleurs *vagues*, errantes, & plu-tôt embarrassantes que fort douloureu-ses.

Si elles se fixent néanmoins en quel-ques parties, elles deviennent plus gran-des. Elles y picquent, elles y percent, elles y causent de rapides palpitations, mais qui se dissipent comme elles sont nées, je veux dire aussi promptement.

L'histoire de ces flatuosités seroit bien longue, si je l'entreprenois dans son en-tier. Car à commencer par l'estomac, par les entrailles, où elles se canton-nent souvent & causent des tensions semblables à-peu-près au commence-ment des hydropisies tympanites ; qui vont même, en gênant le diaphrag-me, jusques à beaucoup comprimer la poitrine ; qui s'y cantonnent aussi, & embarrassent beaucoup les poumons ;

ce qui rend si difficile les mouvements de la respiration, cause des étouffements, des compressions très-douloureuses, & font qu'alors le pouls paroît souvent inégal, intermittent, mais toujours dur & serré. Ces flatuosités se distribuent enfin à la tête, où de pareilles tensions produisent d'autres douleurs. On se la sent pleine, embarrassée; il semble qu'elle s'étende, qu'elle se grossit. Alors les battements des artéres s'y font très-distinctement sentir. C'est comme des bruits que produiroient autant de coups donnés intérieurement. Les oreilles en sont étourdies. Effectivement alors on se les trouve appesanties, ou troublées par des bruits étrangers, qui embarasseroient les sons qu'on voudroit écouter.

Mais pour peu que de telles flatuosités s'ouvrent quelques issuës dans les interstices des *contours* que forment les sinus, ou les masses du cerveau, qu'elles en attaquent la substance, aussitôt il s'y fait des tournoyements vertigineux; il s'y forme de ces étonnements de tête si inquiétants. Les nerfs même, comprimés dans leurs origines, ne prétent plus aux esprits un libre cours. De là les parties restent affoiblies ; quelquefois même, mais pour peu de tems, incapables d'agir ; ou tout au moins on se sent fatigué, appesanti. Quel bonheur alors que les bâillemens succèdent, que quelques pleurs coulent ! il ne faut à ces flatuosités que les plus légeres issuës pour que de si allarmants effets cessent promptement.

Ils arrivent à beaucoup de personnes sans rien intéresser de l'économie animale ; & ce sont alors les moindres vapeurs. Mais, soit qu'elles doivent être plus fortes pour agiter l'esprit, pour attaquer l'imagination, leur sensibilité devient beaucoup plus grande. On tombe alors dans ces craintes, ces frayeurs, ces tristesses si douloureuses ; on se tourmente par mille illusions importunes ; on s'en effraye, on s'en allarme ; & c'est ainsi que se jouent les tragiques scènes des vapeurs.

Ainsi, dit Sophie, ce malheureux sang glaireux deviendra cause d'une légion d'effets ausquels on ne se seroit jamais attendu.

Vous allez bientôt, Madame, répondit Asclépiade, juger de la possibilité de la chose. Suivez de près l'ordre de la nature que je viens d'établir. Au lieu d'un chyle, ou suc nourricier, bien conditionné, c'en est un autre glaireux, & dont une partie s'est déjà arrêtée en chemin, à former tant de masses glaireuses, dont l'estomac & les entrailles se sont chargés. Quoique le reste soit plus fluide, & peut-être mieux conditionné, il ne laisse pas néanmoins de tenir beaucoup du même caractère. Ainsi dans tout ce qu'il doit devenir dans la suite, les impressions glaireuses doivent dominer. C'en seront de plus légères, de moins liées, de plus fondues, mais toujours chargées d'une acidité volatile, & qui feront impression sur tout ce qui se trouvera susceptible de ses atteintes.

Or l'expérience a découvert deux importantes vérités, & qui vont servir à développer un grand mystère. On a sçu de tout tems que les aigres coaguloient la lymphe, ou la sérosité qui sert au sang de véhicule. Ainsi il ne vous paroîtra pas surprenant que par le mélange de ce chyle défectueux avec le sang cette sérosité s'épaississe, devienne moins fluide, & à tel point que, du moment qu'elle reste en repos dans les
bassins

baſſins où l'on a tiré du ſang, elle ſe
ſépare du reſte de la maſſe, ſurnage &
ſe lie en forme de couëſne pleurétique :
en ſorte que, s'il n'arrive pas des effets
tout pareils dans les veines, c'eſt parce
que la chaleur qui y regne, que l'agitation qui s'y perpétuë, y met obſtacle ;
enfin qu'il eſt à l'abri de l'air extérieur, qui
peut de ſon côté contribuer à cette
prodigieuſe *coagulation*.

Mais ce n'eſt que depuis quelques expériences modernes qu'on a appris que
les acides enflamment les ſouffres eſſentiels ; je veux dire ces ſortes de matières huileuſes & balſamiques, lorſqu'elles ont de certains degrés de pureté.
Car, par exemple, en verſant de l'eſprit
de nitre ſur de l'huile eſſentielle de canelle, on produit de l'un & de l'autre
une flamme plus active & plus brillante que celle de la poudre à canon, &
toute auſſi prompte à s'allumer. En verſant encore de ce même eſprit ſur de
l'huile d'olives, ou quelque autre bien
pure, on fait naître une grande chaleur. Ainſi l'effet doit être pareil ſans
doute dans nos veines, lorſque par le
développement de l'acidité du chyle il
s'en fait un mélange avec les matieres

huileuſes ou balſamiques du ſang ; puiſqu'on obſerve ce fait certain , ſçavoir
que plus les glaires abondent , plus la
chaleur du ſang eſt grande. Dans la pleu-
reſie même, qui ne ſe fait que par une
prompte coagulation du véhicule du
ſang , quelle chaleur vive & ardente
dans les veines !

De maniere que ces deux effets de
l'aigreur du chyle ſont les deux principaux agents dans les vapeurs ; puiſque
plus le ſang s'épaiſſit plus il s'échauffe
& s'enflamme ; mais, comme ce n'eſt
que d'une maniere irréguliere , peu
conſtante, & qu'il n'y a jamais que la
partie la plus volatile du ſang , la plus
exaltée , qui ſoit ſuſceptible de cette
ſorte d'inflammation ; & que d'ailleurs
la ſéroſité qui ſe mêle , qui ſe brouille
continuellement avec lui , eſt propre à
en tempérer le cours : ces inflammations
(qu'en quelques traités que j'ai écrits,
j'appelle déflagrations) ne ſont que
momentanées , & paſſageres. C'eſt
pourquoi, Madame, vous ne devez pas
être ſurpriſe ſi je vous avance qu'un
ſang groſſier puiſſe devenir ſi vaporeux,
ſi pétillant , ſi propre à laiſſer échapper
de ſa maſſe tant de parties ſi volatiles

Ce sont même ces sortes de sangs qui peuvent plus longtems suffire à les laisser exhaler ; comme la poix, par exemple, si je puis me servir de cette comparaison, produira une flamme plus égale, plus constante, que l'esprit de vin, quoique si facile à s'enflammer.

C'est pour cela que les personnes d'un tempérament bilieux, & atrabilaire, dans ces sortes d'occasions souffrent des inflammations plus ardentes, & plus longues. Alors quelles agitations violentes ! quels mouvements impétueux ! leurs vapeurs en effet sont terribles en comparaison de celles des personnes dont le sang est plus pituiteux, ou même plus sanguin, qui ne sont à leur égard susceptibles que de feux de paille presque aussitôt éteints qu'allumés.

Je meurs d'envie, interrompit Sophie, de pouvoir vous croire. Rien, ce me semble, n'est mieux hazardé. Je me servirai même, si je vous blesse, de termes plus doux, de mieux conçu, de plus suivi. Mais, trouvez bon que je vous le dise, je n'ai entendu débiter cette doctrine à aucun de tant de Médecins que j'ai entendu discourir sur les vapeurs. Avez-vous de graves Auteurs pour l'appuyer ?

Que vous importe, Madame, reprit Afclépiade, que j'en fois l'Auteur, ou quelque autre ? Mon mérite auprès de vous ne devroit-il être que de répéter comme un écho ?

C'eft que vos acides & vos fouffres m'étonnent, repliqua Sophie. C'eft que des acides auffi délicats, auffi foibles, auffi noyés que je croi ceux de votre férofité, ne me font pas comprendre des inflammations fi actives.

Quant à leur délicateffe, répondit Afclépiade, je veux vous en produire d'autres, que je puis dire infiniment plus délicats & moins fenfibles, & vous compofer une poudre feulement avec le miel & l'alun, qui fous vos yeux expofée à ces acides fi déliés s'enflammera comme de la poudre à canon. Ce fera l'air, cet air que vous refpirez, qui vous paroît dépouillé de toute acidité, qui fournira des acides capables d'enflammer cette poudre. Je ne ferai que la lui expofer fur une feuille de papier, & cette feuille elle-même en fera brûlée.

L'expérience eft étonnante, dit Sophie, & je la veux voir encore une fois.

Car je la connois ; je vous dirai même ce qui m'eſt arrivé à ſon ſujet.

Vous ſerez ſatisfaite , Madame. Au reſte quant à ce que ces acides de la ſéroſité ſont , dites-vous , trop diſſous , trop noyés dans les parties aqueuſes qui leur ſervent de vehicule ; que ſçavons-nous de la maniere dont la nature les prépare & les en tire , avant que de les unir avec les parties huileuſes ou ſulphureuſes du-ſang ? Pourquoi dans ce départ perpétuel qu'elle fait dans les veines lymphatiques de la plus grande partie des ſéroſités qui diſſolvent la maſſe du ſang ne feroit-elle pas quelque extrait de ce qu'il y a de plus acide ; & par d'autres moyens ne prépareroit-elle point les parties huileuſes du ſang de maniere qu'à l'occaſion du mêlange de l'un & de l'autre , ces inflammations ſe puſſent faire ? Je pourrois ſans beaucoup d'embarras hazarder à ce ſujet quelques conjectures ſur la maniere dont je croi la choſe poſſible ; mais vous n'aimez pas qu'on hazarde. Je ne l'aime pas auſſi ; & je m'en tiens aux effets ſans beaucoup m'inquietter dés moyens qu'a pu tenir la nature. Car , à vous parler naïvement , Madame , je m'occupe plus de l'art de guérir les maux que de celui d'en discourir ingénieusement, & l'histoire des faits me suffit pour établir au plus juste mes *indications*.

Je pense en effet que c'est le mieux ; interrompit Sophie ; les faits sont évidents, sensibles, & leurs raisons méchaniques ne se laissent que conjecturer : car elles peuvent être aussi bien d'une façon que d'une autre : la moindre circonstance les fait varier. C'est ce que me disoit souvent le Philosophe que je vous ai cité. Mais, ajoutoit-il , ces faits-là même seroient sujets à d'aussi grandes équivoques ; si, en conséquence de ce que l'on en juge, l'on n'en essayoit pas d'autres qui doivent pareillement réussir, & au moyen desquels les expériences se confirment.

Comment, Madame ; reprit Asclépiade , vous parlez comme nos livres ! rien de plus juste, de plus expérimenté ! Quel bonheur pour ce Philosophe d'avoir trouvé une élève d'une aussi parfaite intelligence ! Oui , Madame , c'est ainsi que je le pense. Longtems avant que les Sçavants eussent pénétré dans les secrets de la digestion les hommes avoient fait choix de leurs nourritures. C'eſt par divers eſſais, dit Hippocrate, qu'ils ſont parvenus à ce diſcernement. Ils ont mangé de tout, & les aliments que leur eſtomac a pu *ſurmonter* (ce ſont ſes termes) leur ont paru les plus convenables. Quoiqu'ils viſſent divers animaux faire uſage des autres, ils les ont abandonnés, parce qu'ils ſurmon-toient la force de leur propre eſtomac. Ils expérimentoient encore qu'une juſte proportion devoit ſe trouver entre l'a-liment & les facultés digeſtives ; & , en conſéquence de ce qu'ils conjecturoient de la nature des aliments, & de leurs propriétés , ils jugeoient quelles pou-voient être celles de ces facultés. Mais depuis ces premiers tems, que l'on pour-roit peut-être dire des plus heureux pour la Médecine, bien des découver-tes ſe ſont faites.

Or c'eſt ainſi qu'il me ſemble que l'on peut agir en fait de maladies, & de remédes. Sur ce qu'on obſerve des ef-fets de ces maladies, & de leurs cauſes les plus apparentes , on détermine le choix des remédes ; & , conſéquemment à leurs bons ſuccès, on pourſuit ou l'on ceſſe leur uſage, ſans pour cela prétendre se régler sur le jeu de leurs méchaniques , non plus que sur les moyens de leur opération.

Ainsi , voyant ce qui précipite l'aigreur des liqueurs fermentescibles ; découvrant qu'il domine dans l'estomac des dispositions à-peu-près pareilles ; découvrant d'une manière très-manifeste *l'aigrissement* des digestions , qui néanmoins ne se montre pas toujours avec la même évidence ; enfin poursuivant jusques aux effets que ces aigrissemens peuvent causer , on détermine les moyens de les prévenir en conséquence , & du bon effet que l'on expérimente , on fait son choix, on fixe ses remédes ; & par de longues & judicieuses attentions on concerte la méthode de les donner à propos. C'est ce qu'on appelle *l'Art du tems*, la seule chose qui donne à la Médecine le comble de la perfection.

Suivant donc de que j'ai l'honneur de vous dire , de ce double effet des acides dans le sang, dont l'un est de coaguler, de lier, d'épaissir la sérosité, & d'échauffer considérablement les parties sulphureuses, de les enflammer, je veux dire, d'y susciter une chaleur excessive,

On mesure ces remédes ; & , plus on observe que leur bon succès a répondu aux
conjectures , plus on s'assure de leur
justesse , sans beaucoup s'embarasser de
la recherche exacte des moyens de cette
inflammation. On croit cependant en
approcher un peu lorsqu'on observe
(suivez-moi , je vous prie , Madame ,
avec attention) lors , dis-je , qu'on observe conséquemment aux expériences
que je vous ai proposées d'abord que , si
c'est sur de l'huile de canelle très-pure
que je verse mon esprit de nitre , je pro-
duis une flamme vive , impétueuse ,
très-brillante ; si cette huile est un peu
mêlée d'huile d'amandes douces , ou
de *bien* , la flamme est beaucoup moindre ; si le mêlange est trop fort , il ne
s'excite qu'une forte chaleur sans
flamme ; ou bien , si je jette de cet esprit sur de l'huile d'olives , je n'ai que
cette chaleur , mais un peu moindre.
Lors , dis-je , qu'on est prévenu de ces
effets , & qu'on passe à l'observation
des vapeurs , on dit que les acides , sup-
sés les mêmes , auront néanmoins différents effets par rapport à la diversité
es consistences du sang. Ainsi , plus le
ang est naturellement pur , subtil , sul-

L

phureux, & plus il s'enflammera puiſſamment.

Souffrez que je vous interrompe un
inſtant, dit Sophie : entendez-vous par
s'enflammer une flamme réelle, & ſem-
blable en tous points à celle de vos expériences ?

Nullement, Madame, répondit Aſclepiade ; mais ſeulement une chaleur
vive, brûlante ; & je ne me ſers ici du
terme d'enflammer qu'à la maniere de
ceux qui diſent qu'on a le viſage en feu,
les chairs brulantes ; expreſſions admiſes
pour marquer ſeulement l'excès de ces
chaleurs extraordinaires. Je ne prétends
pas même qu'alors toute la maſſe du
ſang s'enflamme en entier, comme dans
ces liqueurs huileuſes , mais ſeulement
ſes parties les plus ſuperficielles , & ſur
leſquelles les acidités portent le plus:
parce que tout ce qui eſt contenu dans
la maſſe du ſang ne ſe trouve pas amené
au même degré de raréfaction, & qu'il
s'y rencontre des parties les unes plus
groſſieres & plus difficiles à céder, les
autres plus légeres & plus ſuſceptibles
de l'activité des acides. Car le ſang eſt
une liqueur qui s'uſe ſans ceſſe, & ſans
ceſſe ſe renouvelle auſſi ; & qu'enfin au

tant qu'il contient de parties inflam-
mables, il en renferme d'autres qui ne lo
font point.

Il ne m'en faut pas davantage, répondit Sophie ; j'avois befoin de cette explication, qui va déformais me mettre plus
parfaitement au fait de ce que vous devez dire.

Je continuerai donc ainfi, reprit Afclepiade. Or j'obferve en conféquence
de ces expériences qu'en ces perfonnes
dont le fang eft le plus vif, le plus pétillant, le plus actif naturellement, telles que font beaucoup de femmes fanguines - pituiteufes, qu'on voit de ces
conftitutions délicates , & plutôt maigres que graffes , qui ont le vifage paré
de lys & de rofes ; j'obferve, dis-je, que
toujours leurs vapeurs font d'abord d'une
activité, d'une inquiétude, d'un mouvement exceffif ; qu'elles font d'une im-
tience & d'une inégalité extrêmes ; que
es ris aux pleurs, & des pleurs aux ris,
'intervalle n'eft pas fenfible ; que dans
ur poitrine elles fentent un feu bru-
nt ; que leur tête devient également
rdente ; que leur poulx s'éléve, fe ferre,
élance, fe précipite, & toujours avec
ucoup de dureté ; mais que d'un mo-

ment à l'autre il change, s'enfonce, s'é-
tend un peu, & ne perd cependant jamais sa dureté. Ces vapeurs durent
peu, & l'accablement suit, ou plutôt
une foiblesse d'épuisement qu'on ne sçauroit exprimer. Mais les vivacités reprennent très-souvent aussitôt ; & ce sont
des passages rapides de ces grandes agitations & de ces chaleurs vaporeuses qui
vont jusqu'aux décadences, aux foiblesses. Alors autant qu'elles étoient brûlan-
tes, elles se réfroidissent ; leurs pieds sont
tout de glace, & . . . .

Un moment, Monsieur, s'il vous
plaît, interrompit Sophie. Pourquoi
cela ?

C'est, répondit Asclépiade, que dans
cette révolution vaporeuse il arrive que
deux effets très-contraires se produisent
du même principe. Car, pour profiter
toujours des mêmes expériences que j'ai
eu l'honneur de vous citer, cet esprit de
nitre, qui avec de l'huile de canelle devient si brulant, est néanmoins très-
rafraichissant dans les liqueurs qu'il coagule. L'acide produit dans le sang ces
deux effets ; il épaissit, coagule la sérosité, dissout extraordinairement les parties huileuses du sang : ensorte que, sui-

vant qu'alternativement l'un ou l'autre
de ces effets prédomine , les effets de
chaleur & de froideur se succedent. D'ailleurs, comme c'est le propre du sang extraordinairement rarefié de s'élever ; comme aussi celui de la lymphe ou sérosité
aigrie est de s'affaisser , de se précipiter
vers le bas ; il arrive que , bien que ces
liqueurs soient contenues dans les vaisseaux , elles sont toujours assez de ré-
sistence pour que leurs plus subtiles portent en haut vers la tête , & que les plus
pésantes se déterminent vers les jambes
& les pieds : à quoi d'ailleurs il faut ajouter qu'autant que par l'abondance de ce
sang ainsi exalté , & vaporeux , la tête
se trouve extraordinairement remplie ,
embarassée , le cerveau qui en souffre
beaucoup est moins capable de dégager
les esprits,& de les répandre par les nerfs;
ce qui fait qu'il s'en distribue moins
dans les jambes , & dans les pieds , qui
sont déja chargés comme d'une humeur
glaciale de la sérosité épaissie : & de-là
vient qu'avec ce froid des pieds on y
sent une foiblesse , des inquiétudes , des
irritations , des douleurs même assez
vives. Sorte de supplice ! la tête est brûlée , les pieds sont glacés ; dans la tête

c’eſt une yvreſſe ; dans les pieds une im-
puiſſance de s’en ſervir , une laſſitude
douloureuſe.

Cent fois , dit Sophie , j’ai éprouvé
tout cela. Mais , pour terminer cette
explication , pourquoi ces révolutions
ſi inopinées , ſi bizarres , du froid &
du chaud , & du chaud & du froid ?
elles entreprennent quelquefois tout
le corps à la fois ; & ce n’eſt d’autrefois
que d’une partie à l’autre qu’on les ſent
paſſer comme des vents : ce ſont ceux
du nord , ou du midi ; mais c’eſt entre
les deux épaules , & dans le dos principalement , qu’ils ſe fixent. Ils portent
auſſi beaucoup à la tête. Vous vous trouvez ſouvent le viſage tout en feu , &
l’inſtant d’après il eſt tout de glace. Effectivement vous le ſentez ſe refroidir
comme ſi quelque vent froid venoit
tout d’un coup à y ſouffler.

Madame , répondit Aſclépiade , il ne
vous faudroit faire qu’une ſeule ſuppo-
ſition pour vous mettre parfaitement
au fait de vos très-judicieuſes queſtions.
Car elles conviennent parfaitement aux
explications que j’eſſaye à vous donner.
Puiſque c’eſt à la ſenſibilité du corps
qu’il faut rapporter des ſentiments

finguliers, fuppofez que l'eau-de-vie
qui brule dans un baffin le rende fenfible, & qu'à l'occafion du feu qui brule & du vent qu'on y fouffle, elle lui
faffe fouffrir du froid & du chaud. Il
arrivera que quand vous foufflerez dans
un endroit, vous ferez fuir cette flamme fi fuperficielle, & rafraichirez le
lieu qu'elle abandonne, pendant que
dans les autres lieux où la flamme fe
fera retirée elle brulera avec plus d'ardeur. Mais votre fouffle n'aura pas plutôt ceffé que cette flamme voltigeante
reviendra à fa premiere place, S'il arrive
encore que ce foit tantôt d'un côté, &
tantôt d'un autre, que le vent l'entreprenne, toujours les mêmes fuites, &
de pareils retours feront bizarrement
errer cette flamme, & fe feront pareillement fentir. Ainfi rien de plus in-
conftant, rien de plus irrégulier, que
les fentiments douloureux de cette flamme vaporeufe, fi inconftante, fi vaga-
bonde.

Or, fi vous vous fouvenez que d'a-
bord je vous ai parlé de ces efprits germinants des matieres alimenteufes mal
affujettis par l'eftomac, & qui fe développent, & fe débaraffent, dans les

veines, mais qui y restent néanmoins renfermés, parce que le sang transpire d'autant moins qu'il est plus épaissi dans ses
parties séreuses, vous trouverez qu'alors
il ne faut pas attribuer à d'autres causes
les flatuosités venteuses qui agitent le
sang.

Comme dans leurs mouvements elles
ne tiennent rien du régime qui assujettit
toutes les autres, & qu'elles se trouvent
même d'autant plus impétueusement
agitées que le sang est dans une plus
grande *déflagration* ; ce sont elles qui
poussent, qui font errer si capricieuse-
ment cette flamme voltigeante, & très-
superficielle, qui se forme par l'activité
des acides ; qui d'ailleurs peuvent aussi
de leur côté ne se répandre que çà & là
bizarrement dans la masse du sang. Car
ne pensez pas qu'il en soit comme de
l'épanchement d'une liqueur purement
acide sur une autre inflammable ; puisqu'il est de fait que, suivant la disposition
du corps humain, ou les humeurs sont
dans un mouvement de fermentation
perpétuel, mais tantôt plus & tantôt
moins poussées ; ou elles sortent continuellement de leurs vaisseaux circulatoi-
res dans les glandes, & des glandes dans

tes vaiſſeaux ; ou elles ſe déſuniſſent &
ſe partagent tantôt en des vaiſſeaux particuliers, & tantôt en ſortent, & ſe raſ-
ſemblent dans leurs *vaiſſeaux communs*;
ou enfin elles tranſpirent tantôt plus &
tantôt moins , & deviennent ainſi ſuſceptibles d'une infinité , je dirois aſſez
volontiers de métamorphoſes différentes ; puiſqu'il eſt, dis-je, certain qu'elles
ne reſtent jamais longtems dans les mêmes degrés de conſiſtence ; & que leurs
ſalures , leurs acidités & leurs autres
parties contenues ſe développent & ſo
renveloppent ſans ceſſe. Car alors, ſi elles
laiſſent s'échapper par une maniere d'ex-
halaiſon leurs parties acides qui ſont
très-volatiles , l'inſtant d'après elles les
retiendront enveloppées ſans aucune action. N'avez-vous jamais conſideré attentivement le mouvement d'une liqueur
qui fermente ? un tonneau de vin ? ſa
fermentation intérieure ne ceſſe point; ce
n'eſt toutefois que de tems en tems
qu'elle pouſſe ſes *deſpumations* , ſes écumes ; ſuivant que de certaines matieres
qui doivent être écartées ſont plus ou
moins aiſées à ſe détacher , à ſe raréfier,
à ſe laiſſer enlever par le mouvement
qui les agite , elles ſe déplacent , s'élè-

vent, & sont poussées dehors. Il en est
ainsi à-peu-près de la masse du sang ; c'est
même encore avec moins de facilité sur
la plûpart des chefs ; d'autant que ces
sucs sont exactement contenus & renfermés dans des vaisseaux ; & qu'elle y
souffre d'ailleurs des mouvements capables de suspendre la fermentation pour
de certains moments ; car elle est beaucoup diminuée dans les vaisseaux circu-
latoires, & ce n'est que dans les réduits
glanduleux qu'elle se perfectionne. Ainsi
ces développements d'acide, & ces en-
treprises qu'ils sont capables de faire sur
les parties huileuses du sang, n'ont rien
de régulier. Elles naissent de cent diverses circonstances, qui dépendent tantôt
d'une cause & tantôt d'une autre, ou de
beaucoup d'agents extérieurs ; ce qui
sert en de certains tems à les accélérer,
à les rendre plus fréquentes, & tantôt à
les éloigner & à les suspendre.

Il faut bien, dit Sophie, que cela
soit ainsi, puisque nulles maladies n'ont
des accès aussi irréguliers que les vapeurs. Tantôt causées par des sujets évidents, & tantôt survenant *à propos de
rien*. Effectivement il y a des personnes
qui dans l'état de leur plus parfaite san-

té les ont *pour qui* & *pour non*. Il ne
faut rien pour les chagriner , & ce cha-
grin qui à toutes autres personnes n'ar-
riveroit jamais , que l'on a même peine
à comprendre , les met aussitôt en vapeur.

Ces personnes, reprit Asclépiade, sont
du tempérament de celles dont je vous
parlois ; vives , pétillantes, pleines d'activité ; & que je vous disois être de tempérament sanguin - pituiteux. Elles ont
toujours comme en magazin des vapeurs
toutes préparées. Aussi leur estomac est-
il très-délicat, quoique pour de certains
aliments il paroisse plus fort que celui
des autres ; parce qu'il est toujours très-
échauffé , & qu'il dévore , s'il faut ainsi
dire , plutôt qu'il ne digere. Aussi n'est-
ce quasi que par fantaisie qu'elles mangent ; tantôt avec avidité , & tantôt
avec dégout. Cependant elles aiment les
liqueurs chaudes, le caffé préférablement
à toutes , & le chocolate ; elles ne voudroient pas d'autre nourriture ; ou des
rafraichissements, des salades , des fruits;
mais bientôt elles se plaignent de tout
cela. Ces choses froides leur pésent sur
l'estomac , & les autres leur mettent le
feu dans les veines. Aussitôt il leur porte

à la tête, & vous les voyez alors rougir, pâlir : &, si elles n'ont pas des vapeurs en entier, elles en souffrent comme des essais incertains. Leur ventre est ordinairement paresseux ; & parce que dans leur estomac tout se tourne en glaires, qui ne se développent jamais sans produire beaucoup de vents, elles ont de fâcheux rapports de la plupart des choses qu'elles mangent.

Or pour peu que ces personnes soient gênées, qu'elles souffrent quelque contradiction, quelques peines en un mot, leur esprit, parce qu'il est très-vif, s'en irrite : & il n'en faut pas davantage pour les mettre en vapeur. Sensibles à l'excès sur toutes choses, amour, haine, colere, désirs, tout est violent chez elles, & leur orgueil toujours dominant ; qui pour ses intérêts voudroit souvent gouverner, & surmonter, ces passions ne sert qu'à les rendre plus actives par la contradiction qu'elles souffrent : ensorte que de ce magazin qu'elles recèlent il sort aussitôt comme d'une mine où le feu auroit pris, divers éclats vaporeux : d'où il arrive que soit du côté de l'esprit, soit de celui du corps, tout devient capable de les tourmenter.

En vérité, dit Sophie, vous venez de peindre *d'après nature*. Je connois trois ou quatre personnes qui ressemblent si fort à ce portrait qu'il me paroît que vous les avez vuës. Ne connoissez-vous point Mademoiselle de * * *, la voilà par merveille.

Oui, Madame, répondit Asclepiade, mais je n'y pensois pas alors. En effet je la retrouve dans cette classe vaporeuse, toujours extrême, ou dans des joies immodérées, ou dans de capricieux chagrins. Je crois néanmoins que son humeur seroit bien plus égale si elle étoit moins sujette à ces vapeurs ; car elles influent étrangement sur l'esprit. C'est une sorte d'yvresse, vous ai-je dit, Madame, qui *charge* fortement sur quelque disposition qu'on se trouve. D'ailleurs gênée par une mère sévere, dont elle s'ennuye fort de porter le joug ; inquiette sur son sort, dont la fortune est paresseuse à décider ; peut-être encore avec des sentiments tendres qu'il faut étouffer ; tout cela imprime à l'esprit d'étranges caracteres.

Mais de ces vapeurs si actives passons à d'autres qui seront de ces pituiteuses billeuses. Leurs effets, qui ne se déve-

loppent pas affez , font bien plus fâcheux. Dans les fanguines tout fe diffi-
pe bientôt , parce qu'il s'évapore ; dans
celles-ci rien ne fe perd ; feu étouffé ,
qui brûle fous la cendre , qui defféche ,
qui confume. Ce fera néanmoins quant
au corps , je veux dire à l'ordre des digeftions, & de leurs mauvaifes fuites,qu'on
devra également attribuer leurs vapeurs,
quelque différentes qu'elles paroiffent ;
ainfi le même efprit de nitre , qui aura
fait enflammer l'huile de canèlle très-
pure , ne fera ici que beaucoup échauffer
celle qui fera mêlée de beaucoup d'huile
d'amandes douces,ou d'olives, toute pure.
En effet dans ces perfonnes le fang eft
moins inflammable ; compofé qu'il eft
de parties huileufes moins épurées, plus
groffieres , telles que font celles des mélancholiques. D'ailleurs il eft plus chargé
de férofités plus coagulées , plus épaif-
fies. Vous jugez bien , Madame , qu'a-
lors il en fera à-peu-près comme de l'huile d'olives , qui ne fait que s'échauffer
beaucoup au lieu de s'enflammer.

Au refte dans ces compléxions les vents
régnent beaucoup, & portent le caractere des matieres dont ils font formés, &
des lieux où ils naiffent.

C'est-à-dire, interrompit Sophie, qu'il en sera à-peu-près comme de ceux qui dominent sur la terre. Il y en a de froids ; d'autres chauds & humides ; d'autres secs ; & d'autres humides & froids. Mais qui les peut causer dans le corps humain ?

Aucuns ne devroient, dit Asclepiade, naître, & agir si désavantageusement contre les intérêts du bon ordre de la santé, si tout ce qui s'exécute dans le corps humain se trouvoit également assujetti au régime général qui gouverne les choses ; & ce bon ordre qui a dû régner, a donné lieu à beaucoup d'expédients très-ingénieusement pratiqués pour prévenir tout ce qui étoit capable de l'interrompre ; parce que l'homme est fait pour être naturellement sain, & vigoureux. Cependant, malgré tant de précautions, il s'y forme de tems en tems quelques révoltes. Mille différentes occasions les suscitent ; beaucoup d'erreurs dans le régime de vivre ; des aliments devenus trop forts, à mesure que l'estomac & les entrailles s'affoiblissent ; enfin cent autres raisons dont le détail deviendroit ennuyeux.

Or c'est par ces sortes d'événements

que des digestions glaireuses, & des esprits alimenteux germinants mal assujettis, naissent ces matieres venteuses. Car, pour peu qu'elles se développent, c'est toujours en devenant des matieres hors d'œuvre, & nuisibles. Si elles manquent à transpirer, ou à s'évacuer par quelques autres issues que celles de la transpiration insensible, elles restent, & reprennent peu-à-peu leur activité, se rapprochant de leurs premieres manieres d'agir, qui ne font pas les nôtres. Et c'est toujours d'une maniere irréguliere, & contre les intentions de la nature, ce qui les rend mal-saines & *morbifiques*; & cela dépend de la qualité des matieres dont elles se développent, ou qu'elles agitent le plus; de la qualité des parties dont elles naissent, dont elles entraînent toujours avec elles quelques teintures plus ou moins legeres, qu'elles rendent alors plus ou moins nuisibles. Car, si c'est par exemple de matieres aqueuses, ce ne feront que férosités venteuses très-raréfiées. Si c'est au contraire de matieres bilieuses, ce seront pareillement des vapeurs sulphurées, faciles à s'enflammer; & ainsi des autres parties. Enfin,

Madame,

Madame, pour profiter de votre comparaison, que j'ai trouvé très-judicieuse,
de même que les vents du dehors empor-
tent avec eux ce qu'ils trouvent sur leur
route, telles que sont ces vapeurs qu'ils
rencontrent élevées de chaque climat,
ou même qu'ils en font élever; les vents
intérieurs dont je vous parle se chargent
toujours de quelques impressions des
lieux qu'ils parcourent; enforte que de
même que nos vents du midi seroient
brûlants & secs, si pour parvenir jusqu'à
nous ils n'avoient pas à traverser de vas-
tes mers dont ils nous charient les vapeurs, il arrive souvent que ceux qui se
développent d'une partie, à n'en faire que
traverser une autre, en reçoivent de nouvelles qualités; & alors, suivant qu'elles
se trouvent plus ou moins *concordantes*
avec les leurs, il s'en fait des composi-
tions plus ou moins désavantageuses.
Mais c'est bien pis encore lorsque divers vents de caractères différents viennent à se traverser. Qu'à des vents bilieux, par exemple, (car, suivant mes
suppositions, j'en puis appeller ainsi quelques-uns), lors, dis-je, qu'à ces vents
surviennent des oppositions, & des mê-
langes d'autres vents seulement humi-

des, mais fort chargés d'acidités volatiles; ils ne manqueront jamais à produire des bruits, des bouillonnements,
en un mot diverses fortes de défordres
defavantageux. Il n'en faut pas davantage, s'il m'eft permis de me fervir de cette comparaifon, pour produire les ton-
nerres. Car je puis comparer, ce me femble, aux vents chauds du midi les flatuo-
fités billeufes; & à ceux du nord très-
chargés d'acides nitreux les humides aigres de la pituite.

Vous arrangez cela, Monfieur, dit
Sophie, d'une maniere très vrai-fembla-
ble; mais fur ma parole d'autres Médecins n'en conviendroient jamais. Ils n'ac-
corderoient point à vos vents la même
liberté, pour naître, pour fe répandre, &
parcourir ces routes certaines que l'air,
ouvert à tout, laiffe aux vents qui l'a-
gitent.

J'en conviendrois avec eux, Madame,
reprit Afclepiade, mais les plus expéri-
mentés de ces Médecins, ceux qui ont
fait de longues obfervations fur les maladies, ont remarqué tant de fois, premierement que c'eft affez qu'une liqueur
coule avec rapidité par un canal pour
qu'il s'en détache toujours quelques fla-

tuofités (chofes que j'ai déja eu l'honneur de vous dire, Madame); en fecond
lieu ils ont entendu tant de fois leurs
malades fe plaindre de vents, qui bizarrement répandus çà & là s'ouvroient
mille routes diverfes, fuivant les fentiments plus ou moins douloureux ou importuns qu'ils en reffentent, & cela fans
qu'il foit poffible d'en rendre de bonnes
raifons, en conféquence des fyftêmes
anatomiques, que ces Médecins s'avoue-
roient forcés à confentir à la vérité de
mon opinion. Alors ce n'eft pas en conféquence de ce que l'Anatomie nous apprend que nous en devons juger, mais
fuivant la réalité des faits ; ce qui force
ces hommes illuftres à convenir qu'outre
ces routes connues que la nature tient,
elle en pratique quelquefois d'autres in-
connuës, également bizarres, & extraordinaires.

Je voudrois donc, reprit Sophie, que
vous me fiffiez une hiftoire des vents
bien détaillée. On parle de trente-deux
fur la mer ; en mettriez-vous autant
dans le corps humain ?

Dans la vérité, Madame, répondit
Afclepiade, je n'y ai point encore pen-
fé ; mais je puis vous affurer que du

moins j'y en établirois beaucoup, & qu'il est peu de maladies qu'à leur sujet je n'eusse occasion de citer.

Je vous interromps souvent, reprit Sophie, mais j'y trouve beaucoup à profiter. Vous aimeriez bien mieux que vous me puissiez conter votre histoire tout de suite.

Il est vrai, Madame, repliqua Asclepiade, que ces éclaircissements allongent beaucoup nos entretiens, mais ce font des éclaircissements ; & l'avantage est grand de profiter sur le champ des occasions qui les font naître, pour ne laisser, s'il est possible, rien à désirer dans une matiere si intéressante ; car on n'y reviendroit jamais.

Je reviens donc à mes vaporeuses mélancholiques. Ce que je viens d'en dire vous fait assez comprendre, Madame, qu'elles n'ont ni la vivacité, ni l'activité des premieres ; que tout s'y passe en gonflements, en étouffements, en péfanteurs, en accablements, qu'elles tombent souvent comme mortes ; que leur cerveau, leur poitrine, & leur estomac, font particulierement attaqués ; qu'elles y souffrent beaucoup ; que la rate fait *aussi des siennes* ; séjour ordinaire de leurs magazins vaporeux. Alors leurs hypochondres, mais le gauche particulierement, s'étend, s'éleve, se durcit. Elles ont d'ailleurs des bruits importuns dans leurs entrailles. C'est alors l'intestin *colon* qui en forme le plus. Il s'étend aussi; reste comme dans un mouvement *tonique*; & par l'augmentation trop considérable de son volume gêne toutes les parties voisines. De leurs compressions plus ou moins nuisibles, & douloureuses, naissent autant de symptômes différents. L'estomac, le foye, la rate en souffrent beaucoup : eux-mêmes poussent, & font remonter, le diaphragme dans la poitrine ; ce qui comprime les poumons, & les empêche de *battre*, & de s'étendre avec leur liberté accoutumée. Le cœur même en est attaqué : le sang, comme je vous l'ai dit dernierement, ne circule plus avec la même liberté. Or voilà de grands changements dans la disposition des parties. Le cerveau est souvent trop rempli de sang prêt à s'y arrêter. Enfin les autres accidents que vous sçavez à présent, font ainsi que les parties se communiquent les unes aux autres, & font beaucoup augmenter le nombre & la grandeur des symptomes.

Ainſi les vents pouſſent toujours de
plus en plus. Ils s'augmentent , parce
que, du moment que les matieres pitui-
teuſes ſont entrées en raréfaction , c'eſt
preſque à ne jamais finir ; & , plus ils
diminuent , moins les eſprits animaux,
ceux qui font toute la force & l'activité
des parties ; qui conſtituent même en
quelque façon le fond de toutes nos facultés vitales ; moins, dis-je , les eſprits
animaux ſont en liberté d'agir ; ils ſont
troublés, mis en déſordre , brouillés,
confondus avec les eſprits vaporeux. Car
je les pourrois alors comparer à ce qui
arrive aux rayons du ſoleil quand ils ont
à ſurmonter un brouillard épais.

Mais enfin plus tant d'efforts de parties, d'humeurs, & d'eſprits différents,
ſe ſuccedent, & viennent à ſe réunir, &
plus il faut que de quelque côté que ce
ſoit ils s'ouvrent quelques iſſuës ; ce qui
fait que les routes de l'inſenſible tranſpiration , les larmes , les bâillements
importuns , & quelques autres évacuations, terminent ces ſcenes tragiques.

Dans quelles triſtes diſpoſitions ne
concevez-vous pas alors qu'eſt l'eſprit!
naturellement il eſt triſte , ou plutôt
amateur de la tranquillité , du repos;

qu'alégre, & propre à se dissiper. Car le
caractere des mœurs suit toujours celui
des tempéraments. D'ailleurs il est in-
quiet, timide, propre à la crainte, aux
chagrins : ainsi ce sont pour lui des événements bien douloureux, bien inquiétants, que tant d'accidents vaporeux :
à leurs premiers mouvements d'abord le
sang,& les esprits, se sont mis en désordre. Car pour produire ces premiers frissons, qu'en terme de Médecine on appelle * *rigueurs*, qui commencent particulierement entre les épaules, d'où ils
parcourent presque tous les membres,
qui servent même de préludes à la plupart des fiévres, & qui dans plusieurs
maladies se trouvent des signes funestes,
il ne faut que troubler l'ordre du mouvement naturel des esprits. De-là vient
que toutes les passions violentes sont
propres à les causer. La terreur, la crainte, de violentes douleurs, la joie même,
& l'amour (quoique plus capable d'entretenir les esprits dans un favorable
cours) ne laissent pas néanmoins de produire ces frissonnements. Mais comme
ce ne sont alors que de simples dérangements, après lesquels les esprits ont

* *rigores.*

bientôt repris leurs routes accoutumées, aucuns accidents fâcheux ne les suivent. Il n'en est pas de même lorsqu'ils se trouvent surmontés par des vapeurs de mauvais caractere, & qui naissent de sources trop fécondes. Car, à force d'être entretenuës, elles deviennent assez puissantes pour les surmonter absolument. Mais dans les vapeurs ordinaires, où d'un côté les parties huileuses du sang s'enflamment, & produisent beaucoup de chaleur, à mesure que d'un autre côté les sérosités s'épaississent, & se glacent, il se fait un tel combat de chaud & du froid que c'est pour l'ordinaire la chaleur qui prend le dessus : outre que tôt ou tard il s'ouvre à ces matieres vaporeuses quelques *jours* par lesquels elles se dissipent. Il en est à-peu-près comme des mines qui perdent leur plus grande force du moment qu'elles sont *éventées*.

Presque toujours ainsi l'excès du mal même fait le remede : ou la chaleur dissipe le brouillard, ou c'est l'humidité qui, à force de relâcher & d'abbreuver, dissipe la trop rude tension des parties. C'est en effet ce qu'on observe par le pouls. D'abord on le trouve enfoncé, petit, languissant, & presque prêt à s'éclipser,

clipser, à s'éteindre, souvent dérangé, intermittent, & longtems inégal, il se durcit; ensuite se *serre*, se *précipite*; puis il prend une consistence plus forte; il devient vif, un peu *élancé*, ou *dardant*, dur, & à peu près dans les mêmes mesures que celui des pleurétiques. Il dure ainsi quelque tems, & c'est alors le plus fort de la vapeur, où néanmoins il y a moins à craindre que dans les premiers moments; parce qu'il paroît que la nature est plus en force : mais ensuite il s'élève, s'étend, se ramollit, devient moins vîte, & tel qu'il devient quand un accès de fièvre commence à se terminer par les sueurs; dont il annonce la sortie. Aussi sentez-vous sous vos doigts la peau devenir moins tenduë, moins aride, s'humecter peu à peu. Alors le malade même transpire davantage; vous commencez à lui sentir l'odeur de la sueur, qui bientôt se déclare en divers endroits du visage, au cou, sur la poitrine; signes des plus favorables, en ce qu'ils annoncent la fin de la vapeur.

Mais par malheur souvent vous trouvez que ce changement de pouls, cette étenduë, & cette *mollesse*, qu'il prend, ne sont pas accompagnées de tous ces si-

gnes. La peau reste séche, la chaleur
continuë, ou cette moiteur n'est que
très-imparfaite, presque aussitôt dissi-
pée qu'elle commence à se montrer;
d'ailleurs sans aucune odeur *critique*,
& c'est une marque certaine que l'accès
doit bientôt recommencer. Il recom-
mence en effet; le pouls se renfonce, se
serre, se rapetisse, reprend, en un mot
sa premiere consistence pour se relever,
& s'étendre, comme il avoit fait. Vous
le sentez donc alors répondre comme
aux mouvements de ces flots d'une mer
agitée qui s'élevent, s'enfoncent, se
relevent, & se perpétuent dans l'ordre
de ces inégalités. Les uns sont plus tar-
difs, plus longs, les autres plus courts,
plus précipités. Triste jouet qu'est alors
la masse du sang, & des esprits, de la bizarrerie vaporeuse, & de ses vents inégale-
ment poussés! C'est que ces glaires sont
plus difficiles à se raréfier; que leurs
flatuosités sont plus cruës, plus indiges-
tes; qu'elles poussent avec plus d'effort,
& sont capables de s'y maintenir plus
lo gtems. Car tout se trouve véritablement de la nature des accès de siévre dans
les attaques vaporeuses. Aux premiers
mouvements du dévelcppement qui les

cause, ces accès commencent par les
efforts que fait la nature pour les surmonter : & de l'autre la résistance qu'elles sont capables de faire forme la
plus grande force de l'accès, & ce qu'on
appelle son état. Enfin la nature surmonte, prend le dessus, & procure le *dé-*
part, ou la dissipation, des matieres ; &
c'est la préparation de la crise qui arrive
enfin par différentes décharges , tantôt
par les selles, tantôt par les urines , tantôt par le vomissement, mais toujours
par une grande transpiration, ou des
sueurs de peu de durée, par des larmes ,
des bâillements, des distillations de pituite.

Souvent, lorsque l'estomac est plein,
le vomissement arrive dès le commencement de la vapeur ; & , bien qu'on ne
doive pas regarder comme critique une
évacuation qui précede tous les mouvements de la préparation que les crises
doivent avoir, elle ne laisse pas que de
soulager beaucoup, & d'empêcher l'accès de se rendre ou plus long, ou plus violent, parce qu'alors elle dégage l'esto-
ac de ce qui auroit été capable de l'en-
retenir. Mais ce bénéfice n'arrive guéres
aux personnes dont l'estomac est déli-

cat, & qui se vuide aux premieres secousses qu'il reçoit ; de là vient que celles qui vomissent facilement ont des vapeurs moins violentes , & des symptômes plus passagers. La liberté du ventre
produit alors un pareil effet, & souvent
dans la même personne ces deux propriétés se rencontrent ; & les vapeurs ne
sont presque que des foiblesses , des
évanouissements imparfaits , des étonnements de tête , des oppressions de poitrine , des bruits dans les entrailles.
Mais dans les autres dont l'estomac ré-
siste , quoiqu'à sa maniere également
mauvais , parce qu'il convertit presque
tout en glaires , les vapeurs deviennent
très-impétueuses. Si elles vomissent de
ces glaires par l'excès de leur abondance , le ventre reste paresseux. Alors il
s'éleve, se tend , & se durcit comme dans
les hydropisies tympanites. Mais en vérité , Madame , vous m'obligez à un entretien bien peu réjouissant.

Il l'est peu dans le vrai, répondit Sophie ; mais il est utile. En vingt endroits
je me suis trouvée , & je suis bien-aise
d'y avoir appris ce qui me regarde. Poursuivons , je vous prie ; car je vois bien
désormais que , pour approprier ces va-

peurs à chaque personne en particulier,
il ne sera plus question que d'y mettre
du plus, ou du moins. Ce que vous m'en
disiez précédemment se doit ajouter
comme surplus à ce que vous racontez à
présent ; & il en sera comme de vos vaisseaux prêts à faire naufrage. Car ici je
ne veux point de naufrage du tout. Il seroit inutile de prétendre en compter tous
les divers mouvements. Ils s'étendent à
l'infini : les plus essentiels, ceux qui doivent décider du sort, sont les seuls à remarquer. Mais vous m'avez parlé de
vapeurs simples, & de vapeurs composées, il me semble que c'est ici l'histoire
des simples que nous faisons ; terminons,
je vous prie, cet entretien par les autres.

Je suivrai cet ordre, Madame, répondit Asclepiade ; mais, pour terminer l'article des vapeurs simples, trouvez bon
que je vous dise que, suivant que nous
l'avons observé, les vapeurs suivent de
si près le caractere des tempéraments,
& même des divers états dont chaque
tempérament est susceptible dans son
particulier pendant le cours de la vie,
qu'il arrive que, violentés dans la jeunesse, elles diminuent quelquefois considérablement quand on vieillit ; & que

quelquefois aussi elles augmentent beaucoup ; que dans quelques personnes elles
se perpétuent jusqu'à la mort, & que
dans quelques autres elles n'affectent
que de certains âges. Alors le corps prend
des consistences différentes ; ou bien il
succéde à l'occasion de ces changements
d'autres infirmités, de vraies maladies,
ou quelques nouvelles évacuations qui
en détruisent, ou écartent, les causes.

Quoi ! s'écria Sophie, ces vapeurs ne
se guériroient donc jamais, ou il faudroit
seulement se flatter de l'espérance de
quelque révolution qui pourroit devenir
pire que les vapeurs !

On peut, Madame, repliqua Asclepiade, prévenir par des remedes, & par
un bon régime de vivre, une si fâcheuse
nécessité ; mais vous croyez bien que,
lorsque c'est du principe des mauvaises
digestions de l'un & de l'autre caractère.
Car j'ai eu l'honneur de vous dire qu'ou
bien elles étoient trop *poussées* par l'ardeur, & l'acrimonie, qui domine dans l'estomac, & alors, c'est ce qui impose,
parce qu'en ne sentant aucuns *reproches*
de son estomac on le croit excellent,
tel est celui par exemple, des gouteux,
des graveleux, des asthmatiques ; j'ai,

dis-je, obſervé qu'ou bien c'étoit par cette
raiſon que l'eſtomac digeroit mal, ou
parce qu'il ne digeroit pas aſſez, ce qui
ne produit rien que de crud, & d'indigeſte. Or ces fâcheuſes diſpoſitions ſe réta-
bliſſent très-rarement ſans ſecours. Il
leur faut de la méthode, du régime, de
certains choix dans les aliments, dans les
remédes. D'ailleurs on s'affoiblit inſenſiblement, & la nature décheoit par
d'inſenſibles décadences. C'y eſt une pen-
te certaine que ces diſpoſitions fâcheuſes
qui ne font que l'affoiblir. De là vient
que les vapeurs qui portent ſouvent à la
tête, qui l'abbreuvent, la chargent, l'af-
foibliſſent, préparent de ce côté à de fâcheuſes ſuites. Les vertiges aſſidus, les
aſſoupiſſements léthargiques, les apopléxies même, en arrivent à la fin ; les rhu-
matiſmes, les palpitations, les foibleſ-
ſes. Les paralyſies rendent encore les vapeurs des vieilles perſonnes très-ſuſpec-
tes. Alors vous ne trouvez plus celles qui
y diſpoſent dans ces mêmes mouvements. Plus longues, plus accablantes,
plus remplies de friſſonnements importuns, elles ne laiſſent au pouls qu'une
langueur, qu'une inégalité, qu'une in-
termiſſion, enfin que d'autres conſiſten-
ces allarmantes.

C’eſt-à-dire, interrompit Sophie, que voilà le moment des naufrages.

Madame, vous l’avez dit, reprit Aſclepiade; mais, pour venir déſormais à nos vapeurs compoſées, j’ai eu l’honneur de vous parler d’autres vapeurs propres à vôtre ſexe. C’eſt avec elles que les vapeurs ſimples s’uniſſent le plus fréquemment, & elles font enſemble ce qu’on appelle les vapeurs compóſées les plus fortes, & de l’eſpece la plus extraordinaire.

N’en parlons pas à préſent, je vous prie, répondit Sophie : elles demandent de trop longues conſiderations.

Ce qui regarde les autres, reprit Aſclepiade, ne doit pas nous occuper long-tems ; car imaginez-vous, s’il vous plaît, Madame, que pour être vaporeuſe, on n’en eſt pas moins ſujette à la fiévre, & aux autres maladies, qu’il ſeroit trop long de détailler ; de ſorte que, du moment que ces perſonnes vaporeuſes en ſont attaquées, très-ſouvent leur premier effet eſt de ſuſciter leurs vapeurs ; ce qui fait que de ces ſymptômes propres à ces maladies, & des ſymptômes vaporeux ſurvenus à la traverſe, il ſe produit une confuſion, un deſordre, qui affoi-blit de plus en plus la nature, & qui augmente aussi la cause du mal; & le rend plus insupportable, & d'une curation plus difficile.

Pour bien comprendre cette vérité, supposez, s'il vous plaît, qu'il n'est point de maladies qui n'ayent leurs symptômes propres, leurs tems, & leur ordre, pour les produire ; qui n'ait encore de certaines régularités dans les alternatives de leurs accès principaux ; qui ne paroissent enfin se préparer vers leurs crises par de certains mouvements, sur lesquels les Médecins établissent leurs prognostics ; & de là on juge si les maladies peuvent être terminées par un sort favorable ; au lieu que, du moment que ces événements sortent de leur régularité, ils ne paroissent pas répondre au caractere de la maladie dont ils paroissent naître, ne pouvant sur ces irrégularités établir, ni prognostic certain, ni régles sûres ; on craint pour l'avenir d'abord que les symptômes sont grands : maladies *irrégulieres*, dit-on alors, & dont la conduite exige des Médecins faits à de pareils désordres : encore ont-ils besoin de joindre à toute leur expérience beaucoup d'art, & de génie.

Or l'effet des vapeurs est presque

toujours de troubler la nature , de la
déconcerter même à tel point , qu'elles rendent les maladies du caractere le
plus régulier , & qui auroient le mieux
fuivi l'ordre de leurs fymptômes propres , d'une bizarrerie, d'une irrégularité , enfin d'une confufion étrange; car elles troublent, & déconcertent,
tous les mouvements critiques ; inter-
rompent la préparation , & la conduite
que méditoit la nature ; & par là font
très-fouvent d'une maladie très-fimple,
& qui fe guériroit facilement , une autre
fort compofée , & de très-difficile curation.

Je le crois fort, dit Sophie ; car, fi
dans le corps le plus fain elles peuvent
fufciter de fi grands troubles , quels
défordres étranges ne feront-elles point
dans des fujets mal difpofés , & déja
troublés par d'autres maladies !

Mais, Madame, pourfuivit Afclepiade, les vapeurs peuvent auffi par elles-
mêmes occafionner ces maladies ; non
qu'on les doive croire capables par elles-
mêmes d'en produire les caufes, mais
parce que ces caufes déja préparées, ou
dans leurs difpofitions les plus prochaines à ces préparations, font de beau-

coup accélerées dans leur développement.
Elles en deviennent souvent plus fâcheuses, & d'une plus difficile guérison;
d'autant que ces causes n'avoient pas encore acquis tout le dégré qu'elles auroient
pû recevoir pour produire des symptômes plus passagers, & elles-mêmes pour
se dissiper plus facilement. En effet,
que sur la fin d'une grande vapeur, il
survienne une fièvre humorale (je la dois
caractériser ainsi, puisque les fièvres qui
naîtront seulement de l'émotion extraordinaire du sang, & des esprits, se trouvent quelquefois plutôt un remede à la
vapeur, tel qu'elles le seroient pour des
convulsions violentes, qu'un mal de plus.)
& que les humeurs mal conditionnées
en deviennent les causes; qu'il s'en rencontre de ces amas propres à causer de
grandes maladies; la fièvre qui les met
dans un trop violent mouvement,
les hâte de produire les maux qui n'é-
toient que différés, ou, prévenant
l'évacuation à laquelle la nature auroit
pû réussir, elles occasionnent des maladies qui n'auroient point eu de lieu.

Ainsi concluons, s'il vous plaît, dit
Sophie, que, plus on est saine, & bien
constituée, moins les vapeurs sont à

craindré : jeux bizarres, mouvemens irréguliers d'un agent étranger *intrus* dans la machine, qui l'agite extraordinairement, & tantôt avec plus, & tantôt avec moins, de violence. Mais tout eſt à craindre, lorſque dans cette machine il ſe trouve de *mauvais fonds*, ou des parties trop affoiblies, pour en ſoutenir l'impétuoſité, ou la trop longue durée.

Rien n'eſt plus judicieuſement conclu, repliqua Aſclepiade. Vous ajouterez pourtant, s'il vous plaît, Madame, que cet agent étranger n'eſt autre choſe pour l'ordinaire que les vents, les flatuoſités, qui ſe développent des glaires; que les aigres plus ou moins volatils, qui ont particulierement ſervi à les lier, à les coaguler; enfin que ces ſortes d'eſprits ſéminaux, ou germinants, qui animoient à leurs manieres les maſſes alimenteuſes, & qui, pour avoir été mal aſſujettis, ou peu évacués par les iſſuës ordinaires, reſtent enveloppés dans ces glaires, & dans les humeurs mal conditionnées, qui en portent toujours le caractere. Au reſte j'ai l'honneur de vous dire, Madame, que c'eſt pour l'ordinaire; car combien de vapeurs naiſſent à l'occaſion des odeurs qu'on reſpire !

Je ne vous aurois pas laissé passer cet article, Monsieur, dit Sophie ; car il est essentiel dans l'histoire vaporeuse. Mais finissons à présent, ne précipitons rien. J'entre fort dans le goût de votre Philosophie, où je comprends facilement tout ce que vous dites.

Rien de plus flatteur pour moi, Madame, ni qui me paroisse plus capable de l'autoriser.

Après quelques compliments, Asclepiade & Sophie cesserent, très-disposés à un autre Entretien, qui ne se fit pas longtems attendre.

IV. ENTRETIEN.

Suite de la cause des Vapeurs, & des Vapeurs hysteriques.

Asclepiade & Sophie ne reprirent les Entretiens que le lendemain. Les matinées leur laissoient plus de loisir, & se trouvoient plus paisibles. Sophie donc, bien munie de caffé, précaution nécessaire, dit-elle, contre toutes les allarmes vaporeuses, & de tous les aliments le plus utile pour les personnes *desœuvrées*, commença ainsi.

Notre dernier Entretien m'a rempli de si tristes idées que je n'ai fait qu'y songer toute la nuit. Je me croyois toujours en vapeur, &, me foüillant sans cesse dans les entrailles, j'y croyois trouver mille dérangements, & une infinité de choses hors-d'œuvre.

Les dérangements, répliqua Asclepiade, n'arrivent que dans les accès vaporeux, mais pour ces choses hors-d'œuvre, on peut compter qu'il s'y en accumule peu-à-peu, & même des masses assez considérables. Ce ne sont pas elles cependant qui font le plus de mal pour l'ordinaire ; les matieres subtiles, légeres, volatiles, capables de faire de grands efforts, y en font beaucoup plus. Plus puissantes en qualités, disons-nous, que par la grandeur de leurs volumes, elles excitent dans leurs corps ce qu'il y a de plus violent. C'est d'elles particulierement que naissent ces maladies si soudaines, & si promptes, que nous appellons maladies *aigues*. Leurs symptômes sont les plus impétueux, les plus sensibles, & les plus capables aussi de déconcerter *l'œconomie animale.*

Mais, interrompit Sophie, avec de si violentes qualités comment concevez vous qu'elles puissent insensiblement s'accumuler ; & que les amas qui s'en font soient capables de rester si long-tems paisibles ? Car je conçois qu'un homme, avant que de tomber malade, se porte bien ; & que c'est tout d'un coup qu'il tombe frappé, & quelquefois réduit en peu de jours à la derniere extrémité. Il faut que de telles matieres soient d'une grande force.

Je les conçois ainsi, Madame, répondit Asclépiade, dans leur profond repos, dans leur inaction absoluë. C'est de la même maniere que restent si longtems dans leurs graines ces esprits germinants, qui dans leurs saisons poussent, végetent avec tant d'activité, élevent si promptement leurs superbes tiges. Jusqu'alors, comme assoupis dans un profond sommeil, ils attendent qu'un agent extérieur les réveille, les *suscite*, & mette en mouvement toutes leurs qualités. Par eux-mêmes ils resteroient immobiles. Ainsi dans leurs saisons tout ce qui leur est nécessaire pour cette *suscitation* si merveilleuse se trouve préparé ; & de cette sorte, bien que dans le même tems vous semiez diverses graines, chacune attendra comme une détermination néceſſaire la ſaiſon qui lui eſt propre ; & alors vous les verrez germer, & ſe produire les unes après les autres.

C'eſt de quoi, dit Sophie, nous faiſons tous les jours l'expérience dans nos parterres, & nos jardins. Mais quel rapport de ce qui ſe paſſe ainſi hors de nous avec les ſymptômes de nos maladies ?

Le voici, Madame, répondit Aſclepiade. La plus grande force, toute l'activité, la vigueur de notre ſanté dépendent du bon ordre qui regne dans toutes les opérations de nos parties. Qu'en dites-vous ? Sorte d'harmonie qui réſulte de leurs parfaits accords.

J'en conviens, dit Sophie.

Il faut donc pour cela, reprit Aſclepiade, qu'une puiſſance qui leur eſt propre, puiſſance univerſellement répanduë en elles toutes, les mette ainſi comme dans le même ton : concordance parfaite dont l'harmonie de la ſanté devient l'effet.

Rien de plus juſte, interrompit Sophie.

Mais, ajouta Aſclepiade, toutes ces parties ſont perpétuellement à l'emprunt. Par elles-mêmes elles ne ſçau-

roient

toient se suffire. Sans cesse il leur faut
des aliments pour leur entretien, & du
sang, & des esprits pour les faire agir.

Oui, encore, répondit Sophie; on me
l'a dit ainsi.

Souvenez-vous donc, s'il vous plaît à
présent, Madame, de ce que je vous disois de la nature de nos aliments; de ce
froment, par exemple, qui naturellement n'étoit propre qu'à se reprodui-
re, & se multiplier; qui n'est renfermé dans ces épis qu'à ces fins; qui contient aussi tout exprès son germe pour se
développer, & vegeter dans sa saison;
qui d'ailleurs n'est propre à composer d'excellent pain qu'autant que ces facultés
germinantes sont en état de faire mieux
fermenter la pâte; qui même, lorsqu'elle
est cuite en pain, retient tant de l'activité de ces germes fermentatifs que bientôt, si ce pain étoit laissé dans un lieu
convenable, vous le verriez couvert de
moisissure. Considérez-la avec attention avec un bon microscope, vous trouverez qu'elle n'est pas autre chose qu'une
vegetation parfaite; qu'un tissu de cent
mille petites plantes mêlées, entrelascées
les unes avec les autres! productions
nouvelles; j'en conviens; & d'especes

très-différentes des épis de bled; parce
que toute la disposition des parties desti-
nées à leur ouvrage est absolument changée; mais qui néanmoins a eu besoin de
la même activité germinante pour se produire, & qui a le plus résisté dans la
masse du pain à tous les changements qui
ont été donnés à la matiere qu'il habite.

Oui, Monsieur, interrompit Sophie,
je me souviens de tout cela; & je sçai
encore que ces moisissures du pain se font
plutôt en de certaines saisons qu'en d'autres. Il faut qu'elles soient chaudes, &
humides. Je conviendrai aussi que ce sont
elles qui conviennent le mieux à la vegetation générale de toutes choses.

C'est nous avancer bien vîte, dit Asclepiade, de convenir de tout cela. Ainsi
désormais, ayant supposé les digestions
défectueuses, que j'ai établies dans les
personnes vaporeuses, pourquoi ne pen-
serez-vous pas que les sucs qui en sont tirés conserveront assez de leurs premiers
germes mal assujettis, ou peu dissipés,
pour fermenter dans leur tems ? Que,
véritablement du caractere des esprits
séminaux, ils resteront enveloppés dans
les sucs, comme ils l'étoient dans le pain,

& dans une sorte de profond silence, jusqu’à ce qu’une disposition favorable les suscite, les réveille, les dégage assez pour qu’ils reprennent leur activité jusqu’alors assoupie ? Qu’après tant de préparations, leurs forces, ou l’ordre régulier de leurs mouvements naturels ayent été beaucoup alterés ? Il suffit qu’ils fermentent, & fassent irrégulierement mouvoir les sucs qu’ils habitent, pour les mettre hors *de ton*, pour les aliener de leurs déterminations, pour interrompre en un mot les bons offices que la nature en devoit attendre.

Je le veux bien supposer, dit Sophie ; mais je ne consentirai jamais à croire que de si légers désordres soient capables de produire tant de maux.

Cette incrédulité, répliqua Asclepiade, m’engage à vous donner une démonstration. Imaginez-vous le cours d’un ruisseau paisible. Voyez avec quel silence, quelle douceur, il coule sur son lit. A peine sa surface, qui vous paroît presque immobile, differe-t-elle de la glace de vos miroirs. Vous y observerez bien des agrémens, s’il vous plaisoit de vous y regarder. Mais je le veux faire grondeur, je veux qu’il se ride, qu’il

ſe mette en colere, qu’il faſſe beaucoup
de bruit. C’eſt une pierre que je place au
milieu de ſon cours. Toute immobile
qu’elle y reſte, c’eſt aſſez pour l’interrompre, pour briſer . . . .

Ah ! je vous comprends, s’écria Sophie. La comparaiſon me plaît ; &,
quand au lieu de cette pierre j’oppoſe-
rai le développement de tous ces vents
dont vous me parliez hier, & que de
ces mouvements irréguliers, de vos fermentations étrangeres, parce qu’elles
ſortent de *l’uniſſon*, je ferai obſtacle au
cours naturel de notre ſang, & de nos
eſprits ; voilà bien des mouvements
vaporeux que je ferai naître. Qu’en dites-vous ? Monſieur ? Eſt-ce vous comprendre ?

C’eſt le faire parfaitement, répondit
Aſclepiade ; ſe ſervir même très-docte-
ment de tous les termes de l’art.

Laiſſez-moi donc dire, reprit Sophie.
Ces fermentations ſi irrégulieres ne ſe feront qu’en leur tems, parce que leurs
eſprits enveloppés, aſſoupis, attendront
en ſilence celui qui leur ſera favorable.
Ils ſeront ce qu’il y a de plus actif, de
plus puiſſant, dans les matieres qui même
auront pû céder juſqu’à ces mouvements

de révolte au cours naturel des autres humeurs : germes enveloppés dans leurs graines, qui s'agiteront dans les humeurs comme ils feroient dans la bierre qui en auroit été composée. M'y voilà sans doute ?

Fort bien, Madame, répondit Asclepiade ; &, sur ces principes, ajoutez, s'il vous plaît, que, si les vapeurs sont plus fréquentes dans le printems, au commencement de l'été, & dans l'automne, c'est que les principales germinaisons arrivent dans ces saisons.

Cela est vrai, interrompit Sophie. Je suis charmée de voir qu'ainsi tout se développe si facilement.

C'est, Madame, reprit Asclepiade, que du moment que les choses arrivent ainsi en conséquence du systême général des mouvements naturels, on ne trouve en elles que d'exactes ressemblances, & de perpétuelles répétitions, ausquelles les incidents particuliers ne servent tout au plus qu'à donner des caracteres de singularité. C'en sont véritablement de très-grands, que les maladies, les douleurs, & les autres symptômes, que nous souffrons; mais ils dépendent moins de la cause que du sujet qui est agité.

Supposez-le sensible, il ne se fera pas un
mouvement qu'il ne sente : s'il est extraordinaire, violent, il sera douloureux ;
s'il est doux, tempéré, il pourra devenir agréable. Suivant encore que ce corps
sensible sera composé d'un plus grand
nombre de divers ressorts, d'organes
propres à différentes opérations ; ces
mouvements irréguliers les faisant agir
avec plus ou moins d'effort, donneront
occasion à differentes opérations de leur
part, défectueuses, discordantes. Toutes seront sensibles, & deviendront symptômes fâcheux. Car la sensibilité sera
de notre part, & de celle de la cause ce
ne sera qu'un vent impétueux, que des
humeurs extraordinairement agitées.

Or il vous en souvient, Madame ; nous
parlâmes hier de ces vapeurs que la plus
légere odeur est capable d'exciter ; celle
des roses, & d'autres fleurs, du musc,
de l'ambre, & de plusieurs autres odeurs
agréables. Il y en a même quelques-unes
qui déplaisent fort. Toutes ces odeurs
en un mot, dont tant de personnes sont
blessées, ne le sont qu'autant que ces
odeurs deviennent à l'égard de leur sang,
& de leurs esprits, comme autant de levains très-subtils (qui réveillent les qua-

lités vaporeuses, & qui en suscitent le dévelopement. Il en sera de même-à-peu près que de certaines liqueurs très-susceptibles de raréfaction qu'on tiendroit sur un feu très-modéré, auquel, si l'on ajoute seulement un charbon, le moindre dégré de chaleur qu'il augmente suffit pour faire s'élever tout en écumes, & s'extravaser. Car ne croyez pas qu'immédiatement par elle une matiere aussi subtile que le seroit celle d'une rose fût capable d'un effort assez puissant pour mouvoir avec tant d'impétuosité une masse d'humeurs aussi pesante que celle du sang, & des esprits, & l'aliéner de l'ordre de ses mouvements naturels; si déja il n'y avoit pas de puissants moyens propres à la seconder. Ce sont les dispositions vaporeuses, ou ces esprits, qui n'attendent quasi que le signal pour agir.

En effet, combien de gens se délectent à sentir ces odeurs empoisonnantes pour les autres ! C'est que ces gens n'ont aucune de ces dispositions, ou bien il y aura de certains rapports entre certaines odeurs qui blessent les autres vaporeuses, lesquels empêcheront que d'autres en soient blessées. Ces odeurs encore pourroient n'entreprendre que quelques

parties, & ne pas en blesser d'autres. En
un mot, Madame, tous ces faits, qui
vous paroissent bizarres, & à si justes titres, suivant nos manieres de les consi-
derer, n'arrivent qu'en conséquence de
ce qui est *monté* d'une certaine façon,
ou d'une autre. Car pour les operations
défavorables, comme pour celles qui
conviennent le mieux, il faut toujours
supposer de parfaites concordances entre
les agents, & c'est par-là que de la part
des choses exterieures nous nous trou-
vons susceptibles de tant d'effets différents.

Voilà mes difficultés, dit Sophie, qui
commencent fort à se dissiper, & je suis
fort satisfaite de votre doctrine. Je ne
pense pas même, à présent que je me
rappelle ce que vous m'avez dit des causes des vapeurs particulieres à notre sexe,
qu'il soit difficile d'en rendre raison, si
l'on se sert des mêmes principes que vous
venez d'expliquer. Mais vous, qui les
devez connoître si bien, vous conviend-
drez, s'il vous plait, qu'elles sont bien
extraordinaires.

C'est de quoi, répondit Asclepiade, il
ne faut pas douter; &, plus j'y pense,
& y ai pensé autrefois, plus j'en ai été
étonné.

étonné. Car, du moment qu'on les voit
agir, il semble que ce soit d'un fond
étranger qu'elles naissent; que ces esprits
qui se développent soient d'un caractere
très-différent des autres; qu'ils s'y répandent, s'y mêlent avec autant *d'hos-
tilité* que s'ils n'avoient entre-eux aucun rapport. Aussi certain Philosophe
de l'Antiquité se plaignoit-il amérement
de la Nature, qui à des hommes très-
paisibles, & qui aiment la sagesse, al-
lioit une bête farouche qui n'entend jamais raison.

Comment l'appellez-vous ce Philosophe, interrompit Sophie? Je veux connoître un homme qui s'est fait une si
plaisante idée. *Matreas*, répondit Asclepiade. Bête farouche, disoit-il, qui
ne se nourrit que de notre substance la
plus précieuse, & se mocque de tous nos
discours. Dans le vrai, chez bien des
personnes la vertu a bien à souffrir dans
une telle societé, & il ne lui faut pas
moins d'artifices, & d'assiduités, pour
se rendre le maître qu'avec les gens du
plus difficile commerce.

Je ne vous dirai rien de tout cela, dit
Sophie; chez moi tout est paisible.

Je vous en félicite, reprit Asclépiade;

P

c’eſt un bonheur ; mais nous parlons de celles qui ont été traitées moins favorablement.

Or dans ces perſonnes quels changemments prodigieux, du moment que de ces lieux obſcurs il ſe développe les moindres effloreſcences ! Vous les voyez en peu de tems décolorées, pâlies, d’humeur chagrine, faciles à s’irriter, fuir volontiers toutes ſocietés , devenir mélancholiques. Alors, aiſées à ſe livrer aux objets qui ſurviennent, de quelques caractères qu’ils ſoient, c’eſt ou pour s’y plaire, ou pour s’en chagriner : & , comme ſi dans cette application le plaiſir pouvoit être égal, ou d’aimer à ſe divertir, ou à ſe fâcher contre ſoi-même ; il eſt auſſi difficile de les déſoccuper des uns que des autres.

Si l’on en croit même ce que ces perſonnes en diſent, elles n’ont pas alors les moindres ſentiments de tendreſſe. La préſence même , ou le ſouvenir, de ce qui les devroit occuper le plus agréablement ne fait que les offenſer.

Oh ! ne vous y fiez pas trop, interrompit Sophie , puiſqu’aujourd’hui je ſuis philoſophe , & que c’eſt de bonne foi que je parle ; ces chagrins, ces colères,

viennent plutôt du défespoir de ne pas
obtenir, ou de n’ofer même defirer.
C’eft le combat de la raifon contre le
cœur. On fent alors en foi s’émouvoir de
fi tragiques fcenes que, plus la raifon
triomphe, plus le cœur fouffre; & dans
ces événements, que j’appelle pitoyables,
on en diroit volontiers autant que votre
vieux Philofophe.

Je le penferois ainfi, Madame, reprit
Afclépiade; & peut-être que, fi je l’avois
ofé, ma déclaration feroit déja faite.
Car dans le vrai la Nature eft toujours
maîtreffe dans des fujets auffi intéreffants
pour elle; &, fi l’on s’efforce de prendre
le deffus, ce ne peut être que par de
violents combats.

Ajoutez cependant, interrompit Sophie, qu’il eft des perfonnes moins tourmentées que les autres. Car il faut rendre juftice à qui il appartient. En effet,
combien y a-t-il de perfonnes qu’affez
volontiers je dirois infenfibles? Tout
devient infipide pour elles; rien ne les
remuë, ne les agite; auffi indolentes intérieurement qu’elles le paroiffent à l’extérieur.

Madame, il ne faut pas douter de cela,
reprit Afclépiade; mais auffi les vapeurs

feront moins pour elles que pour les autres. D'ailleurs je penfe qu'il en arrive à
beaucoup autant, parce qu'elles font dès
leur enfance affervies au févère gouverne-
ment de meres dures, impitoyables, que
parce qu'elles font également contrain-
tes par d'autres loix. Car de quelque côté
que vienne l'affujettiffement, il eft d'une
égale difficulté à fupporter. Ainfi mé-
contentes, chagrines, toujours appli-
quées, mélancholiques, elles fe préparent d'autant plus aux vapeurs que leur
fupplice augmente à mefure qu'elles deviennent plus fenfibles.

Il faut ajouter à ces caufes de certains
dérangements qui dès les premiers tems
les font tomber dans les pâles couleurs:
difpofitions fâcheufes, & qui occafion-
nent très-fouvent les préparations vaporeufes. Je croirois même que les premiers
effais des efflorefcences vaporeufes donnent occafion à la plûpart de ces pâles
couleurs. Car fouvent j'ai eu lieu d'obferver que dans les infirmités il y a
moins à accufer des humeurs cruës, groffieres, indigeftes par elles mêmes, & qui
exigent de grandes évacuations, que de
certains défordres fecrets qui empêchent
les matieres de recevoir leurs prépara-

tions ordinaires : de maniere que , si l'on s'attache beaucoup à évacuer , c'est s'en prendre plutôt aux effets qu'à la cause. Toutes les fois que pour guérir ces maladies j'ai suivi ces indications , j'ai eu le bonheur de réussir.

Pourquoi donc , interrompit Sophie , verroit-on tant de jeunes femmes tomber dans les pâles couleurs , & que de les marier n'est pas un reméde aussi certain qu'on le pense ? Pourquoi encore voit-on accablées de vapeurs tant de femmes bien reglées , ou qui font des enfans , comme on l'a d'abord remarqué ?

Pourriez - vous ignorer , Madame, que quelquefois il est des puissances qui ressemblent à ce qu'on dit du mois de Mars , dont la chaleur est prétenduë dangereuse en ce qu'elle agite plus qu'elle n'évacuë ? Cependant , Madame , il faut convenir que , si ce n'est pas à la crudité des matières mal fermentées que les pâles couleurs doivent être immédiatement attribuées , elles en occasionnent ensuite souvent de grands amas. Alors les digestions deviennent d'autant plus mauvaises , que l'appétit devient plus irrégulier , plus capricieux ; car les femmes , & les filles mangent les plus mau

vaifes chofes ; & leur eftomac, déja fort
dérangé, eft moins capable de digérer.

Ce n’eft pas même à d’autres caufes
qu’on a lieu d’attribuer en bien des occafions par un fâcheux retour la fup-
preſſion des régles. Au refte, ayant toujours différé de vous parler de ces fup-
preſſions dans les vapeurs ordinaires,
dans le deffein d’en difcourir en cette occafion, j’aurai l’honneur de vous dire à
préfent que j’ai obfervé pour l’ordinaire qu’elles étoient plutôt l’effet de ces
fortes de vapeurs que leur caufe ; mais
que dans la fuite il fe faifoit une telle révolution & de l’effet & de la caufe,
que, fe mêlant enfemble, & réuniffant
leurs forces, elles compofoient ce que j’ai
compris dans l’efpéce des vapeurs compofées.

Ainfi, Madame, ce feront des vapeurs *fimples* que l’on voit arriver à des
perfonnes bien réglées, qui fe dévelopent
même avant que ces régles fe déclarent,
ou qui attendent la fin des régles ; & cela
au grand étonnement de ceux qui croyent
que toutes ces vapeurs naiffent en conféquence des fuppreffions. Or ces vapeurs
fuppofent dans le fang beaucoup d’épaif-
fiffement glaireux, des qualités trop ar-

dentes, & trop sulphurées ; elles le rendront peu facile à céder à ces mouvements périodiques qui suscitent les régles. Elles n'auront donc pas lieu. La suppression alors deviendra un mal, lequel ne manquera pas de se multiplier, de se rendre même très-fécond à produire divers symptômes, à proportion qu'il rendra cette suppression, ou plus assiduë, ou plus réguliere. Car tantôt ce ne sont que des dérangements, des diminutions, des suppressions entieres ; tantôt par une sorte d'efforts trop violents ce seront de véritables pertes : tous effets contre le bon ordre, dont la Nature ne manque pas de souffrir. Alors les esprits s'échauffent, s'irritent, entrent dans un ordre de mouvements irréguliers ; & c'est assez pour produire des vapeurs, lesquelles alors deviennent composées, en ce qu'elles unissent à ces causes purement humorales, glaireuses, venteuses, dont vous sçavez l'histoire, ces esprits d'une autre espéce ; esprits plus vivaces, animés qu'ils sont, je le puis dire, ce me semble, puisqu'ils doivent devenir un jour comme les premiers éléments de la vie.

Quelquefois aussi les vapeurs de la premiere efpéce, par la confufion, & les autres défordres, qu'elles font capables de répandre dans le fang & les efprits, pourront fufciter immédiatement les autres vapeurs, & même les rendre plus violentes ; d'abord en faifant obftacle aux premiers mouvements de leurs développements ; enfuite pour y laiffer un trop libre cours, & leur avoir préparé par les routes qu'elles ont tenuës, des iffuës qui les rendent plus faciles à s'étendre & à fe difperfer ; enfin lorfque leurs vents feront réunis, il s'en fera comme des tourbillons plus impétueux.

C'eft pourquoi il eft fi utile dans ces vapeurs compofées de procurer d'abord le libre cours des régles, & d'en établir le bon ordre. C'eft un ennemi qu'alors on détruit, & après lequel il eft plus aifé de vaincre l'autre. Comme ils ont des caufes différentes, on peut ainfi les entreprendre féparément par une méthode bien concertée. Mais il arrive fouvent que la défaite de l'un laiffe pour l'autre beaucoup de difficultés.

C'eft de quoi je puis vous répondre, interrompit Sophie. J'ai vû en bien des occafions que, nonobftant le très-parfait rétabliffement des régles, & c'étoit

en quoi l'on faisoit consister l'entiere
guérison, les vapeurs ne laissoient pas
que de continuer. J'ai vû aussi, lorsque
par d'autres remédes on avoit surmonté,
guéri ces sortes de vapeurs, que les autres agissoient, & continuoient leurs
désordres ordinaires, & même donnoient lieu quelquefois à de nouvelles
suppressions. Car nous autres femmes
nous ne laissons pas que d'être habiles
sur ces sortes de maladies.

C'est aussi, Madame, reprit Asclépiade, ce que j'ai observé en bien des
rencontres ; & même on peut dire que
cela doit souvent arriver ainsi. Car, plus
la santé est parfaite, plus les humeurs
sont pures, & les esprits d'une grande
vivacité, & plus ces sortes d'esprits germinants, sollicités par la Nature, deviennent capables de se développer avec
effort. Il sera même si grand cet effort,
qu'il pourra faire un étrange renversement de la meilleure santé du monde, &
mettre tout en confusion. Alors on sera
surpris de voir qu'en si peu de tems toutes les humeurs paroîtront corrompuës,
sans qu'elles ayent néantmoins d'autres
défauts que d'être trop broüillées les
unes avec les autres. Et cela à-peu-près

de la même maniere que tous les jours nous voyons qu'à ne faire qu'agiter violemment une liqueur bien condition-née, claire, pure, & brillante, on la rend confuse, *louche*, & fort altérée. Fait-on alors davantage que de déran-ger une certaine disposition de ses par-ties qui en faisoient l'excellence?

Ainsi ces personnes très-saines, mais qui le jour précédent ont été violem-ment agitées par ces sortes de vapeurs, que leur excès fait appeller *furieuses*, ont le lendemain les yeux extraordinai-rement battus, le tein altéré, la conte-nance même languissante, accablée. Il semble qu'elles ne font que de sortir d'une grande maladie. L'on s'imagine-roit volontiers qu'il leur faut alors de grands remédes; mais le repos tout seul, & la tranquilité de l'esprit, suffisent. Il en est de leur sang comme de l'eau d'une fontaine mal-à-propos agitée, & dont on auroit broüillé le limon. C'est à le laisser se rasseoir doucement qu'il faut uniquement penser.

Il faut avoüer, interrompit Sophie, qu'il arrive quelquefois des effets bien étranges dans ces sortes de vapeurs fu-rieuses; & ce n'est pas sans raison qu'on

les appelle ainsi. Mais, ce qui me sur-
prend le plus est qu'elles viennent quelquefois à des personnes qui n'y paroif-
sent avoir aucunes dispositions. Naturellement paisibles, froides, &, suivant toutes les apparences moins sensibles que les autres ; comment est-il possible qu'elles soient susceptibles de tant
d'emportements ?

C'est, Madame, répondit Asclépiade,
précisément tout ce qui a davantage
contribué à cette paix, à cette tranquilité, qui vous étonnent ; ce qui les a
rendues si mélancholiques, si froides, en
un mot si éloignées, suivant toutes les
apparences, des causes de tant de vapeurs ; c'est, dis-je, tout cela qui contribue davantage à leur excessive impétuosité.

Pour le comprendre il faut penser que
ce qui les rend si paisibles, & si froides,
vient de ce que leur sang bilieux mélancholique conserve dans son tissu une sorte de *gluant huileux*, ou sulphuré, qui
ne se raréfie pas facilement ; bien au contraire, qui fait que, toujours pesant, &
peu *dissipable*, il ne circule qu'avec len-
teur, & ne laisse que très-peu transpirer de ces sels volatils, & *fuligineux*,

qui dans les autres se dissipent avec tant
de facilité. Ainsi vous pourriez comparer ce sang avec les liqueurs dont le tissu,
plus difficile à briser, souffre des gonflements considerables, avant que de boüil-
lonner comme les autres, lorsqu'on les
veut distiller, ou faire boüillir sur le feu,
à du lait, par exemple; ensorte que,
comparant aussi à l'activité de la flamme le développement des esprits vaporeux, vous comprendrez facilement que,
du moment qu'ils s'engagent dans un tel
sang, ils y produisent des gonflements,
des agitations d'autant plus fortes, qu'il
est plus capable de leur faire résistance,
& de céder avec plus de peine à l'impétuosité de leurs émotions. En conséquence, quels étranges renversements de toute l'œconomie animale! Car, si le sang
est naturellement de caractere si tenace,
il ne faut pas douter que le tissu de toutes leurs parties solides ne soit également
plus serré, plus compact, que dans les
autres personnes, & moins capable par
conséquent à céder à l'impétuosité des
esprits qui l'agitent, & d'ouvrir de favorables issuës aux matieres qui doivent
transpirer. En conséquence, quels mouvements impétueux, & extraordinaires,

dans le sang, & les esprits ! Quels reflux de leur part contre leurs directions
accoutumées ! quels regorgements dans
leurs principales sources ! L'ordre de leurs
écoulements coutumiers en est interrompu. En combien d'endroits la plupart
des sucs restent-ils suspendus ! Il n'en faut
pas davantage pour blesser la plupart
des actions, & pour en arrêter d'autres
que la Nature s'efforce en vain d'exciter.
Et cela pendant que dans la plupart des
parties solides, dans les genres nerveux,
& musculeux, les esprits, qui tantôt ne
sont agités que par secousses, & qui
tantôt restent comprimés, liés, assujettis, produisent dans les fibres des
mouvements *toniques*, des tensions douloureuses, des rétrécissemens. Les parties
restent immobiles ; les unes sont roides
& tendues comme des cordes d'arc, les
autres sont çà & là bizarrement agi-
teés. En vain alors par quelques élans la
Nature s'efforce-t-elle à pousser, à chas-
ser, ou à dissiper, tout ce qui lui fait
obstacle, les résistances sont trop fortes ;
& la vapeur qui pousse toujours entretient comme de trop fortes digues pour
qu'elles puissent être rompues. Tant
d'efforts même ne servent qu'à aug-

menter les défordres : & de - là vient que les perfonnes de la plus forte com- pléxion fe trouvent dans ces fâcheux moments agitées plus violemment que les autres.

Mais, interrompit Sophie , c'eſt de l'*épilepſie* plutôt que des vapeurs que vous me parlez.

Il eſt vrai , Madame , répliqua Afclé- piade , que dans tout *le méchaniſme* de ce défordre la plupart des accidents fe reſſemblent fort , au point même, que quelquefois on a lieu de douter s'il n'y entreroit point quelque choſe de pa- reil ; au point que quelquefois on s'y pourroit méprendre. En effet dans ces vapeurs fi étranges il arrive fouvent que tous les fens font aliénés , on n'entend point, on ne fent point, la connoiſſance s'égare. Je penſe même que l'eſprit ne fouffre pas dans ſes facultés de moindres éclipſes que le corps. Quels cris ; ou plu- tôt quels hurlements ! quelles clameurs effrayantes , parmi tant de fecouſſes violentes que fe donne la malade ! Elle fent pour l'ordinaire une compreſſion très-violente dans la gorge ; eſpéce d'é- tranglement qui la fait horriblement crier ; fon eſtomac eſt douloureuſement

comprimé autant par des vents qui l'é-
tendent outre mesure que par les entrailles, & les autres parties voisines
également dilatées, tenduës. De-là vient
que le ventre s'éléve, se durcit, & se
tuméfie si fort ; & que, nonobstant toute la résistance qu'il peut faire alors, il
souffre de si violentes secousses, & des
agitations si étonnantes. Car c'est envain
qu'on s'efforce de le contenir, mais particulierement dans sa région inférieure,
source en effet de ces sortes de convulsions. C'est néanmoins une sorte de reméde que les efforts qu'on fait pour les
surmonter. Ils modérent toujours un peu
les exagérations où les vents renfermés
étendroient les parties du côté de la
ratte, qui souffre alors plus que les
autres parties. Les battements deviennent très-douloureux ; la poitrine, le
cerveau, font dans le même cas ; en un
mot il semble que plus les parties sont
d'une *grande autorité* dans l'œconomie animale, s'il m'est permis de
de m'exprimer ainsi, plus elles sont violemment attaquées que les autres. Le
cœur tombe souvent, mais pour de légers moments, dans une soudaine syn-
cope, qui l'arrête, ou diminue beau-

coup ſes forces accoutumées. De-là quels anéantiſſements, quelles éclipſes de tou-tes les facultés vitales !

Auſſi trouve-t-on pour lors le pouls d'un dérangement , d'une irrégularité, qu'on croiroit très-funeſtes, & qui ne manqueroit pas à le devenir pour peu qu'elle fût d'une longue durée. Mais il ſemble que de moment en moment la Nature s'efforce à ranimer ſon flambeau toujours prêt à s'éteindre. Je le com-pareroís aſſez volontiers à ces foibles bougies qu'on a tant de peine à défendre d'un air agité.

En beaucoup d'occaſions toutes les décharges naturelles ſont arrêtées;& l'ef-fet en eſt heureux ; c'eſt une marque d'une plus grande force de la Nature : comme lorſquelles s'ouvrent & ſe relâchent, on a lieu de craindre quelques atteintes épileptiques ; lors particulierement qu'il ſurvient à la bouche d'épaiſſes ſaliva-tions. Ces décharges peuvent être auſſi l'effet d'une grande foibleſſe, & alors elles deviennent des ſignes que l'orage pourra bientôt finir.

Je n'en a jamais vû de ſi fortes, dit Sophie. Mais comment en peut-on re-venir ? Je croiroís que tout ſe devroit
briſer,

brifer, que les humeurs s'y devroient corrompre, que jamais la Nature ne feroit capable de réfifter à de fi violents accès.

Vous le croiriez bien plus encore, reprit Afclépiade, fi vous connoiffiez l'extrême délicateffe d'un très-grand nombre de parties, & de quelle forte de tiffus font formées celles qui paroiffent les plus groffiéres. Mais enfin c'eft parce qu'elles peuvent beaucoup céder qu'elles font heureufement garanties; & que d'ailleurs ces mouvements, tout intérieurs qu'ils foient, n'entament point l'effentiel des fubftances. Il arrive même qu'il ne faut quelquefois prefque rien pour calmer de fi grands orages, comme très-peu de chofe a fuffi pour les exciter.

Je me fouviens que, faifant un matin ma vifite dans l'Hôtel-Dieu, j'y entendis d'abord les clameurs horribles d'une femme agitée par ces fortes de vapeurs. Elle y étoit très-fujette, & elles faifoient fon plus grand mal. Depuis une heure on effayoit divers rémédes, dont elle paroiffoit plutôt irritée que recevoir quelque foulagement. Ce fut ce qui m'obligea à lui faire fur le champ le même rémede que j'ai coutume de pratiquer dans les plus furieux accès de folie. Elle me sembloit de compléxion forte & vigoureuse, grosse brune, assez fraîche & de l'âge de quarante ans.

Ainsi je fis emplir une cuve d'eau la plus fraîche, & sur le champ je l'y fis baigner jusques à la ceinture. A peine en eut-elle senti le froid que tout fut calmé ; & on la vit aussi étonnée que si tout d'un coup elle se fût trouvée une autre personne. Le succès de ce premier essai fit que dans la suite on eut souvent recours à ce reméde, qui lui devint ensuite familier parce qu'elle étoit très-sujette à ces violentes vapeurs.

Dans le même mois je fis pratiquer le même reméde à une autre encore plus maltraitée, car les vapeurs lui avoient tellement troublé le cerveau qu'elle en étoit devenuë folle, furieuse: Elle se croyoit en enfer, brulée, tourmentée par toutes les puissances infernales; il avoit fallu la lier dans son lit; mais dans le moment quelle fut baignée, tant de fureurs, de cris, d'extravagances terribles céderent. Je pourrois, Madame, vous citer bien d'autres exemples de ce reméde, qui ne réussit pas moins heureusement en beaucoup d'autres maladies.

Que vous m'effrayez, dit Sophie, & qu'il est horrible pour les spectateurs de se trouver à de si pitoyables scènes ! je les appelle ainsi, tout effrayantes qu'elles sont, puisqu'il est douloureux de voir la nature humaine susceptible de si étranges maladies. Mais pourquoi les autres animaux en sont-ils exempts ?

Je ne crois pas qu'ils le soient, Madame, répondit Asclépiade ; je pense même que, si ce qui fait pour quelques-uns par ses trop grands excès la cause des vapeurs devient une occasion de plaisir, il cause des douleurs bien vives à d'autres ; & c'est au reméde qu'ils courent, comme à l'unique moyen de se guérir, pendant que les autres n'y sont sollicités que par la volupté.

Le cerf qui *brame* dans nos forêts ; le taureau qui mugit dans nos prairies ; les chevaux qui hennissent d'une maniere si violente, expriment plûtôt leurs douleurs que leurs plaisirs. Du moins leurs manieres de s'exprimer ont plus de rapport avec les douleurs qu'avec les plaisirs & la joie. Quels chemins d'ailleurs ne font-ils point, à quelles fatigues, à quels dangers ne s'expofent-ils point, fitôt que de fi puiffants aiguillons les preffent !

Mais, Monfieur, interrompit Sophie, voudriez-vous les attribuer à des acides picquants comme dans les autres vapeurs ?

Je n'ai pas crû, Madame, repliqua Afclépiade, devoir pouffer fi loin mes conjectures; parce que je ne les fçaurois appuyer fur des expériences affez démonf-tratives. Il eft de fait cependant qu'aux premieres efflorefcences de ces fortes d'ef-prits, prefque dans tous les animaux le fang décolore ; que les chairs de ceux même dont on fe nourrit perdent beau-coup de leur couleur ordinaire, de leur goût, & de leur odeur.

Cependant, dit Sophie, je connois une Demoifelle qui n'eft jamais plus ver-meille que lorfque les autres pâliffent.

Vous la pouvez citer, répondit Afclépiade, comme un exemple rare; mais de telles exceptions ne doivent rien faire conclure au defavantage des régles générales. Peut-être auffi eft-elle moins tourmentée par les vapeurs de l'efpéce que nous obfervons. Car, du moment que l'on veut ufer de comparaisons, il est de l'ordre de les faire convenir en tous points, autant qu'il est possible.

En vérité, reprit Sophie, qui céderoit à sa curiosité dans de telles matieres auroit bien du chemin à faire. Je ne sçai même si l'on parviendroit jamais jusques au bout.

Pour moi, Madame, reprit Asclepiade, je crois la matiere inépuisable; &, quand même pour quelques-uns elle paroîtroit finir, cent & cent autres auroient dequoi ajouter à ce qu'on en auroit dit. Ainsi je pense comme vous, Madame, qu'il convient mieux de s'en tenir à ce qui est du plus grand usage que de s'abandonner si fort aux desirs perpétuels de la curiosité. A dire vrai, nous ne faisons encore qu'ébaucher notre sujet. Nous n'avons fait que le parcourir de la maniere la plus générale. Combien de choses y pourrois-je ajouter encore ! cependant c'est fort à propos que vous trouvez que c'est en avoir assez dit.

J'en suis contente, interrompit Sophie, & même je me serois moins engagée sans l'intention que j'ai d'apprendre les remédes dont vous faites l'expérience. A demain, s'il vous plaît.

Volontiers, Madame, répliqua Afclépiade ; la curiofité ne laiffe pas que de
devenir fatigante quelquefois , & il eft
bon de ne vous pas tenir plus longtems
appliquée.

C'eft ainfi que finit le quatriéme Entretien après quelques compliments ré-
ciproques ; car Sophie parut contente
de la maniere dont Afclépiade lui avoit
expliqué toutes chofes.

V. ENTRETIEN.

Des Remédes contre les Vapeurs de toutes les efpéces.

L'Impatience qu'avoit Sophie de fçɩ-
voir d'Afclépiade fi les vapeurs pouvoient fe communiquer , & pouvoient
être héréditaires, fit que dès l'après-dînée
les entretiens recommencerent; & infenfiblement de ces deux queftions on paffa
au détail des remédes. Se peuvent-elles
donc communiquer , dit-elle , & font-
elles héréditaires ?

Ce font-là de ces chofes , répondit
Afclepiade, fur lefquelles il faut plutôt
confulter l'expérience que le raifonne-

ment. Or on ne s'est pas encore apperçu
qu'à moins que d'être naturellement
vaporeux on prenne des vapeurs à ne
faire qu'habiter avec les personnes vaporeuses. Il est vrai que leur spectacle
est si triste, quelquefois même si propre
à allarmer, ou qu'il importune si longtems ceux qui s'empressent d'y appor-
ter des remédes, que dans l'ennui où l'on
se trouve on se plaindroit assez volontiers
soi-même d'avoir des vapeurs.

Supposez pourtant, interrompit Sophie, deux jeunes filles qui se voyent
assiduëment, qui couchent même dans
le même lit.

En ce cas, repliqua Asclépiade, je
croirois la communication possible. Car,
bien que la cause des vapeurs à la mode,
de la maniere que je les conçois, soit
l'effet d'un vice particulier de la digestion, ce qui s'exhale de la personne vaporeuse pourroit bien peu-à-peu incliner
vers le même mal celle qui en seroit fort
pénétrée ; & l'expérience nous apprend
qu'il se fait souvent de grandes commu-
nications de transpiration lorsque l'on
couche ensemble. Une vieille personne
profitera beaucoup de la transpiration
d'une jeune, qui paroît ordinairement

altérée par celle de la vieille. Et dans ces cas-là, si je ne décide pas absolument que les vapeurs se communiquent, j'approuverai comme juste, la crainte que l'on auroit de les prendre. Il est d'ailleurs de certaines personnes desquelles il y auroit beaucoup plus à craindre que des autres. Telles sont celles qui transpirent beaucoup, qui suent, & dont la sueur est d'une odeur forte.

Quant à la seconde proposition, les filles très-souvent ressemblent si fort à leurs meres qu'elles en ont les inclinations, & par conséquent toutes les dispositions prochaines à les faire naître. Aussi le proverbe ne dit-il pas

La fille suit souvent le chemin de sa mere.

Ainsi ces vapeurs les plus fortes, & qui dépendent si fort des propriétés du tempérament, peuvent être tellement de l'appanage de ce même tempérament que les filles ont reçu qu'elles leur peuvent devenir héréditaires. A quoi vous ajouterez, s'il vous plaît, qu'à suivre le même chemin que sa mere, on se trouve souvent exposé à de pareils événemens.

Il ne m'en faut pas davantage, dit Sophie;

Sophie; & puisque nous voici embarquês, poursuivons notre route, & parlons des remédes.

Je ne sçai, Madame, s'il conviendroit de commencer l'entretien par vous dire qu'ils sont pour la plûpart des personnes d'une difficile exécution, & d'un succès fort douteux. Mais, pour en discourir avec ordre, observons celui que nous avons tenu d'abord. Qu'il s'agisse premierement des vapeurs nouvelles, & que nous appellons à la mode; ensuite nous parlerons des remédes pour les autres.

Or, avant que de parler des premieres, faisons, je vous prie, une observation. Il est des personnes qui n'en ont jamais; redevables sans doute d'une si favorable exemption à leur frugalité, à leurs exercices, à leur vigilance, à leur activité. Telles sont toutes les personnes laborieuses, qui ne boivent & ne mangent que pour vivre; & qui sont attentives à mesurer toujours leurs repas sur la juste étenduë de leurs véritables besoins.

Je vous entends, interrompit Sophie. Vous m'allez citer les femmes de campagne, qu'on nous jette à la tête, comme si en effet elles n'avoient jamais de vapeurs; ce qui est faux. J'en connois qui en sont même plus tourmentées que les autres.

Ces vapeurs, dit Asclepiade, seront sans doute de la nature des dernieres; à quoi, Madame, il est nécessaire de faire attention. Elles suivent si naturellement les caracteres attachés à de certaines compléxions qu'on les en pourroit regarder comme l'effet absolu. De-là vient qu'elles ont toujours régné, & que de tous les tems on s'en est plaint.

Ainsi, Madame, il ne s'agit que de ces autres (voudriez-vous me permettre de le dire) que la volupté a fait naître, que l'irrégularité dans le régime de vivre entretient, que la molesse, l'oisiveté répandent d'une maniere si générale...

Me voudriez-vous faire un sermon, interrompit Sophie ? ce seroit préluder d'une maniere bien mortifiante d'invectiver ainsi contre les coutumes du tems avec des termes si odieux.

Non, Madame, répliqua Asclepiade, je ne prêcherai point; une telle mission ne m'est pas donnée; mais peut-être que vous-même serez le prédicateur, si vous m'accordez un peu d'attention.

Ce n'est que par nécessité que la nour-

titure entre dans l'ordre de nos besoins,
& ce n'est qu'autant que ces besoins l'exigent, que son choix, & sa quantité doivent être mesurés. Aussi l'expérience
fait-elle connoître que, bien loin qu'une
telle obligation doive faire un des objets de notre volupté, de nos délices ;
c'est par rapport à la qualité de nos exercices, & à la mesure des dissipations que
nous souffrons, que nous en devons régler l'usage. Travaillons-nous peu : res-
tons-nous dans un grand repos : il convient que nous mangions moins que lorsque les veilles, & l'assiduité des exercices,
& des travaux, en exigent davantage.

Une autre régle, que vous ne trouverez pas moins sévére, est que dans le
choix des aliments nous préférions toujours ceux qui conviennent davantage à
cette simplicité si exacte qu'affecte la
Nature. Car pour l'entretien du corps
tout entier, de quelque admirable composition de parties si différentes qu'il soit
assorti, il ne lui faut qu'un suc très-uni,
toujours de la même espéce, & seulement
composé de parties *aqueuses* & *laiteuses*,
dont l'assortiment s'appelle chyle, & qui
doit être également tiré de tous les aliments : ensorte que ceux-là sont les meil-

leurs qui en peuvent fournir davantage, qui le rendent plus doux, plus *velouté*, ou mieux lié dans sa substance, & moins chargé de principes âcres, volatils, & d'une activité pénétrante. De-là vient qu'il n'est pas moins admirable de voir de combien peu de choses la Nature se sert pour la réparation de notre substance, que de considérer les moyens qu'elle employe pour y réussir.

Enfin il faut compter que la nécessité du sommeil n'est pas moins déterminée que celle de manger. Elle en devient une conséquence, & je pourrois vous démontrer que ce n'est que pendant le sommeil que se fait l'emploi de la nourriture qui s'est préparée pendant la veille ; ce qui fait que les alternatives de la veille & du sommeil sont si exactement mesurées, que pour cela il s'est fait une succession du jour & de la nuit également mesurée ; & à tel point, que l'un & l'autre sont subordonnés à des agents différents, dont les mouvements qui se passent en nous reçoivent tout exprès des déterminations très-différentes.

Aussi, Madame, tout cela tient de l'ordre des tems. Chaque chose y trouve comme ses saisons, & toutes ses condi-

tibns néceſſaires. Sur quoi je vous prie,
de faire ſeulement de la maniere la plus
générale une revuë à l'égard de tous les
ſujets qui ſe trouvent dans l'ordre le plus
régulier qu'exige la Nature; ſur l'origine
des animaux, par exemple ; enſuite ſur
les hommes, dont la vie eſt plus réguliere, & qui jouiſſent auſſi de la plus parfaite ſanté, qui la conſervent le plus
longtems, qui l'employent à des travaux
plus pénibles, & plus aſſidus. De ſi heureux effets peuvent ſans doute être des
preuves bien certaines que tant de régularité qu'ils obſervent eſt bien dans l'ordre qu'exige la Nature; & que, puiſque
nous ne vivons que ſous ſon *bon plaiſir,*
permettez-moi cette expreſſion, ce ne
doit être qu'autant que nous en ſuivrons
les loix avec fidélité qu'elle nous dépar-
tira ſes faveurs.

Je vous vois venir de loin, dit Sophie;
voilà encore que vous prétendez me ramener par un autre détour à vos gens de
campagne.

Non pas à eux ſeulement, reprit Aſclepiade, mais à tous ceux qui entreprennent de ſe bien porter, ou qui s'occupent
du rétabliſſement de leur ſanté ; qui
s'appliquent à ménager à propos une vie

foible & délicate; qui, pour suffire à
de pénibles ministeres, s'établissent
une régle constante, uniforme; qui enfin
se sentant vieillir, ne pensent qu'à se
prolonger les jours. Pourquoi donc ne
croiriez-vous pas, Madame, que, si tous
s'accordent dans les mêmes points d'une
maniere si générale, leur exemple ne
devroit pas faire loi pour le cours entier
de la vie ? Il me semble qu'un homme
qui se rendra de bonne heure fort œco-
nome de son bien en conservera mieux
les avantages qu'un autre qui ne se ren-
droit ménager que sur la fin de ses jours;
& qui, après s'être laissé accabler de
dettes, ne pourroit tout au plus acqué-
rir par ses épargnes que de quoi appai-
ser ses créanciers.

Mais un mot, s'il vous plaît, interrompit Sophie. Parmi tant de gens si
réglés, &, selon vous, d'une œconomie
si exacte des biens de la vie, n'en voyez-
vous point d'infirmes, & qui meurent
jeunes ? N'y a-t il pas au contraire jusqu'à
de vilains ivrognes qu'on croiroit im-
mortels ? J'en connois un, qui a déja
enterré presque la moitié de sa famille,
toute de gens aussi réglés qu'il est li-
bertin.

Si nous ne devions, répondit Asclepiade, tenir nos régles que de l'expérience seule, l'heureux sort de quelques particuliers échappés comme d'un naufrage
général, pourroit faire conclure au desa-
vantage du principe. On n'a jamais dou-
té qu'il n'y ait de certaines constitutions, si avantageuses qu'elles se trouvent au-dessus de tous les incidents de
la vie ; mais il en est aussi d'autres d'une
telle délicatesse, si infirmes même, qu'elles sont blessées du moindre objet. Il ne
s'en trouve que trop parmi ces paysans,
par exemple, que vous prétendez mes
uniques héros en fait de santé. Trop de
raisons y concourent, mais particuliérement dans ce siècle, qu'on ne sçauroit considérer sans compassion, même
par rapport à eux.

Alors c'est beaucoup faire pour de
telles personnes, nées si infirmes, que de
languir quelque tems. Combien d'enfants meurent dans leur berceau ! mais
nous porterons toujours un jugement
juste, lorsque nos décisions s'accorde-
ront également avec les raisonnements,
& l'expérience. Or il est plus naturel
de croire que les personnes sobres,
exactement mesurées dans toute leur

R iiij

conduite, vivront plus longtems, & seront d'une meilleure santé, que celles qui sont trop licencieuses dans leurs plaisirs. Suivant cette maxime, considérez, par exemple, cette vieille qui passe les nuits dans les fureurs du jeu ; ou ce vieux débauché extrême dans tous ses plaisirs, & en même tems quel grand nombre de leurs imitateurs sont péris à leurs côtés. Aussi a-t-on fait preuve il y a très-longtems que, si dans le monde on se choisit trente ou quarante personnes nommées, qu'on veuille comparer à autant d'autres Religieux ou Religieuses, on voit qu'en dix ans il en sera mort deux ou trois fois plus que dans les convents. L'austérité & l'exactitude de leurs régles les garantit de bien des maux ; & il sera toujours vrai de dire qu'à quelque austérité que la vie pénitente soit poussée, elle se trouvera plus convenable pour la durée de la vie que la débauche & la volupté également exagérées.

C'est-à-dire, Monsieur, dit Sophie, que vous nous voudriez rendre moines : s'il n'y a pas d'autre secret pour guérir des vapeurs ; vous entreprendrez bien peu de malades.

Vous voulez plaisanter, Madame,

repliqua Afclepiade. On pourroit fans être moine, imiter les tems paffés, où l'on ne connoiffoit point les vapeurs nouvelles ; où le luxe des tables avoit pouffé la délicateffe à de moindres excès; où les plaifirs étoient moins dans la molleffe, & l'oifiveté ; où l'on affectoit moins de s'affoiblir le corps par l'étude de tant de ménagements qu'on recherche aujourd'hui. Seroit-ce donc pouffer trop loin l'auftérité du régime de vivre de retourner à celui de nos ayeux, qui d'un aveu général ne connurent de vapeurs que celles de la feconde efpéce.

Mais, Madame, une fuppofition, s'il vous plaît. Vous êtes dans l'habitude de vivre comme firent ces anciens. Vous êtes belle, fraîche ; rien de fi brillant que ces couleurs dont chaque jour la Nature fe plait à parer votre teint ; lys, & rofes qu'elle cultive, ou plutôt dont elle commet l'entretien à une frugalité bien ménagée, à des exercices très-modérés, à un fommeil doux & tranquille. Chacune de ces chofes fe fuccéde réguliérement. Elles ont leurs tems réglés, Dès le matin vous devanceriez l'aurore, mais c'eft affez de fe lever lorfque le foleil a déja répandu le jour. Alors une promenade agréable vous rafraîchit les sens ; & de retour vous accordez une légere nourriture à votre appétit, qui s'est insensiblement developpé. Vous agissez ensuite de la maniere qui vous convient. L'heure du dîner arrive. L'appétit, qui d'abord n'avoit fait que se modérer, vous rend délicieux les mets de bon suc, bien choisis, mais peu façonnés, dont votre table est servie. Après ce repas, que régle la tempérance assiduë à vous bien conseiller, vous vous tranquilisez par quelque agréable conversation. Vous agissez ensuite, & vous vous occupez de ce qui vous regarde, & cette occupation dure jusques à l'heure du souper. Il arrive, & se passe comme le dîner. Enfin l'heure du sommeil approche; deux ou trois heures après vous le recevez, & jusques au matin il vous tient enivrée de ses délicieux pavots.

Dans le vrai, interrompit Sophie, c'est assez là ma maniere de vivre depuis tout le tems que j'habite à la campagne.

Je comprenois fort, Madame reprit Asclepiade, que ma supposition étoit juste. J'en trouvois des preuves trop agréablement marquées sur votre visage, & dans cet air de fraîcheur qui embellit votre embonpoint. Mais, Madame, qu'au lieu de ce régime de vivre si convenable à la santé, on vous engage à ne vous lever plus qu'à midi ; à prendre pour déjeûner un grand gobelet de caffé ou de chocolat, ou un grand bouillon fort chargé de suc de viandes ; que l'on vous fasse dîner vers les deux ou trois heures ; que sur les cinq ou six heures on vous donne quelques fruits, quelques compotes, ou le caffé, ou quelques liqueurs ; qu'enfin sur les dix heures du soir il faille commencer un grand repas, je veux dire le souper, qu'il faut pousser jusques aux environs de minuit ; que tous les mets qu'on vous présente soient chargés d'assaisonnements exquis, d'essences de jambon, de jus très-*façonnés*, en un mot rendus d'une délicatesse extrême ; que les bons vins, les liqueurs, en un mot que tout ce que peuvent inventer les études les plus recherchées de la friandise, & de la volupté, s'y trouvent en abondance : que pendant l'intervalle que laissent ces repas, l'assiduité au jeu où l'intérêt, malgré qu'on en ait, retient l'esprit dans une contention continuelle....

Je sçai, interrompit Sophie, que

quelques perſonnes vivent aſſez de cette maniere ; mais croyez-vous que leur nombre ſoit aſſez grand pour établir les défauts que vous trouvez dans leur conduite comme cauſe d'une maladie auſſi généralement répanduë que le ſont les vapeurs ? Peu de fortunes ſeroient capables d'y ſuffire.

J'en conviens , Madame , dit Aſclepiade. Je ſçai même que bien des perſonnes vaporeuſes n'en ſçauroient accuſer la bonne chere. Mais, pour établir une régle , je commençois par celles qui ont pouſſé à leur plus grande exagération les défauts que j'accuſe , & qui en reſſentent auſſi les triſtes effets plus que les autres qu'on voit ſi fréquemment maigres , deſſéchées , ou chargées d'une ſorte d'embonpoint mal ſain; dont la pâleur ternie feroit pitié ſans les ſecours des couleurs empruntées ; qui les pouſſent même ſi fort au-delà *du vrai* , que leurs viſages reſſemblent à celui des poupées : néceſſité déſormais auſſi univerſellement répanduë qu'elle étoit autrefois ignorée , ou même qu'il paroiſſoit honteux d'y être réduit.

Mais je dis que , s'il n'eſt pas permis à tout le monde de s'enfoncer auſſi avant

dans ces abîmes luxurieux, dans lesquels
on ne laisse quasi plus rien à la Nature ;
ou même dans les odeurs, depuis quelque tems si fort exagérées. qu'elles rendent les personnes presque inaccessibles.
à beaucoup d'autres ; s'il n'est pas, dis-
je, permis à tout le monde vaporeux de
s'enfoncer jusques-là, chacun à sa maniere s'en approche le plus qu'il peut ;
chacun à des repas trop nourrissants fait
succéder une inaction continuelle. Car
je puis, ce me semble, nommer ainsi
tout ce qui ne peut pas passer pour un
exercice convenable ; cette assiduité au
jeu, ces conversations, où toujours mol-
lement assis, on ne donne lieu à aucunes
transpirations convenables ; où le poids
de la nourriture accable plutôt qu'il ne
sert à la réfection des parties ; où l'usage
des liqueurs donne au sang, & aux esprits,
un *pétillement*, une émotion irréguliere.

En vain l'on se sent dès la sortie du
repas appesanti, embarrassé, la tête
échauffée,& comme dans une sorte d'i-
vresse ; c'est plutôt au caffé qu'on a recours qu'à quelques exercices. C'est à se
tranquiliser sou plutôt à s'appesantir de
plus en plus,qu'on s'applique. On est de-

venu nonchalant, parefleux ; autre forte de volupté que l'indolence où on fe trouve. En effet il en couteroit trop alors pour fe faire violence. L'engourdiffement eft trop fort pour être facilement furmonté. Mais tout cela eft conféquent au régime de vivre ; & l'on peut dire avec vérité que la digeftion devient un travail pénible.

Je vous paffe, dit Sophie, condamnation pour les perfonnes qui fuivent ce régime ; mais venez à celles qui ne le fuivent pas. Parlez-moi des gens du peuple : car aujourd'hui les vapeurs ne s'y trouvent pas moins fréquentes que parmi ces perfonnes du premier ordre, que vous ofez fi févérement taxer. Parlez-moi de ces gens qui vont, qui viennent, qui travaillent en un mot, & ne font pas trop bonne chère.

Dans ces perfonnes, répondit Afclepiade, j'aurois peine à vous en trouver de vaporéufes de l'efpéce dont nous traitons ; car il ne les faut pas confondre. Celles-là naiffent de la mauvaife digeftion ; celles-ci peuvent la fuppofer parfaite. Elles peuvent même devenir d'autant plus fréquentes que les perfonnes font de caractéres plus *vivaces*, plus for-

tes , plus vigoureuses ; qu'elles font encore des exercices plus capables d'animer
le sang & les esprits ; quoique l'oisiveté
par d'autres raisons méchaniques y con-
buë aussi beaucoup : suites trop naturelles des compléxions vives & *animées* ,
soit qu'elles paroissent telles , ou que
sous le masque d'une taciturnité affectée le triste jeu de la Nature soit *politique-
ment* couvert.

Mais , interrompit Sophie , je connois plusieurs Dames de la Cour , ou
qui vivent dans Paris de la maniere que
vous avez si fort condamnée , lesquelles
n'ont jamais eu la moindre vapeur.
Croyez-moi ; cette sorte de régime de
vivre devient à la fin naturelle. Dès l'enfance on s'y fait , & tout devient indifférent à la Nature. Le jour est fait peut-être
pour les artisans , les gens d'affaires ; &
la nuit pour ceux qui aiment les plaisirs:
Il faut bien, Madame, répondit Asclepiade , que cela se fasse ainsi. Mais s'il est
possible à la Nature de céder quelque
tems , n'exige-t-elle pas à la fin d'étranges retours des violences qu'elle a souf-
fertes ? Pourriez-vous assurer, Madame ,
que ces jeunes personnes , qui dès leur
plus brillante jeunesse se plient à ces

nouveaux plaisirs , reſſemblent à nos Provinciales ? Quel étonnement, quelle ſurpriſe, lorſqu'elles paroiſſent ! quels lys *purs* , quelles roſes brillantes ! quelle peau unie ! ...

Bon, interrompit Sophie, il paroît bien que vous tenez du goût de la Province. Ces belles filles parroiſſent ſi fort éteintes auprès des autres qu'elles-mêmes ſont obligées à mettre du rouge.

On me l'a dit ainſi , repliqua Aſclepiade ; mais ce n'eſt que pour être du goût de ceux qui ne boivent que de l'eau-de-vie , & du *pitre pitre* ; car il n'eſt plus queſtion des meilleurs vins ; ils paroiſſent trop plats, il y a néceſſité de ſe brûler comme eux. Mais ne penſons point à ce faux éclat , attachons-nous à la vérité. Ne croyez-vous pas qu'il ſoit plus convenable de ſe parer des belles livrées que fournit la Nature , & qu'à de juſtes titres on doit prendre pour les fleurs que la ſanté produit , que d'être obligé de cacher ſes défauts ſous des couleurs plus brillantes ? Maſques de théâtre , habits plus brillants que ceux des ſpectateurs , mais qui cachent la pauvreté. C'eſt aſſez de les revêtir, quelque nom héroïque qu'on prenne,

pour

pour faire juger que l'on n'eſt qu'un comédien qui a beſoin.....

Parlons vapeurs, interrompit Sophie ; vous entreriez bientôt dans la véhémence d'un déclamateur.

Il eſt vrai, repliqua en riant Aſclepiade, que j'ai quelque choſe ſur le cœur. Voici le fait en deux mots. Je traitois il y a quelque tems une Dame malade de maux d'eſtomac, & fort infirme depuis quelques années. Trop d'aſſiduité dans les plaiſirs l'avoit uſée avant le tems, & vaincuë. Enfin elle s'étoit engagée à ſuivre un régime mieux réglé, que je lui avois conſeillé. Au bout de quelques jours je la rencontrai très-parée avec quelques amies. Son air étoit brillant, & je lui fis compliment ſur les belles couleurs que je commençois à lui trouver. Hélas ! Monſieur, me dit-elle, ne vous en glorifiez pas ; j'ai tous mes maux encore, mais j'ai mis aujourd'hui du rouge. J'en fus réduit à la louer ſur ſa bonne maniere de ſe mettre.

Je vous en dirois bien un autre ſi je voulois, ajouta Sophie ; mais je ne veux pas vous faire tant de plaiſir.

Ah ! Madame, interrompit Aſclepiade, rien de tout ce que j'ai l'honneur de vous

dire ne tombe fur vous ; pourquoi prétendriez - vous vous vanger ? Ces brillantes couleurs dont vous êtes parée ne
s'achetérent jamais : c'eſt de votre bonne ſanté, & de votre belle jeuneſſe, qu'elles naiſſent.

C'eſt-là , repliqua Sophie , me flatter
trop agréablement pour ne pas devenir
complaiſante. Je vous dirai donc ce que
Mademoiſelle * * , toujours plaiſante &
agréable en tout ce qu'elle dit , me racontoit un jour que nous parlions du
rouge. Déformais , me dit-elle , c'eſt
avec autorité que j'en mets , & vous en
allez convenir. Par ſcrupule je m'en ac-
cuſois à confeſſe. Par ſcrupule ! s'écria
mon Confeſſeur : non , Mademoiſelle ,
c'eſt péché , & il s'efforça de me le prouver par de bonnes raiſons ; mais lui dis-
je, c'eſt que je m'y trouve forcée, tant
je me trouve affreuſe au miroir. La raiſon , reprit le Confeſſeur , n'eſt pas va-
lable. Vous n'êtes ſous l'autorité de perſonne capable d'exiger une telle com-
plaiſance. Point de mari , ni d'autres
perſonnes ne vous y contraignent. Eh
bien , lui dit-elle , au premier jour j'aurai l'honneur de vous voir. Je le viſitai
ſans rouge. Mon Dieu ! s'écria-t-il , Ma-

demoiselle, êtes-vous malade ? quel changement sur votre visage! C'est, repris-je,
que je n'ai pas mis du rouge. Oh ! met-
tez-en, puisqu'il en est ainsi ; on souf-
friroit trop en vous voyant. Qu'en dites-vous, Monsieur ? n'est-ce pas bien
vous servir que de vous régaler de cette
histoire ? Mais laissons ces mines défectueuses, puisque ce n'est que par charité pour nos yeux qu'elles nous mas-
quent si bien leurs desagréments , &
reprenons notre sujet.

M'y voici , Madame , dit Asclépiade ;
mais je vous dirai en passant que je trouve le Directeur plus complaisant qu'or-
thodoxe. Au reste, s'il est des personnes
plus capables que tant d'autres de soutenir le poids & les fatigues du régime
que je condamne , cela ne doit pas faire
loi. La peste, pour épargner quelques personnes, n'est pas moins une maladie très-
funeste. Ainsi ces personnes que vous ci-
tez, Madame , comme plus fortes, &
mieux constituées que les autres , peuvent résister sans que pour cela on doive être moins obligé à chercher les
moyens de se garantir des impressions
fâcheuses qui affoiblissent tant de monde. Voici donc de quelle manière ils sont
affoiblis peu-à-peu.

Plus les viandes sont *façonnées*, chargées d'assaisonnements, & renduës succulentes, moins elles sont faciles à digérer ; je veux dire à fournir aux parties cette nourriture si simple, & si douce, qui leur est uniquement convenable. Trop chargées d'une salure âcre, volatile, trop remplies de parties huileuses, ou sulphurées, & qui sont d'ailleurs poussées à de trop hauts degrés d'exaltation, elles n'ont plus ces parties qui se lient facilement, & s'incorporent avec ce qui doit être nourri. D'abord devenuës d'une trop grande activité, elles mettent dans un mouvement tumultueux, & irrégulier, toute la masse des humeurs. Ce sont ces parties qui dominent, au lieu que ce seroient les qualités du sang qui devroient dominer, ensorte qu'au lieu de pouvoir les assujettir, les métamorphoser dans leur propre consistence, qui est plus grossiere, & d'une moindre activité ; ces sucs, comme plus dissolvants, plus *rarescibles*, les entreprennent comme de fâcheux levains, & les altèrent dans leur principale consistence.

De ce premier desordre il en vient un autre ; c'est que les qualités dissolvantes de l'estomac portent toujours le caractère de celles qui dominent dans la masse du sang; & qu'ainsi, plus elles sont considérablement altérées par quelques indispositions essentielles, plus l'estomac en souffre de fâcheux retours, & cela parce que, suivant l'œconomie des loix naturelles, les qualités dissolvantes de l'estomac ont dû être dans *le même ton* que celles qui dominent dans le sang. Conséquemment à cela l'estomac des bilieux ne dissout jamais que des humeurs propres à laisser dominer la bile. Dans l'ordre des sanguins il travaille pour les tempéraments sanguins; & ainsi des autres tempéramens: régle si certaine que, du moment que dans un dans un gouteux confirmé le sang est une fois pénétré des funestes principes qui produisent la goute, l'estomac ne paroît tirer de quelques sortes d'aliments que ce soit que des matieres propres à les entretenir; de maniere que du même morceau de pain, vous voyez le gouteux tirer dequoi servir à l'entretien de la goute; le graveleux dequoi grossir & endurcir ses graviers, & ses glaires; l'asthmatique de quoi produire ses phlegmes, & ce gluant qui empêche le sang de circuler dans ses poumons; & cela par la même méchanique à-peu-près que le sanguin, le pituiteux, le bilieux, & l'atrabilaire ; que le jeune & le vieux , le mâle & la femelle , s'ajuſtent ſi diverſement la nourriture qu'ils tirent du même morceau de pain: c'eſt ce que j'ai déjà eu l'honneur de vous dire.

Par conſéquent , Madame , vous devez conclure , que d'un ſang chargé de ſels volatils ſulphurés , où d'ailleurs dominent à l'excès des parties huileuſes trop raréfiées , toujours pour ce ſujet en mouvements irréguliers , il ne reſue dans l'eſtomac , & les autres parties des organes de la digeſtion , que des diſſolvants trop raréfiés pour avoir aſſez de force , & une conſiſtence capable de diſſoudre des aliments ſi difficiles à digérer. Car plus ils ſont aſſaiſonnés , chargés de ſucs ſulphureux , & de ſels volatils, plus leur activité s'en trouve promptement abſorbée, & ſurmontée. Enſorte qu'alors les aliments , qui ne reſtent qu'à demi entamés , s'il faut ainſi dire , mais broüillés , agités par les mouvements fermentatifs qu'ils excitent, s'aigriſſent plutôt par le developpement de leurs ſels eſſentiels qu'ils n'en ſont volatiliſés juſques à la conſiſtence qu'ils devroient avoir. Ce qui donne occaſion, de la maniere que j'avois l'honneur de

vous le dire ces jours paſſés , à la production de tant de glaires ; productions
nouvelles , mais imparfaites , dans leſquelles les eſprits germinants reſtent
longtems enveloppés , bien loin d'être
ſurmontés en entier , ſuivant les intentions de la Nature.

Or , lorſque ces ſulphureux chargés
de ſels volatils ardents dominent le plus ,
ils impriment dans l'eſtomac , & dans
toute l'étendue des entrailles , cette
chaleur exceſſive qui *hâte* , & précipite ,
toutes les digeſtions ; & qui , produiſant
d'autant plus de glaires qu'elles agiſſent
avec plus d'activité , font qu'elles reſtent plus compactes , plus gluantes , &
d'une diſtribution plus difficile ; en ſorte que , ſéjournant alors plus longtems
dans l'eſtomac & les entrailles , elles
les rendent plus pareſſeuſes. De-là pluſieurs autres inconvénients ne manquent
jamais à s'en ſuivre ; le premier eſt que
les matieres s'y endurciſſent , s'y deſſé-
chent , & que de l'*inteſtin colon* , où
leur ſéjour eſt le plus long , il n'en ſort
plus que comme des crottes endurcies ,
& qui ont beaucoup de peine à ſe de-
gager.

L'autre inconvénient eſt que de ces

matieres ainſi deſſéchées il ſe diſtille un
âcre corroſif, ardent, & plein de feu,
qui, pénétrant dans les veines, diſſout
à l'excés la maſſe du ſang, la raréfie, &
l'enflamme ſi fort qu'elle trouble l'ordre
de toute la circulation ; ce qui fait que
peu après le repas on ſe trouve d'abord
l'eſtomac ſi gonflé, ſi embarraſſé, que
ſa digeſtion devient pénible, qu'il faut
l'aider auſſitôt avec le caffé & d'autres
liqueurs diſſolvantes, & qu'enſuite la
tête ſe remplit & ſe charge de *matieres
ardentes*, *fuligineuſes*, qui l'échauffent, & l'embarraſſent : autres travaux
à ſouffrir, qui rendent tant qu'ils durent
l'eſprit incapable de toute application
pénible. La peſanteur, l'engourdiſſement,
l'accablement, ſe répandent enfin dans
les membres. On paroît rouge, enflammé,
aſſoupi. Il faut alors un profond repos.
C'eſt dans un vaſte fauteuil qu'on s'enfonce, ou y dormiroit même, mais cet
accablement eſt trop tumultueux pour livrer favorablement le corps au ſommeil,
ou, s'il arrive à force de laſſitude, c'eſt
plutôt un ſommeil d'ivreſſe que celui des
paiſibles pavots de Morphée.

Que d'autres perſonnes, naturellement plus actives, ſoient d'humeur à
ſe

se faire plus de violence ; qu'elles s'occupent, & entreprennent quelques mouvements ; loin d'être capables de dissiper
suffisament tant de matieres fuligineu-
ses ; parce qu'elles sont trop grossieres
pour transpirer facilement , & que
d'ailleurs l'émotion extraordinaire qui
domine dans les humeurs ne leur permet
pas de se distribuer facilement ; c'est
assez pour que toutes les parties en soient
embarassées ; qu'elles répandent une sorte de gonflement dans les chairs, & qu'elles bouchent le passage en beaucoup
d'endroits (mais d'une maniere passage-
re, & momentanée) à la distribution
des esprits.

Que tant d'accidents ne se succédent
pas aussi vite que je les décris ; qu'ils ne
se rencontrent pas même tout à la fois
ou qu'enfin ils arrivent la plupart du
tems d'une maniere moins évidente ,
moins sensible, ce seront toujours de
legeres infirmités, de petits maux, qu'on
ne daignera pas même plaindre d'abord,
mais qui peu-à-peu ne laisseront pas d'altérer la santé , d'affoiblir les parties, &
de rendre le sang plus susceptible d'autres maladies.

Car joignez à cela l'assiduité des veil-
T

les, le dérangement des repas, suite de ce
goût si nouveau pour les plaisirs, puisque jusques alors tout le genre humain
avoit tenu un ordre très-différent; joi-
gnez-y cette sorte d'amusement que le
jeu rend tout à la fois si oisif & si occu-
pé, si pénible & si inactif; il ne faut
pas douter que dans le renversement du
jour & de la nuit, du jour où tout est
préparé pour l'action; de la nuit où
tout est concerté pour le repos; ces désordres que souffre déja peu-à-peu la
nature de la part des digestions ne soient
considérablement augmentés. Ainsi c'est
par ces principes mêmes que la santé s'altere peu-à-peu; &, si d'abord on ne s'apperçoit pas qu'elle souffre beaucoup, on
peut dire qu'il en est comme d'une li-
me douce qui peu-à-peu usera une barre
de fer.

Mais croyez-vous, dit Sophie, que
ce ne soit qu'aux personnes qui sont
dans l'usage de ces manieres de vivre
qu'arrivent de pareils accidens?

Non, Madame, répondit Asclepiade,
les mêmes effets peuvent être produits
par des causes différentes. Beaucoup de
personnes sobres y peuvent tomber. Ces
glaires, ces chaleurs d'entrailles, cette

pareſſe du ventre, ces douleurs de tête, ſuites de cette pareſſe, peuvent ne dépendre que des irrégularités de certains tempéraments, que d'autres raiſons peuvent également altérer. Mais en feriez-vous une raiſon pour diſculper les autres ? Prétendriez-vous qu'une maniere de vivre, qui dans tous ces chefs paroît ſi nouvelle, & ſi irréguliere, ne dût pas beaucoup contribuer à l'excès de ces vices du tempérament ?

Je conviens que tous n'en ſeroient pas également frapés ; que ceux qui par euxmêmes ſeroient déja fort diſpoſés à s'altérer ſans des cauſes auſſi manifeſtes, en ſeront plutôt viciés que les autres, qui pourront réſiſter plus longtems. Auſſi ne trouvez-vous pas que, s'il en eſt en effet quelques-uns qui réſiſtent, le nombre des autres qui cédent promptement eſt fort conſidérable, mais à combien d'autres maladies que celle des vapeurs les trouve-t-on ſujettes ! jamais les maux de poitrine ne furent ſi fréquents ; jamais les pertes de ſang ne furent ſi ordinaires, jamais les hémorrhoïdes ne furent ſi univerſellement répanduës : vraies & très-conſidérables maladies, égales pour les hommes & pour les femmes. Com-

T ij

bien d'autres maladies ne pourrois-je pas vous citer ? mais dans tout cela ce qu'il y a de plus fâcheux eſt que dans la diſpoſition où le ſang ſe trouve dans ce dérangement ſi ancien de l'eſtomac, leur guériſon eſt plus difficile que jamais.

J'en voudrois ſçavoir la raiſon, interrompit Sophie.

Elle ſuppoſe, répondit Aſclepiade, quelques principes dont il ſeroit convenable que vous fuſſiez prévenuë pour la mieux comprendre ; mais en général je vous puis dire que du moment qu'il régne dans l'eſtomac des acides puiſſants, ou que des ſels volatils trop âcres y rendent les levains d'une trop grande activité, toutes les vertus médicamenteuſes ſont bientôt ſurmontées. Car les acides les fixent, & les empêchent de ſe développer. Les émétiques même, ſans contredit les plus puiſſantes de toutes, en ſont détruites à tel point que tout au plus il leur reſte de quoi ſe précipiter par les ſelles. D'un autre côté les âcres volatils, pour les trop diſſoudre, & fermenter, en éludent toute l'activité. Lorſque les mêmes incidents ſe rencontrent dans les veines, ils y produiſent à l'égard des remedes de pareils effers : & de la vient qu'il eſt

ſi difficile de ſurmonter les pituites diſpo-
ſées à ſe coaguler, la ſéroſité liée, épaiſſie;
les viſcoſités, les concrétions de la lym-
ple, toutes différentes manieres d'être
des ſucs nourriciers plus ou moins diſſous dans l'eau qui leur ſert de véhicule.
De là vient encore qu'il n'eſt pas moins
malaiſé de détruire, particulierement
dans les parties huileuſes, ou balſamiques, du ſang, les diſſolutions, les relâchemens, les fontes, qu'y cauſent les
ſels âcres volatils. Ils y ont bientôt introduit une diſpoſition ſcorbutique.

Il me ſemble, Monſieur, qu'inſenſiblement vous pouſſez les choſes dans
une grande exagération. Scorbutiqué,
dites-vous ! eh quel plus étrange mal !
quelle plus odieuſe maladie !

Ne vous effrayez pas ſi fort, Madame.
Il eſt des ſcorbuts de bien des eſpéces,
qui ſont même fort différentes les unes
des autres. Celle dont je parle eſt pour
l'ordinaire la moindre de toutes. Son effet
eſt de relâcher la conſiſtence des chairs,
de diminuer leur force, de ramollir, de
fondre peu-à-peu, cette fraîcheur de la
graiſſe, qui fait tout l'agrément de l'embonpoint. Les dents ſe gâtent par les dé-
pots aſſidus d'une pituite âcre; l'haleine

devient infenfiblement mauvaife ; les belles couleurs de la peau fe ternissent, & prennent une forte de pâleur mal faine. Où brilloient les rofes on ne voit qu'un *rouge purpurin*, & qui fe *plombe* facilement. Quelquefois on trouve des taches livides bizarrement répanduës comme celles des meurtriffures ; on fe plaint de pefanteurs, & de douleurs dans les jambes, & fouvent au-deffous des reins.

Ce fera donc des reins, à votre avis, interrompit Sophie, que tout cela prend naiffance ! la confolation que vous prétendez me donner eft charmante !

C'eft, reprit Afclepiade, un état fâcheux, j'en conviens, mais il n'égale pas ces excès du fcorbut que vous redoutiez.

Paffons, s'il vous plaît, aux remèdes, reprit Sophie, & ne creufons pas davantage. Vous me développeriez à la fin tant de maux divers que les difpofitions vaporeufes me paroîtroient plus dangereufes que je ne les veux croire. C'eft bien affez que les vapeurs arrivent pour n'avoir à redouter rien de plus.

J'y confens, répondit Afclepiade; ainfi, pour commencer par ranger les chofes dans le meilleur ordre, & leur préparer de favorables difpofitions , il faudroit rentrer dans un régime de vivre mieux raifonné ; fe rapprocher peu-à-peu de l'exacte frugalité que la fanté exige : prendre des repos , & des exercices convenables ; faire choix des alimens les moins affaifonnés , du fuc le plus doux, & le plus aifément *digeftible* ; ne boire aucunes de ces liqueurs *ardentes* , ou trop faciles à fermenter d'une maniere irréguliere. Mais , comme ces premieres pratiques , quelque utiles , & bien-faifantes qu'elles foient par elles-mêmes, ont befoin de fecours puiffans pour réuffir heureufement ; il les y faudroit joindre avec méthode. Car de vieux fonds, que je fuppofe très-difficiles à affujettir ; des qualités même que tout l'intérieur a contractées peu-à-peu, pour faire aigrir, & fermenter les alimens avec trop de précipitation , ne manqueroient pas de caufer comme de perpétuelles révoltes. Toujours quelques incidens nouveaux de leur part viendroient à la traverfe , & & feroient capables de tout déconcerter. Auffi eft-ce ce qui rend fi difficile, & fi longue, la guérifon des vapeurs.

C'eft fur tout cela que je compte, reprit Sophie , & fi fort que je m'imagi-

ne que dans le monde, ou l'on tient
moins à la vie qu'à ses plaisirs, à ses
coûtumes ordinaires; l'on préféreroit encore l'importunité de ses vapeurs à la
servitude d'un régime de vivre si exact.
On pourroit tout au plus s'y résoudre dans
la campagne; mais dans la Ville il faudroit renoncer à toute société, & vous en
conviendrez facilement. On se lévera
le matin lorsque tout le monde se couche,
& l'on ira coucher quand les sociétés
commencent à s'assembler.

Il est vrai, Madame, dit Asclepiade,
qu'on entend peu concerter ensemble
les oiseaux du jour & ceux de la nuit.
Il faut opter. Mais, à dire vrai, puisque
la bonne santé est l'unique chose qui
rend nos jours agréables, & qu'il n'y
a point de risques à la rétablir en entre-
prenant la guérison des vapeurs; je m'imagine qu'on devroit la préférer à tous *ces
sacrifices nocturnes*, auxquels enfin on
est forcé de renoncer lorsque l'on se sent
vieillir trop promptement. Qu'on dise
tant qu'on le voudra que dix ans de plaisirs valent mieux que cent de vie; on
ne le pense qu'autant qu'on s'imagine que ces dix années ne finiront jamais.
Mais je veux que ce soit pour les Dames
de campagne que j'aye l'honneur de

vous parler ; voici de quelle maniere je voudrois m'y prendre.

D'abord ayant consulté leurs pouls, ayant observé s'il est plein, dur par plénitude, & si les chairs font de bonne consistence, mais échauffées ; je m'informerois de leur maniere d'être *réglées* ; &, comme il arrive le plus fréquemment de ne l'être que d'une maniere inégale, peu réguliere, autant pour la quantité que pour les tems, je me déterminerois à les faire saigner. Ce seroit du pied préférablement au bras ; ou, si la poitrine par sa disposition un peu embarrassée me forçoit à préférer le bras, ce ne seroit qu'après leur avoir fait faire aux cuisses de fortes ligatures, ou fait tenir les jambes dans l'eau tiéde ; & bientôt après, la poitrine étant dégagée, je ferois faire au pied une seconde saignée.

Je ne veux pas, interrompit Sophie, vous laisser passer une circonstance sur laquelle vous m'avez paru appuyer. Qu'appellez-vous le pouls dur par plénitude ? ne l'est-il pas toujours lorsqu'il est plein ?

Oui, Madame, répondit Asclepiade ; mais souvent sans être plein il est dur. L'excès de la coagulation de la sérosité,

la grande chaleur qui l'accompagne toujours, lui donne cette confiſtence de dureté, ſans que l'abondance de ſang y con-
coure. Alors il eſt petit, ſerré, vîte, fréquent, par la tenſion des membranes, &
la difficulté que le ſang trouve à circuler
facilement, de ſorte que, ſi dans ces occaſions les raiſons de ſaigner ſe rencontrent,
c'eſt avec épargne qu'on le doit faire,
par pauſes, & avec beaucoup de ménagements ; parceque bien tôt la foibleſſe
jetteroit le malade dans un grand abbat-
tement; il vaudroit mieux y revenir à
pluſieurs fois ; au lieu que, lorſque la plénitude fait la dureté, les ſaignées peuvent
être grandes, & réitérées. Alors il ſemble aux malades qu'on les décharge d'un
lourd fardeau.

Peu de tems même après la ſaignée le
ſang qui ſe développe, ſe raréfie, s'étend
& circule avec plus de facilité, feroit
imaginer que la ſaignée en a plutôt aug-
menté la maſſe que de l'avoir diminuée. Auſſi ſe trouve-t-on engagé, pour
mieux contribuer à ce développement,
à réitérer les ſaignées, & à ne pas s'arrêter à ce premier bon effet; & l'on voit
que, d'abord que le ſang s'eſt ainſi étendu,
développé, raréfié dans la juſte étenduë

qu'il doit avoir, la transpiration se rétablit aussitôt, qu'elle devient abondante, & que des sueurs même sortent quelquefois abondamment. Nulles suites plus favorables de la saignée; au lieu que dans l'état de dureté sans plénitude, très-souvent il succéde des frissons errants dans les épaules, & dans le dos, qui sont suivis d'un cours de ventre, signe qui peut souvent justement allarmer.

Je trouve, répondit Sophie, ce discernement de la juste consistence du pouls fort embarrassant. Mais quoi! un homme plein de sang ne paroît-il pas toujours avec des couleurs *hautes*, vermeilles, échauffées? ce signe seul pourroit empêcher toutes méprises.

C'est aussi à quoi, repliqua Asclepiade, on ne manque pas de faire attention. Car ne croyez pas que ce ne soit que d'un seul, ou de quelques signes seulement, qu'un Médecin tire ses indications; c'est à rassembler leur plus grand nombre qu'il s'étudie; à les comparer exactement les uns avec les autres qu'il s'applique; à mesurer exactement toutes leurs causes; à juger de la raison de leur existence. Ainsi il parcourt des yeux tout ce qui se présente du malade. Par son raisonnement

il comblīne ce qu'il voit avec ce qu'il sçait
de l'histoire de la maladie ; pendant que
ses doigts, où son attention n'est pas moins
appliquée qu'en ses yeux, tâtent le pouls,
le mesurent, le suivent ; & c'est par l'ordre de ses mouvements , par l'étenduë de
leur élévation , par le sentiment de leur
consistence, ou ferme ou molle, par toutes
ces circonstances, qu'il compare toujours
avec les autres signes , qu'il se détermine enfin à prononcer. Grand ouvrage
alors de toute l'attention du raisonnement , & de l'expérience , où l'on peut
dire que le corps & l'esprit travaillent
de concert.

S'il trouve donc de ces couleurs échauffées , avec de la dureté , & de la plénitude, la décision est moins embarrassante que lorsqu'au lieu de ces couleurs il
ne voit qu'une pâleur universelle , même
salie par une sorte de legere teinture
jaune, ou verdâtre. Alors le pouls ne
laisse pas d'être dur , serré , vîte , & avec
une assez grande apparence de plénitude
pour faire tirer du sang. On le doit
faire en effet ; c'est l'unique moyen de
préparer les humeurs au dégagement convenable ; & de développer le sang qui ne
circule qu'avec peine , parce qu'il est trop

comprimé dans ses vaisseaux.

De telles dispositions se rencontrent particulierement dans ces personnes naturellement plus blanches que vermeilles en qui les sucs nourriciers abondent, & où ils se trouvent trop liés, & trop épaisis. Elles paroissent fraisches, leurs chairs sont de bonne consistence, & l'on trouve que dès la premiere saignée, qu'il faut faire du bras, mais avec les précautions que j'ai marquées, elles sentent du soulagement: la tête, & la poitrine se dégagent, & leur sang est pour l'ordinaire d'un rouge de groseilles, & qui se lie, s'épaissit, presque sans rendre de sérosité, si ce n'est lorsqu'il commence à vieillir dans le bassin; ou bien on le voit se couvrir d'une épaisse couenne de la nature de celle du sang pleurétique, dur, & qui, lorsqu'elle est portée à l'excès, forme sur le sang qui se *racornit* en forme de *cul d'artichaut* dans beaucoup de sérosité une superficie, qui forme un bord comme les lévres d'un vieil ulcere calleux.

On réitere la saignée du pied, & le sang qu'on tire répand dans le bassin comme une infinité de lambeaux guenilleux. C'est de la matiere même dont la couenne se seroit formée qu'ils sont

produits ; & tout cela ne vient que de
la grande coagulation de la lymphe, ou
du suc nourricier.

On doit être moins liberal du sang
dans de certaines autres personnes délicates, échauffées, & dont les vaisseaux
prominents sous la peau font voir de
gros cordons bleuâtres, qui paroissent
pleins, mais qui sous le doigt paroissent
plus *flatueux* que remplis de beaucoup
de sang. Ils le sont en effet, & l'on voit
que, du moment que leur veine est ouverte, le sang *darde* avec impétuosité,
& fort loin, & l'instant d'après, qu'il
ne fait plus que *baver* le long du bras.
Cependant ces personnes sont toujours
fort échauffées ; leurs chairs sont brû-
lantes ; leur poitrine souffre une féche-
resse avec beaucoup de chaleur ; quoique
leur estomac reste froid, & à tel point,
qu'elles ne voudroient boire que des liqueurs chaudes. Le caffé, le chocolatte,
font particuliérement leurs délices. Je ne
doute pas même qu'ils n'ayent beaucoup contribué à leurs infirmités ; mais
le repentir suit de près leur intempérance.
Tout *petille* dans leurs veines, jusques au
bout des doigts; leur estomac se trouve à
l'aise, pendant que leur poitrine souffre

Cependant l'eſtomac ne jouit pas long-tems de ce bienfait de la chaleur, qui ne devient pour lui qu'un effet très-paſſager. Car bientôt ces liqueurs chaudes ſe réfroidiſſent, s'aigriſſent, & ne ſervent qu'à augmenter le volume glaireux qui domine puiſſamment. Auſſi leur ventre eſt-il pour l'ordinaire très-pareſſeux, & leurs urines, qui ſont abondantes particuliérement le matin, ſe trouvent elles pour l'ordinaire claires, *philtrés*, d'un *paille* ou *citronné* étincellant ; preſque toujours ſans ſédiment ; ſi ce n'eſt qu'aſſez ſouvent il ſe précipite au fond une maſſe glaireuſe blanche, qui s'éléve quelquefois du fond en pyramide moins compacte.

Enfin, Madame, on voit des perſonnes graſſes, d'un coloris *flagellé* de couleurs plutôt purpurines, que vermeilles, qui n'ont ainſi dans leur teint aucunes couleurs bien diſtinctement marquées. Leurs vaiſſeaux ſont petits, roulants, profonds, par conſéquent très-difficiles à ſaigner. Auſſi ne trouvent-elles pas dans la ſaignée les mêmes avantages que les pâles dont j'ai parlé. C'eſt néanmoins une néceſſité de les deſemplir ; car elles abondent en ſang ; mais, parcequ'il eſt trop diſſous, trop groſſier, trop limoneux, les eſprits

qui l'animent, se trouvent si peu équivalents à sa lourde masse que ces personnes
se trouvent affoiblies au moindre retran-
chement qui s'en fait. Ce sera du pied préférablement qu'il faudra les saigner ; &
comme cette saignée poura ne pas suffire,
on leur appliquera ensuite les sangsues
au siège ; & leur évacuation , toujours
presque également affoiblissante pour
elles, leur procurera après quelque tems,
plus de soulagement encore que la saignée du pied.

Voila, Monsieur, dit Sophie, de grandes précautions que vous prenez pour la
saignée; je ne m'en suis jamais fait une si
grande affaire. C'est toujours du pied que
l'on me saigne , & je le donne sans façon,
parce que je ne m'en suis jamais trouvée
mal.

C'est en effet, reprit Asclepiade , celle
de toutes les saignées qu'on peut assurer
être le plus specialement consacrée aux
vapeurs ; & , quand c'est par celle du
bras que je *prélude* , c'est que j'y suis
forcé par les dispositions où je trouve la
poitrine , qui exige alors de grands ménagements. Mais , quand même on ne
craindroit très-souvent rien de sa part, la
tête se trouve en certaines circonstances

ſi chargée de pituite , comme il arrive
dans les perſonnes dont les vapeurs ſont
aſſiduës à y porter ; qu'il s'en feroit
comme un écoulement *catarrheux* ſur
la poitrine, dont le dépôt ne ſeroit pas,
ſans danger . . . .

C'eſt-à-dire, interrompit Sophie, qu'il
en eſt alors comme de ces maiſons rui-
neuſes, dont il faut craindre qu'à ne faire
que toucher les fondements , le toit ne
vienne promptement à s'écrouler.

La comparaiſon , reprit Aſclepiade,
eſt un peu trop forte , mais ce n'eſt qu'en
cela qu'elle péche.

Mais, dit Sophie , je voudrois au lieu
du bras, m'attacher d'abord à la tête.
N'y ſaigne-t-on pas quelquefois ?
j'ai vû ſaigner au cou dans les apopléxies.

La différence eſt grande, répondit
Aſclepiade, des vapeurs à l'apopléxie ;
quoique fréquemment elle ſuccéde aux
vapeurs, dont elle eſt alors le plus fâcheux effet: Il ſeroit même peu ſûr
dans ces ſortes d'apopléxies vaporeuſes,
de ſaigner au cou ; parceque le mouvement vaporeux, qui s'éleve toujours,
& pouſſe alors avec effort , ne le feroit
jamais avec plus d'impétuoſité que lorſ-

qu'il fuivroit les déterminations que lui procureroit la faignée. Ainfi dans de pareilles circonftances l'attention du Médecin doit être de s'informer, avant de s'y déterminer, de l'hiftoire de la vie du malade; des circonftances qui ont précédé l'accident; & des maux enfin auxquels il pouvoit être fujet, autrement il auroit la douleur de voir que la faignée ne ferviroit qu'à augmenter le mal. C'eft par-là en effet qu'on voit périr tant d'apopleétiques, que d'abord la faignée du bras & bientôt après celle du pied auroient guéris. Ce font particulierement ceux qui ont les entrailles échauffées, qui font accoutumés à de fortes contentions d'efprit, qui font en un mot vaporeux. Souvent même je fais durement chauffer la plante des pieds; & une obfervation certaine que j'ai faite eft que, lorfqu'ils fe laiffent brûler il y a peu de fuccès à attendre; ou lorfqu'il s'agite feulement d'un pied, l'infenfibilité de l'autre eft la marque que le dépôt paralytique fe fera de fon côté.

Mais, répondit Sophie, puifque nous y fommes, dites-moi fi ce feroit d'abord par l'émétique plutôt que par la faignée que vous voudriez commencer.

C'est, répondit Asclepiade, un très-mauvais usage autorisé par la coutume. L'on ne pense pas que très-souvent les parties internes ne sont pas moins privées de toute action que les externes ; qu'alors le reméde reste par conséquent aussi inutile que s'il étoit jetté dans un pot, & qu'il blesse même alors l'estomac sans qu'il ait la force de l'émouvoir. Quelque liqueur très-active, un cordial volatil & fort puissant, auroit un meilleur succès ; encore souvent manque-t-il d'action, parcequ'il faudroit que la circulation du sang, qui s'embarrasse dans le cerveau, procurât aux esprits assez de liberté pour profiter de l'efficacité de ces remedes. Mais, Madame, le bon ordre les met tous en état d'agir utilement ; car après la saignée les cordiaux, & l'émétique enfin, quand l'estomac est rendu capable d'en profiter, trouvent leur place, pour peu même qu'il se ranime, il agit & rend émétiques même, ces liqueurs cordiales & dissolvantes.

En vérité, dit Sophie, c'est être alors dans un étrange péril.

Il est si grand, repliqua Asclepiade, que ce ne sont que les apopléxies légeres qu'on guérit ; les fortes ne se laissent jamais surmonter.

Le sang de ces grosses & grasses personnes est presque toujours, chargé de sérosité ; il n'a point la liaison, la consistence, qu'on a remarquée dans les autres. On lui trouve même de prochaines dispositions à ces sortes d'affections *scorbutiques* dont j'ai ci-devant parlé.

Quoique ces saignées ne puissent passer pour des remédes contre les vapeurs, on ne peut cependant parvenir à leur guérison que par leur moyen: préparations nécessaires pour procurer aux autres remedes de favorables dispositions; pour donner au cours du sang plus de liberté, & rendre ses mouvements fermentatifs plus réguliers; enfin pour faire ensorte que dans tout le genre glanduleux les humeurs qui se préparent, le fassent avec plus de commodités.

C'est d'ailleurs un moyen propre à mieux juger de la consistence du sang, & des qualités singulieres qui dominent dans la masse, que de l'observer autant dans le moment de sa sortie que lors qu'il s'est reposé, & qu'il a pris sa juste consistence en se réfroidissant. Car on peut dire qu'alors, autant par les im-

preſſions de l'air, que par le repos, &
la déſunion de ſes parties, il s'en fait
une ſorte *d'analyſe*, au moyen de laquelle on découvre mieux ſes qualités;
Enfin dès le lendémain, ou après un jour
d'intervalle, on procéde au dégagement
de l'eſtomac, & c'eſt par l'émétique, que
l'on donne en diverſes manieres, autant
par raport à la qualité des matieres
qu'on ſoupçonne, qu'afin de ménager
les forces de la malade; opération des
plus utiles que la Médecine puiſſe pratiquer, mais par malheur des plus pénibles pour le malade; & même, ce qui ſe
trouve en cela de fâcheux pour lui, c'eſt
que pour l'ordinaire ce n'eſt qu'à ſes plus
grands efforts, qu'aux ſecouſſes les plus
fortes que ſon eſtomac ſouffre, que
peuvent céder les matieres épaiſſes,
gluantes, & viſqueuſes, qu'il faut arra-
cher. Tous autres remédes ne feroient
que gliſſer par-deſſus, ou les entame-
roient ſeullement de la maniere la plus
ſuperficielle. On prend néanmoins de
juſtes précautions pour rendre autant
qu'il eſt poſſible moins difficile une ſi
importante évacuation. Si l'eſtomac eſt
fort rempli, on le donne dès le matin;
mais, ſi ce ſont des épaiſſeurs, des *englu-*

tinemens, plus collés qu'abondants, peu-à-peu on s'efforce de les ramollir par deux ou trois bouillons, qu'on donne dans la matinée à une heure de diftance les uns des autres, après lefquels on donne l'émétique. Alors, l'eftomac étant plus rempli, les glaires plus gonflées, fi elles ne font pas exactement diffoutes, fe trouvent plus en prife, & plus faciles à détacher. On fe fert du vin émétique, deux onces dans deux onces d'eau commune, où l'on a fondu une once de manne renduë un peu amere, pour en furmonter le vaporeux, par une pinte legere d'abfinthe, ou de fleurs de camomille. Cette dofe fe partage en deux petits verres, qu'on prend à une demi-heure de diftance, & l'on obferve même que, fi la premiere prife agit fuffifamment, on ne donne pas la feconde. On fe fert auffi *du Tartre émétique* ; mais, à moins que je ne fois bien certain de la bonne préparation je ne m'en fers point ; parce qu'il eft fujet à laiffer dans l'eftomac de fâcheufes impreffions, & qui durent affez longtems pour qu'on fe fente plus mal du reméde qu'on n'a crû l'être de la maladie. Pour le Kermes minéral, il eft trop fujet à manquer pour qu'en ce occaſions, où il faut ſurement décider, je veuille courir les riſques des inégalités de ſon opération.

Il eſt d'ailleurs à obſerver que, comme il arrive pour l'ordinaire que les aigres dominent beaucoup dans l'eſtomac de ces perſonnes vaporeuſes, les émétiques les plus ſûrs en ſont trop ſouvent *ſurmontés*, & au point qu'ils ne font tout au plus que ſe précipiter par les ſelles ; ce qui ne répond pas aſſez aux indications qu'on s'étoit propoſées.

Quoi, interrompit Sophie, les aigres ſeroient ſi capables d'empêcher l'action des émétiques! d'où vient donc qu'autrefois mon Médecin me diſoit que de certains maux d'eſtomac, que j'avois preſque tous les matins aſſiduement, & qui ne ſe paſſoient qu'après avoir vomi beaucoup de pituites, dont je ſentois quelquefois l'aigreur auſſi forte que le jus de citron, d'où vient, dis je, que mon Médecin me diſoit que cette pituite diſtilloit de mon cerveau pendant la nuit, & devenoit émétique dans l'eſtomac ?

C'eſt, Madame, répondit Aſclepiade, qu'outre qu'il eſt des différences très-grandes entre les acides, & que des propriétés fort inégales par conſéquent

leur font attachées. L'abondance toute
feule de ces humeurs pituiteufes pouvoit
faire foulever l'eftomac , & l'obliger à
des vomiffements ; mais il les falloit
aider par de violents efforts. D'ailleurs
je ne doute point que tout auffi fouvent
vous ne vomiffiez également des pituites
infipides , gluantes , favonneufes. Peut-
être même que l'aigreur , qui de tems en
tems s'y mêloit , étoit plutôt entraînée,
enveloppée , que capable par elle – même
de caufer le vomiffement. D'ailleurs les
acides corrofifs le peuvent auffi bien exciter que les autres *acides vrais* , & précifément acides , le pourroient empêcher.
Mais ce font là de ces diftinctions que les
malades font peu capables de faire.

Or la preuve que je puis vous donner ,
Madame , de la vérité que j'annonce eft
que , du moment que je m'apperçois
qu'enfin le malade eft trop fatigué par
le vomiffement , foit qu'il ait fuffifamment vomi , ou que les maffes qui fe
remuent font trop pefantes pour être
facilement enlevées, de forte que l'eftomac fe fatigue par de vaines fecouffes ;
pour les empêcher , & en même tems
déterminer l'opération par les felles, je
donne trois gros de crême de tartre ,
vingt

vingt grains de cannelle, & dix de petit
cardamome, le tout bien pulvérisé, &
dissout dans un verre d’eau la plus chaude qu’on puisse avaler ; & une demie-
heure après je fais réitérer le reméde,
qui alors ne manque jamais son effet ;
de sorte qu’il est le plus souverain cor-
rectif de l’opération de l’émétique.

Il agit moins sûrement sur le tartre,
& c’est pour cela que je lui préfére le
vin, qu’on surmonte ainsi facilement
quand on veut.

Par ce moyen je commence à desem-
plir l’estomac des masses glaireuses que
j’accuse ; &, suivant que je remarque que
l’opération est plus ou moins suffisante,
comme aussi que le malade est plus ou
moins fatigué, je me détermine à lui
donner ensuite quelques laxatifs dès
l’après-dîner, ou le lendemain.

Cela me paroît bien brusque, dit
Sophie.

Il l’est en effet, répliqua Asclepiade,
On voudroit profiter de l’ébranlement,
de la dissolution, & de la fonte, où se
trouvent alors les humeurs qui ne dominent pas moins dans les entrailles que
dans l’estomac ; on prend le soin néanmoins de ménager les forces du malade ;

on se régle encore suivant la grandeur de
l'opération. Il lui faut une certaine médiocrité qui convienne aux dispositions
de la nature. Car toutes les évacuations
deviendroient un mal, si elles étoient trop
poussées, & rien n'est plus à craindre
dans les maladies que les *surperpurga-
tions* ; je veux dire les évacuations outre
mesure ; mais particulierement dans les
maladies vaporeuses, où pour l'ordinaire
les sujets sont plutôt trop délicats que
trop forts.

C'est à ce sujet, interrompit Sophie,
que je vous interromps, s'il vous plaît.
Car je pense que l'émétique, suivant
l'idée que je m'en fais, est un reméde
bien violent. Il m'épouvante, je vous
l'avoue, lorsque je pense à ces poitrines si délicates, à ces estomacs si foibles,
de la plus grande partie des personnes
sujettes aux vapeurs.

Il est vrai, Madame, répondit Asclepiade, qu'en tous ces cas on ne manque pas à faire de très-sérieuses attentions, & l'on trouve souvent que c'est
un grand malheur lorsque le malade
est dans l'impuissance de soutenir l'effet
d'un reméde absolument nécessaire.
Mais alors on essaye divers moyens pour

produire des effets équivalens. Ainsi, Madame, dans l'ordre des remedes que j'établis, la supposition est toujours que le malade se trouvera capable d'en profiter.

Il est vrai néanmoins que souvent on s'allarme trop au sujet de l'émétique. Car combien de malades très-affoiblis, & même avec des fievres violentes, souffrent sans danger des vomissements aussi violents pour le moins que ceux que fait faire l'émétique, au commencement des accès des fievres tierces, & doubles tierces., & dans les redoublements de ces accés ! les malades en sont alors soulagés ; ce sont des crises que la nature elle même procure. Mais peut-être me direz-vous qu'en ces occasions c'est avec de moindres efforts que leur évacuation se fait ; & qu'au contraire ils doivent être plus violents lorsqu'ils n'arrivent qu'en conséquence des irritations que souffre l'estomac. Je le croirois assez volontiers, & d'autant plus que ce qui produit ces sortes de mouvements critiques dépend d'une sorte de de mouvement particulier aux humeurs. Nous l'appellons même *orgasme*, comme qui diroit mouvement fermentatif ou gonflement, produit par la plus grande raréfaction de leur substance, qui alors s'exalte, & se raréfie, pour entrer dans une vraye fermentation. Ainsi la pâte qui *leve* dans *la met* par l'activité des levains, ou des esprits germinants dont elle est pénétrée, entre en sa maniere dans une sorte d'orgasme. Vous jugez donc bien, Madame, qu'alors elle est beaucoup plus aisée à se détacher, à donner de la prise aux secousses de l'estomac, & qu'elle les excite même par la vivacité des sels volatils picotants, ou comme par l'odeur qui s'exhale lorsqu'ils causent dans les membranes de l'estomac des irritations qui produisent à-peu-près les mêmes effets sur elles que l'activité des pointes de l'émétique.

Alors en effet il ne faut presque rien pour en aider l'opération. C'est par-là que très-souvent un peu d'eau-de-vie par exemple, fait vomir, quoique par elle-même elle soit plutôt capable d'arrêter le vomissement, & d'épaissir les glaires, par l'acidité volatile dont elle est remplie.

Comment, dit *Sophie*, vous voudriez mettre l'eau-de-vie dans le genre des acides ?

Non pas en entier, répondit *Ascle-*

plade ; ce qu'elle a d'huileux, d'inflammable, n'eſt qu'un ſouffre trés-raréfié ; mais
il eſt dans la compoſition de la liqueur
exactement uni avec quelques reſtes de
ſéroſité, dans leſquels la partie acide
du tartre la plus volatile eſt diſſoute.
Auſſi, à ne faire que ſe laver la bouche
avec de l'eau-de-vie, on voit auſſi-tôt la
ſalive s'épaiſſir, ſe lier, & prendre une
conſiſtence glaireuſe ; mais on l'éprouve
encore par d'autres coagulations ; elle
en fait avec le ſang, avec l'eſprit d'urine; & bien d'autres choſes ; & c'eſt
pourquoi tous les buveurs d'eau-de-vie
ſont ſi ſujets à ſe refroidir l'eſtomac
après l'avoir échauffé d'abord, & ne font
qu'épaiſſir de plus en plus les maſſes
glaireuſes dont ils voudroient ſurmonter
les mauvais effets. Auſſi les perſonnes
attentives à leur ſanté ont-ils proſcrit
de leurs tables toutes ces liqueurs faites
avec de l'eau-de-vie, comme plus propres à nuire par leur uſage qu'à aider à
la digeſtion.

Mais revenons à l'émétique. Lors
donc qu'on trouve des poitrines aſſez délicates, d'ailleurs trop facilement ſuſceptibles d'inflammation, pour faire redouter l'émétique, autant pour ce qu'il

est en lui-même, qu'à cause des violentes
secousses qu'il doit donner , on fait usage
de sel *d'Epsom* avec la manne , ou de sel
de Glauber ; & peu-à-peu on découppe,
& on entraine par les selles , les masses
glaireuses ; mais leur évacuation convenable ne sçauroit être l'ouvrage d'un
jour. C'est à plusieurs fois qu'on y doit
revenir ; toujours cependant en ména-
geant les forces des malades; car plus ces
sels pénétrent , dissolvent , ratissent même les entrailles , & moins il convient de
les trop pousser.

Ainsi j'approuve fort qu'après l'émétique on en fasse usage , & qu'on en charge les purgatifs , dont on a besoin de
se servir ; parceque les glaires ne sont pas
seulement répandues dans l'estomac ,
mais dans toute la masse des humeurs
qui en doivent être dégagées. Alors vous
trouvez qu'elles abondent autant dans
les selles que sont les urines. Delà vient
que pendant leur usage elles paroissent
successivement d'une consistence fort
inégale. Tantôt ces glaires découpées
se précipitent au fond comme un gros
phlegme blanc ; tantôt elles remplissent
la moitié du verre de floccons pesants très
fibreux ; tantôt il s'y précipite un tartre

sulphureux en forme de craye *bricque-
té* plus ou moins pâle, ou d'un rouge
jaunâtre ; tantôt enfin il s'attache aux
parois des verres un enduit *laiteux*,
autre sorte de tartre, & très-adhérent.
Tant que durent ces consistences il
est à propos de travailler à la dissolution
des glaires, mais d'une maniere peu
fatigante pour le malade. Car, tant qu'elles subsisteroient, ce seroit vainement
qu'on essayeroit de rétablir l'insensible
transpiration, l'unique moyen de dissiper tout ce qu'il y a de vaporeux dans
le sang.

Quoi ! Monsieur, interrompit Sophie,
vous prétendriez donc guérir les vapeurs
comme l'on fait de certains vilains maux
qu'on n'ose nommer ! Car faire suer,
& beaucoup transpirer, c'est-à-peu prés
la même chose ; & rien de plus odieux
dans le monde que de dire qu'il faut faire
suer pour guérir.

Que me dites-vous là, Madame, répliqua Asclepiade ! & jusqués où votre
esprit qui s'effraye porte-t-il ses idées !
non, Madame, rassurez-vous ; par cette transpiration que je prétends procurer
je n'entreprens que de rétablir toutes les
choses dans leur état le plus naturel

De toutes les évacuations qui se font
en nous aucune n'est si abondante, si
générale, que celle de la transpiration;
&, bien qu'elle ait des tems où elle est
plus abondante, il n'en est aucun ou
toujours il ne s'en fasse quelque écoulement. On l'appelle insensible, parce
qu'elle se fait presque toujours, ou la
plus grande partie du tems, sans qu'on
s'en apperçoive. Mais, pour qu'elle se
fasse d'une maniere & si abondante, &
si assidüe, les humeurs doivent avoir
acquis par l'exactitude des préparations
qu'elles reçoivent une certaine consistence, des dégrés de digestion si convena-
nables, un tel développement de leurs
principes, que ce qui s'en doit séparer
le fasse sans effort. En sorte que, dans
l'intention de rétablir les évacuations
insensibles, on se propose deux objets
également nécessaires, le premier de
rétablir ces préparations par lesquelles les
humeurs doivent être disposées à laisser
transpirer ce qui ne convient pas à la
nature; & à leur procurer par une convenable analyse le développement de
leurs principes, qui est nécessaire autant
pour ce qui doit être choisi, & retenu,
que pour ce qui doit être évacué. Car

vous comprenez bien, Madame, que, si d’un côté il est si nécessaire que ce qui ne convient pas soit écarté, il l’est également à ce qui convient d’être dissout, purifié, & mis dans la disposition la plus favorable pour être mis en œuvre. Deux sortes d’opérations, qui se font par le même moyen, & toutes deux d’une égale importance, suivant les loix de l’œconomie animale.

La seconde intention pour employer ces moyens qui font transpirer est de procurer de favorables issues à ces matieres détachées, &, dont la séparation est si nécessaire.

Ainsi, Monsieur, dit Sophie, vous ne considérez ce rétablissement de l’insensible transpiration, comme une évacuation nécessaire que par raport à *l’amelioration* de ce qui reste; vous ne seriez donc pas dans la pratique de ceux qui, ne comptant que sur l’évacuation, s’efforcent de la pousser avec le plus de véhémence, & d’assiduité ; qui mettent dans des étuves, qui enveloppent très-chaudement leurs malades, qui les environnent de bouteilles remplies d’eau bouillante, qui donnent encore la vapeur d’eau-de-vie. Je vous y attendois, je vous l'avoue, & fur cela j'avois à vous dire combien de maux j'avois vu arriver de cette pratique fi forcée. La pauvre Marquife de * * *, une de mes meilleures amies, belle, jeune, & cependant accablée de rhumatifmes, & de vapeurs, fut expofée aux bouteilles, & à l'efprit de vin. La fievre lui prit & ne l'a pas quittée jufqu'à la mort. Sa poitrine s'enflamma, elle eut des maux de tête violents, & tomba enfin dans une fievre *hectique*. Mademoifelle de* en fut quitte à meilleur marché; jamais elle fut long-tems échauffée, & l'on craignit fort pour elle, fans qu'elle fentît quelque diminution à fes vapeurs, qu'on prétendoit auffi *rhumatifantes*.

C'eft une maxime, Madame, reprit Afclepiade, que je crois qu'il eft à propos de tenir, de ne violenter jamais rien, & de procéder par degré à amener peu-à-peu les chofes au terme qu'on fe propofe, mais que l'on ne fe le propofe encore qu'en conféquence de ce qu'on juge le plus convenable à l'état particulier de chaque perfonne. Car il eft des conftitutions fi différentes des autres que, par exemple, vous ne pourriez jamais parvenir à les faire fuer, pendant

que les autres le font si facilement.
C'est que naturellement elles y font si
peu disposées qu'elles ne suent jamais,
quelques agitations qu'elles se donnent
dans leur meilleure santé. Mais une
opération équivalente dédommage la nature; elles rendent beaucoup d'urines,
ou ont le ventre très-libre : de sorte
que, si elles transpirent très-peu en comparaison des autres, elles évacuent
davantage par ces autres voyes. Le Médecin prévenu se déterminera plutôt à
profiter de ces dispositions qu'à tenter
d'autres voyes, quoiqu'il les trouvât
plus convenables. S'il donnoit même
des sudorifiques puissants, il les verroit
d'abord pousser par les urines, ou se
précipiter par les selles, plutôt que mouvoir seulement de legeres moiteurs.
Mais aussi dans les autres personnes où il
considere comme l'effet d'une vraye in-
disposition la diminution trop considérable de la transpiration insensible, il
doit attribuer à la cause qui lui fait
obstacle les symptomes qu'il veut guérir; & alors, semblable à-peu-près à
un Sculpteur habile, qui ne travaille
d'abord qu'à ébaucher peu-à-peu sa
statuë, qui se borne les premiers jours

à ne faire qu’emporter les maſſes , pour s’approcher inſenſiblement de la *fini-tion*, le Medecin prépare , ſe *propoſe des buts* ; afin que , paſſant des uns aux au-tres , il s’approche auſſi des termes aux-quels il prétendoit arriver. Pour ce ſujet il employe diverſes remedes : ce ſont ſes inſtruments ; il leur donne un ordre conſéquent à leurs propriétés ; de ſorte que des purgatifs , par exemple , il paſſe-ra aux *diuretiques* , aux *vulneraires* , & ne finira que par les ſudorifiques , qu’il auroit deſiré employer d’abord. Car qui eſt l’ouvrier qui ne voudroit pas polir , & donner la derniere main à ſon ouvrage , quand même il ne com-mence qu’à l’ébaucher ? par ce moyen les plus legers ſudorifiques font un grand effet , & jamais on n’a la douleur de les voir exciter dans le ſang ces mouve-ments irréguliers , & tumultueux , qui cauſent quelquefois tant de deſor-dres.

J’approuve fort , dit Sophie , une méthode ſi ménagée. Je ne m’y atten-dois pas , je vous l’avouë , & je m’imagi-nois qu’au lieu d’entrer dans de ſi longs détails , vous ne feriez que me propoſer pour la guériſon des vapeurs de ces

opiates spécifiques , ou de ces quintessences qui sont si fort à la mode aujour-
d'hui. Mais vous en conviendrez, s'il
vous plaît ; à ce prix vous faites chere-
ment acheter la santé.

J'en demeure d'accord , Madame ;
repliqua Asclepiade ; mais, s'il est impossible d'en agir autrement ; s'il faut
obéir a ces loix générales qui servent de
régles à la nature ; si, pour la ramener
à ces premieres dispositions , il est
nécessaire de la faire retourner par des
chemins aussi longs que ceux de son
égarement jusques au lieu où elle a
commencé à s'égarer ; on doit peu se
plaindre d'une méthode si réguliere.
Les maux, il est vrai , se déclarent bien
promptement , mais combien de tems
à notre insçu leurs causes en ont-elles
employé avant que de se produire , &
de se rendre assez puissantes pour agir
avec tant de forces ? car il leur en faut
beaucoup pour être capables de déconcerter si fort toute l'œconomie animale.

Au reste je comprends fort que ces
opiates, & ces quintessences , dont vous
parlez, sont des remedes excellents ;
mais, s'ils ont pour l'ordinaire des ef-

fets si peu satisfaisants, c'est qu'ils sont donnés avec trop de précipitation. Ils pourront surmonter l'impétuosité de quelques vapeurs dans le moment qu'elles se développent, sans être capables d'en détruire les causes. Pour y réussir, il faudroit qu'elles fussent en état non pas seulement d'éteindre l'actuelle émotion vaporeuse, mais de rétablir le fond du tempérament, la disposition habituelle du sang, & des esprits, dans ce premier état qui existoit avant toutes les préparations vaporeuses; & c'est cet objet que je me propose dans la méthode que je suis, afin de rétablir toutes choses dans l'état le plus parfait.

Ainsi les premiers remédes que j'ai l'honneur de vous proposer ne sortent point encore des préparations générales qui conviennent à cent autres maladies différentes des vapeurs. Car, s'il est vrai de dire qu'il n'y a point de personnes vaporeuses sans les dispositions glaireuses que j'ai décrites, les glaires dominent dans beaucoup d'autres maladies sans qu'il y ait de vapeurs; ce qui donne lieu de croire qu'il y a bien des sortes de glaires; & ce qui aussi m'a obligé de caractériser si spécialement celles que j'établis pour causes du *système vaporeux*.

Après avoir ainsi peu-à-peu applani les voyes aux remedes spécifiques, voi-ci de quelle maniere je les commence. De l'usage de ces remedes généraux, *fondants*, & propres à évacuer par les selles, & par les urines, je passe à des pilules *balsamiques*, qui tiennent toujours du fondant & du laxatif, quoiqu'elles soient chargées de volatils dissolvents, & spécifiques contre les vapeurs. Non toutefois que j'entreprenne d'engager d'abord la nature à se partager en deux opérations aussi peu concordantes que le sont les évacuations par les selles, & par l'insensible transpiration ; mais parce que l'experience m'apprend que les volatils déterminés par les purgatifs poussent moins par les sueurs, ou l'insensible traspiration, qu'ils ne servent à dissoudre plus puissamment, & plus doucement, les humeurs glaireuses ; qu'ils les vont chercher jusques dans les veines, & qu'ils leur impriment des caracteres qui les font tourner vers les issuës qui les ramenent dans les entrailles, & dans les passages ou couloirs des urines. Car il est de fait que tout ce

qu'il y a dans le sang de plus grossier, &
de plus limoneux ; se précipite dans les
entrailles ; que ce qu'il y a de plus sereux,
& de plus chargé de sels acres, s'écoule
par les urines ; de la même maniere que
ce qui approche davantage du volatil
ammoniac se dégage par la transpiration.
C'est donc dans cette intention que je
fais ainsi préparer les pilulles suivantes,

Parties égales d'aloës,
De Scammonée d'Alep,
De Myrrhe,
D'Assa fœtida,
De Galbanum,
& une sixiéme partie de Castor.

Le tout bien choisi ; car c'est du bon
choix que dépend la meilleure préparation de ces drogues. Je les fais broyer sur
le porphire avec le savon de tartre préparé suivant la méthode de Starkei, &
l'huile de lin, parties égales ; & j'en
mets de l'un & de l'autre assez pour former une pâte solide, qu'il faut pour cela
très-longtems broyer avec force. Ensuite je la laisse pendant un mois réduire
en masse. Je la fais encore repaîtrir, à
force de bien manier, jusques à ce que
je voye que le tout s'est parfaitement
incorporé

incorporé en une maſſe noire, dont enſuite je prens ſuivant le beſoin dequoi
compoſer des pilules. On en donne
d'abord un gros pour priſe, lorſque
l'on veut une évacuation de trois ou
quatre ſelles, & pour en commencer
l'uſage; & dans la ſuite on partage
cette priſe en deux, pour en donner
pluſieurs jours de ſuite, & entretenir la
liberté du ventre.

Je ne connois pas aſſez, dit Sophie,
la qualité de ces drogues pour juger
préciſément de leurs vertus; mais il
me ſemble qu'elles devroient beaucoup
échauffer; & je croirois, ſuivant vos
principes mêmes, que cet accident deviendroit fâcheux dans les perſonnes
délicates, & qui ont pour l'ordinaire la
poitrine aiſée à enflammer.

Je puis vous répondre, Madame,
reprit Aſclepiade, que l'expérience que
j'en ai faite depuis que j'ai imaginé ce reméde ne m'a jamais trompé. Car, outre
que le ſavon de tartre ſurmonte dans ces
drogues tout ce qu'elles ont de plus
échauffant, c'eſt que diſſolvant, éteignant même auſſi dans les maſſes
glaireuſes ce qu'elles ont de plus capable d'enflammer le ſang, il détruit cou-

jointement avec ces drogues tout ce qu'il y a dans le sang de propre à s'échauffer. Elles deviennent ainsi une sorte de baume temperé *savoneux*, & qui ne s'allie pas moins avec toutes les matiéres âqueuses qu'avec les huileuses ; & c'est par-là qu'il est si spécifique contre les glaires.

En effet, lorsque je n'ai pas occasion de purger, mais seulement de dégager les entrailles par un lavement ; lorsque d'ailleurs, comme il arrive souvent aux personnes vaporeuses de souffrir dans les entrailles des tensions, des vents, des crispations dans les fibres intestinales, & qui les réduisent à une sorte de mouvement *tonique*, qui les met hors d'état d'agir, je fais dissoudre dans le canon de la seringue un gros de ces pilules, qui s'y fondent avec la même facilité que feroit un morceau de savon.

Ce lavement purge beaucoup, & fait cesser tous les désordres des entrailles, sans y laisser la moindre impression de chaleur. Au reste, suivant les effets, je tempére par le plus ou le moins l'usage de ces pilules. Car il faut compter que de la prudence d'un Médecin atrentif dépend la plus grande efficacité de ses

remedes, ainfi que de l'ordre qu'il fuit,
de fes ménagemens, de fa jufte œconomie, enfin des mefures qu'il concerte fur
chaque chofe, en vuë de fes deffeins généraux, & des *buts* particuliers, qu'il fe
propofe pour y arriver. Il tire de là tout
ce qui paroît le plus merveilleux dans
les effets de fes remédes. Auffi n'eft-ce
que par la méthode qu'on diftingue un
Médecin habile d'un autre qui ne l'eft
pas, quoiqu'il puiffe être plus fçavant
que lui ; mais l'art de s'en fervir exige
une forte de génie que la feule érudition
ne donne pas.

Le Médecin donc qui conduit fes
remedes, en prefcrit les dofes, & les
tems, fuivant ce qu'il obferve de leurs
effets ; &, comme il arrive qu'en plufieurs perfonnes vaporeufes, il furvient
divers incidens fur lefquels on n'avoit
pas crû devoir compter, & qui traver-
fent l'ordre des rémedes, il faut fouvent
les interrompre, ou même leur en fub-
ftituer d'autres équivalents pour les effets, mais de caracteres différens. Car
un Médecin qui s'eft une fois propofé
un but bien raifonné, & avec parfaite
connoiffance des caufe, ne le doit pas
perdre de vuë, quelques incidents qui

surviennent; lors particuliérement qu'ils ne sont pas fondés sur des causes assez essentielles, pour devoir inquiéter, autrement il s'exposeroit chaque jour à prendre le change.

Ainsi ces pilules pouvant par rapport à de certaines circonstances ne pas remplir assez juste les indications que particularisent les singularités qui s'observent en de certaines personnes, on leur substitue l'usage de la panacée de Saffouge, sorte de terre absolument dépouillée de toute salure, mais legère, & de toutes celles qu'on connoît la plus absorbante. D'ailleurs, elle a cette singularité, qu'étant tirée *de l'eau mere* du salpêtre, elle conserve une telle propriété à s'abbréver de toutes acidités nitreuses que, pour peu qu'elle soit exposée à l'air elle se remplit assez de son nitre pour n'être plus capable de s'en abbréver: c'est pourtant en quoi consistoit sa propriété la plus essentielle. Alors elle durcit comme une espéce de craye, ou de chaux grumelée.

On donne donc de cette panacée le matin à jeun dans un demi verre d'un lait d'amandes très-leger, ou d'eau simplement. Alors, suivant qu'elle trouve dans les entrailles plus ou moins de ces crudités acides qui produisent les glaires, elle les purge par les selles. La dose est depuis une demi-once jusques à une once ; & l'on observe cette singularité très-avantageuse dans ce remede, qu'il ne purge qu'autant qu'il rencontre de ces matiéres qui doivent être légitimement évacuées ; de façon que l'on en peut prendre plusieurs jours de suite. Car vers la fin il poussera tout au plus par la voye des urines, & fera beaucoup transpirer. Aussi est-ce par ce remede que je fais terminer ceux qu'on doit pratiquer contre les vapeurs, & que je préparé à l'usage du lait d'ânesse, de jument, de chévre, & de vache, suivant que les uns & les autres me paroissent indiqués : car ils ont leurs qualités différentes.

Voilà donc tout, dit Sophie ; c'est en être quitte à bien meilleur marché que je ne le pensois.

Il est vrai, Madame, repliqua Ascleplade, que je n'ai prétendu rapporter ici que les intentions les plus générales, & les moyens les plus appropriés pour les remplir ; car c'est dans ces faits principaux que consiste toute l'œconomie du ſyſtême qu'on doit tenir. Mais ſuivant ce que j'avois l'honneur de vous dire, combien d'incidents particuliers, de dérangemens inopinés, ſurviennent à la traverſe! On doit ſubvenir à tout cela. On a pour le faire cent divers moyens que les Médecins n'ignorent pas, & qu'il ſeroit inutile d'écrire. Mais ſur toutes choſes un bon régime de vivre doit être obſervé; il faut un repos convenable; il ne faut nulles contentions d'eſprit, ni même des agitations trop violentes. Mais peut-être trouvera-t-on encore en cela plus de géhenne, & d'importunités, que dans l'uſage des remedes; car on ſe doit rendre exact dans ces points; ſouvent même ſuivre les remedes juſques à de certains tems, ceux particuliérement qui ſont les plus ſpécifiques, comme la panacée & les pilules, par exemple, ou quelques autres équivalents; car on en compoſe de diverſes ſortes ſuivant les mêmes vuës. On doit être toujours perſuadé que, dans quelqu'heureuſe ſituation qu'on ſe trouve, on eſt plus ſuſceptible de quelques mauvais retours qu'on ne l'étoit avant que de tomber dans les premieres vapeurs.

Je ſuis ſurpriſe, dit Sophie, que vous

ne me parliez point de bouillons, de tifannes, d'eaux minérales , dont je sçai
néanmoins que la plupart des Médecins
font faire un grand ufage.

C'eſt, Madame, répondit Aſclepiade ,
que j'eſſaye autant qu'il eſt poſſible à les
éviter, perſuadé d'ailleurs que ce font des
remedes moins favorables qu'on ne
penſe , & deſquels on n'abuſe que trop
fréquemment.

Les bouillons qu'on appelle conſom-
més, forts de viande, ne conviennent qu'à
très-peu de perſonnes, & moins aux vaporeuſes qu'à toutes les autres; & je ne doute
point qu'au lieu de les bien nourrir , ils ne
contribuent fort à la durée de leur mal ;
parce que dans leur eſtomac, non ſeulement glaireux, mais dont les membranes
font à-peu-près comme les paroits d'un
tonneau au vinaigre , tellement endui-
tes , pénétrées , d'un mucilage aigri ,
que l'odeur ſeule qui s'en détache ſuffit
pour faire aigrir les bouillons , de toutes
les nourritures ce font les plus faciles à
s'aigrir , à ſe *tourner* , à ſe corrompre,
comme les plus diſſoutes. & les plus
développées. De ſorte que, ſi ce n'eſt que
la plupart des perſonnes les aiment ,
perſuadées qu'il leur faut beaucoup de

nourriture, & que ſans eux elles n'en prendroient jamais aſſez, leur uſage ſeroit bientôt rejetté. Souvent ils portent à la tête, cauſent des gonflemens importuns dans l'eſtomac, des retours deſagréables, des vents, & des embarras dans toute l'étendue des lieux de leur diſtribution. Mais on les aime trop, ou l'on ſe les croit trop néceſſaires, pour que l'on n'aime pas mieux attribuer de ſi mauvais effets à d'autres cauſes qu'on veut accuſer, que de les en croire coupables. En un mot les bouillons, même legers, ne ſçauroient convenir qu'aux perſonnes enflammées, épuiſées, & dans leſquelles l'acrimonie domine plutôt que l'aigreur, comme dans les perſonnes vaporeuſes.

Les bouillons peu faits cauſent de moindres embarras, mais ils relâchent trop l'eſtomac, & ne font que diſſoudre imparfaitement les maſſes glaireuſes; ils s'aigriſſent auſſi comme les autres, mais d'une maniere moins forte. Si on les charge de décoctions d'herbes, on ſe trompe en ce que la plus grande partie de celles dont on fait choix n'ont pour médicamenteux que des qualités ſi ſurperficielles que l'ébullition les a bientôt détruites.

C'eſt pourquoi dans les cas où il eſt à propos

propos de s'en servir, tels que ceux où il
faut humecter, rafraîchir, tempérer, je
fais tirer par expression le suc de ces herbes, & je l'ajoute à ces bouillons légers,
pour les faire bouillir ensemble seulement
un moment, & les passer ensuite par un
linge fin. Ainsi je mêlerai un tiers, où la
moitié, de ces jus avec le bouillon que je
voudrai donner. Je m'en sers assez fréquemment de cette maniere; &, comme
je prends des plantes appropriées à l'intention des autres remédes, ces bouillons ne contribuent pas médiocrement
quelquefois à leurs bons effets. Mais les
bouillons ne conviennent jamais mieux
que lorsqu'on a commencé à évacuer
l'estomac. Je vous avoue que dans les
maladies de poitrine je ne me rends
pas si exact ; mais les conditions sont
fort différentes dans le systême vaporeux.

A l'égard des tisannes, je ne les crois
nécessaires qu'autant que le Malade est
fort altéré ; car, du moment qu'il ne
l'est pas, c'est le fatiguer vainement que
de ne lui donner à boire que des liqueurs
desagréables, & dont, vû la petite quantité qu'il en prend, on ne doit pas attendre des effets équivalents aux dégoûts

qu'ils caufent. De l'eau de thé, de capil-
laires, d'aigremoine, de ris, j'entends
de legeres décoctions qu'on en fait, peuvent fuffire, ou de l'eau panée, ou bien
de l'eau mêlée avec un peu d'excellent
vin rofé. Au contraire, dans les cas où
il faut boire beaucoup, & lorfqu'il faut
faire ufage de ces remedes qu'on ne prépare que par la décoction, j'employe
fort les tifannes, foit laxatives, foit
diuretiques, foit fudorifiques ; mais j'ai
obfervé qu'elles convenoient moins dans
les affections vaporeufes, parce qu'elles
trouvent des matieres fi gluantes, fi tena-
ces, que, ne faifant tout au plus pour l'ordinaire que les étendre, & fe lier & s'embarraffer avec elles, leur diftribution en
devient mal-aifée ; & de-là viennent des
gonflements importuns, des bouffiffures,
des embarras, des pefanteurs, qui font
d'autres maladies ; ainfi je ne m'en fer-
virois tout au plus qu'à préparer des effets plus favorables aux autres remedes.

Je n'aurois pas les mêmes fcrupules
fur les eaux minérales qui paffent avec
rapidité, parce qu'elles contiennent de
puiffants diffolvants, qui s'ouvrent par
leur moyen les paffages les plus difficiles ; telles que font les eaux de Balaruc,

de Vichy, de Bourbon, de Forges. Je
les conseille en diverses occasions. Elles
servent même alors à prévenir la nécessité de plusieurs autres remédes : lessive
générale qu'elles font dans le corps.
Mais, en vous entretenant sur ma maniere de guérir les vapeurs, je ne pensois
pas à vous proposer des remedes dont
peu de personnes sont en état d'en profiter ; borné seulement à ceux qui peuvent produire par d'autres moyens des
effets équivalents.

Vous ne seriez donc pas, dit Sophie,
de l'avis de certains Médecins, qu'on dit
être assez à la mode. Ils ne font boire que
de l'eau pure, mais legere, passante, &
en grande quantité. Les Mercures sont
remplis des cures prodigieuses d'un certain Religieux qui guérit les plus grandes maladies par l'usage de l'eau la plus
fraîche.

J'en ai lû l'histoire dans ces Mercures,
répondit Asclepiade ; j'ai aussi fait pratiquer l'usage de l'eau ; mais je ne l'ai jamais trouvée un reméde aussi universel,
& aussi sûr, que ces Médecins osent l'assurer. Moi-même, qui bois beaucoup
d'eau, j'ai expérimenté en diverses circonstances que son grand usage exige de

certaines circonstances qui ne se rencontrent pas aussi universellement qu'on se l'imagine, & particulierement dans les personnes vaporeuses. Il faut à l'eau des passages libres, faciles à traverser, afin que la distribution s'en fasse aisément. Aussi, du moment qu'on la rend avec abondance, promptement, facilement, on peut surement compter sur ses bons effets ; mais très-souvent elle trouve des humeurs si gluantes, tant d'obstacles de leur part, & des embarras à sa distribution si difficiles à surmonter, qu'elle reste dans les veines, & particulierement qu'elle cause des gonflements, & dans le cerveau des embarras, qui très-fréquemment ne sont point sans danger. Je l'ai ainsi observé, & j'ai trouvé des personnes qui se sont repenties de la témérité de leur essai ; d'autres qui, peu rebutées de ces premiers effets, ont poursuivi avec constance ; & n'en ont pas eu un meilleur succès. Mais peut-être que dans les pays chauds, & dans les personnes sobres, où les glaires dominent peu, la distribution de l'eau se trouve plus facile, & que le succès en devient & plus prompt & plus sûr. Ainsi, Madame, l'eau est un remede de la nature des autres : il ne demande pas moins qu'eux ſes temps, & ſes précautions.

Enfin croyez-vous, Monſieur, dit Sophie, que les remedes que vous venez de propoſer conviennent également à toutes ſortes de vapeurs ?

Ils ne leur ſçauroient nuire, répondit Aſclépiade ; mais il en eſt qu'ils ne ſçauroient guérir comme les autres. Ce ſont ces vapeurs de la derniere eſpece que j'avois eu l'honneur de vous propoſer ; ces vapeurs hyſteriques, dont j'ai cru ne devoir pas confondre les remedes avec celles-ci, qui, comparées avec les autres, pourroient ne paſſer que pour les effets de la mauvaiſe digeſtion, de la plénitude des humeurs, & de l'intempérance dans le régime de vivre ; au lieu que les vapeurs hyſteriques n'arrivent pas moins aux perſonnes les plus ſobres qu'à celles qui le ſont moins, & ſuppoſent une force & une vivacité dans le tempérament, qui pourroient être capables de ſurmonter la plus grande partie des accidents qui arrivent aux premieres.

Cependant, Madame ; les remedes que j'ai propoſés peuvent convenir à ces dernieres, mais particulierement à celles que j'appellois *compoſées* ; parce qu'alors

il y a presque autant à évacuer qu’à calmer, & à tempérer. Mais, pour vous parler franchement, je n’oserois promettre
une guérison aussi sûre de ces dernieres
que des premieres. Elles naissent d’un
fond trop éloigné pour être accessibles
aux remedes. Ce fond est d’ailleurs si
fort dépendant de ce qui fait la plus
grande force de la vie, qu’à moins que
d’entreprendre de la beaucoup diminuer,
il me paroît impossible d’en empêcher
absolument les violentes effervescences.
Aussi est-ce moins à les surmonter en
entier qu’à faire cesser l’excessive violence des accès, qu’à les éluder, qu’à les
interrompre, enfin qu’à tempérer assez
toutes choses, pour qu’elles tombent rarement en de si étranges dérangemens,
qu’il faut s’attacher.

La premiere observation doit être de
bien connoître les qualités du tempérament de la malade, & l’histoire de sa
vie. Par cette histoire, je comprends bien
des choses, & tout autant ce qui intéresse *le moral*, que *le physique*.

Je vous comprends, interrompit Sophie; c’est de ce qui peut lui susciter des
passions, de ce qui en peut être l’objet,
de sa maniere de s’y livrer, que vous

prétendez être instruit. Mais n'y entre-
roit-il point un peu plus de curiosité que
de vrai besoin ?

Madame, répondit Asclepiade, c'est
faire injure à des Médecins, permettez-
moi de vous le dire, de les croire capables de curiosités si indiscrettes, & qui
d'ailleurs ne les peuvent mener à rien !
Mais quoi ! Ne penseriez-vous pas que
du moment que l'esprit est agité par des
contentions assiduës, capables d'entretenir les sens dans une émotion trop violente, il n'est pas moins difficile de faire
cesser cette émotion sans l'assujettisse-
ment de l'esprit que d'effacer l'ombre
du corps tant que le soleil l'éclaire d'un
côté ?

Ne penseriez-vous pas encore que des
personnes dans l'usage d'aliments propres à les échauffer beaucoup, qui ne leur
procurent qu'un sang vif, pétillant, &
qui, cédant alors à tant d'activité, ne
s'occupent que de plaisirs voluptueux,
agaçants ; ne penseriez-vous pas, dis-je,
Madame, que, pour tranquiliser ces personnes jusqu'au point d'imposer silence
à tout ce qui s'agite si fort dans leurs
veines, il faut de nécessité les engager à
mener une vie plus paisible, & à user

d’aliments moins contraires à la paix
dont elles voudroient joüir ?

Enfin ne penseriez-vous pas que d’autres personnes, trop concentrées en elles-mêmes, où elles ne s’occupent tris-
tement que de considérations capables
de susciter de perpétuelles révoltes do
leur imagination irritée, qui, dans ces
moments, au lieu de se fuir, pour ainsi
dire, de se dissiper, de donner le change
à leur imagination trop appliquée, trouvent au contraire une sorte de volupté
nonchalante dans l’irritation qu’elles souffrent ; ne penseriez-vous pas,
dis-je, qu’alors un des plus puissans
moyens de faire cesser la plus grande violence du mal est de les dérober à des ap-
plications si funestes à leur repos ?

Il est certainement beaucoup de ces
émotions *spontanées*, je veux dire, qui
s’élevent par elles-mêmes, & sans aucune participation de l’esprit & du cœur,
& produisent des accidents à-peu-près
pareils ; car, nous l’avons remarqué précédemment, celles du génie le plus chas-
te n’en sont quelquefois pas moins fréquemment troublées que les autres, &
leur vertu leur est alors d’un grand secours : émotions purement animales, &

qui surprennent la raison, ou plutôt qui l'attaquent, mais qui ne la surmontent jamais, comme je vous l'ai dit précédemment. Mais, puisque l'expérience en découvre d'autres, qu'on peut fort à propos croire coupables d'une grande partie de leurs maux, pourquoi ne croiriez-vous pas que, dans la nécessité d'en faire un juste discernement, il est utile d'apprendre l'histoire des personnes qui souffrent ?

Mais, interrompit Sophie, quand vous le sçauriez, y pourriez-vous mieux appliquer les remédes ? En feriez-vous des choix différents ? En un mot, entreprendriez-vous d'exécuter tout ce qui vous paroîtroit convenable ?

A mon tour aussi, dit Asclepiade, je vous entends. Non, je ne pourrois faire conclure au plutôt ce mariage, où je ne pourrois écarter l'amant de la femme mariée. Je n'entreprendrois pas non plus de divertir une mélancholie cachée, & dont les mysteres chéris sont rendus inaccessibles ; mais alors, regardant comme incurables ces grandes maladies ; loin d'en entreprendre la cure, j'abandonnerois les malades à leur sort, lorsque mes remedes ordinaires manqueroient de succès.

Ne croyez-vous pas néanmoins qu'en de certains temps où le Médecin se peut procurer lieu à quelques confidences, lui dont alors le premier but est de s'attirer beaucoup de confiance, il pût dire, qu'il auroit bien des remedes à faire, & dont le succès seroit plus heureux s'il étoit secondé ; qu'il lui faudroit trouver dans l'esprit une sorte de tranquilité capable de contenir tous les sens dans un *profond silence* ? Alors, sans attaquer, sans intéresser, la personne de la moindre maniere, il feroit si bien connoître toutes les circonstances favorables à ses remedes, que la malade ne manqueroit pas, si elle vouloit guérir, de faire tous ses efforts pour en profiter. Peut-être même lui arriveroit-il alors de gémir, de soupirer, & déja la confidence seroit à moitié faite ; & peu-à-peu, prenant de justes mesures, le Médecin réussiroit peut-être à mettre quelque calme dans le cœur.

Laissons tout cela, dit Sophie, & venons au physique. Je conviens qu'il faut qu'un malade regarde son Médecin comme son meilleur ami ; cependant on ne dit jamais tout à ceux qu'on estime, & particulierement de ces choses qu'on voudroit se dérober à soi même.

Cela est vrai, Madame ; mais, lorsqu'il ne s'agit que de metrre une personne assez au fait de ses intérêts, la moindre ouverture suffit, & détermine à prendre de plus justes mesures. Mais indépendamment de tout cela, puisqu'ici c'est mon principal but, & que je ne suppose plus ces vapeurs que dans l'ordre de celles que j'ai dit purement machinales, si je ne trouve pas les régles dans un bon ordre, car le premier effet de ces vapeurs est de les déranger beaucoup, c'est à les rétablir que je m'attache d'abord ; c'est-à-dire, à procurer par leur moyen les évacuations que je croi les plus nécessaires.

J'en ai jugé tout autrement, dit Sophie, n'ayant pris les vapeurs que pour l'effet de ces suppessions, ou de leurs dérangements ; mais l'un peut revenir à l'autre.

Je ne le pense pas ainsi, Madame, répliqua Asclepiade ; les régles ne sont que des évacuations périodiquement poussées, parce qu'une cause secrette détermine leur évacuation, & que c'est par l'ordre plus ou moins régulier de cette cause, suivant les secrettes impulsions

qui agitent ſes eſfloreſcences, qu’elle faĭt
mouvoir extraordinairement le ſang, &
procure par les iſſuës qui lui ſont alors
préparées les épanchements qui s’en
font ; de ſorte qu’ils ſont plus ou moins
conſidérables, plus ou moins réguliers,
ſuivant que le ſang eſt plus ou moins
abondant, plus ou moins ſuſceptible des
efferveſcences qu’il reçoit, & qu’il trouve enfin des iſſuës plus ou moins favorables ; car ceux-là ſe trompent beaucoup,
qui s’imaginent que de tels épanchements n’arrivent qu’à raiſon de ſa trop
grande abondance, ne faiſant aucune
différence entre ces hémorrhagies d’un
caractere ſi naturel, & les autres qui ne
ſont qu’incidentement cauſées par l’excès de quelques mouvements inopinés.
Pour vous en convaincre, conſidérez
quels changements alors, quelles altérations ſingulieres ſe font dans les perſonnes. Il eſt vrai que dans quelques autres
on n’en remarque pas ; mais dans des
choſes qui ſe paſſent d’une maniere ſi ſe-
crette il eſt avantageux de s’attacher à
tout ce qui peut en développer les myſ-
téres.

Or dans ces perſonnes, d’abord il ſe
faĭt une tranſpiration plus grande, dont

l’odeur, & la consistence par conséquent, prend un caractére tout particulier. Son activité est étonnante, si l’on en poursuit attentivement les effets; car il s’en exhale un âcre sulphureux d’une si grande force qu’il corrompt cent diverses choses d’abord qu’elles en sont pénétrées. On ne trouve pas même de proportion entre la masse des choses corrompuës, & l’incroyable petitesse de ces levains si efficaces qui les ont pénétrées.

En effet, interrompit Sophie, on m’a quelquefois conté sur cela des choses incroyables. Le vin, le vinaigre, les viandes salées, se corrompent d’abord que certaines personnes les touchent en cet état. Elles ternissent aussi la glace des miroirs. Bref on m’auroit voulu faire croire qu’il n’est pas de plus subtils poisons, tant étoient prodigieux les effets qu’on me racontoit.

Il est vrai, Madame, reprit Asclepiade, que l’expérience a fait découvrir sur cela d’étranges choses ; mais il s’en faut bien qu’il exhale de toutes les femmes des transpirations pareilles. Elles suivent les divers caractéres de leurs constitutions, plus douces dans les unes, plus chargées d’acrimonie dans les autres.

Vous voyez aussi ces personnes exhaler par la bouche, autant de leur estomac que de leur poitrine, une odeur comme d'un levain corrompu. Elles pâlissent, tout leur sang se décolore ; de vermeil qu'il étoit, il prend une sorte de couleur *bleuâtre*, livide ; les yeux sont ternis ; les paupieres paroissent meurtries, ou d'un *jaunâtre* roüillé, comme de couleur de suye.

Quels affreux portraits, Monsieur, me faites-vous-là, interrompit Sophie ! Vous n'y pensez pas : c'est de quelques furies . . . .

Non, Madame, repartit sur le champ Asclepiade ; & j'y pense si bien que nous sommes convenus de faire choix des personnes où les signes de ces mouvements intérieurs se trouveroient marqués de la maniére la plus sensible ; car en combien d'autres personnes ne s'apperçoit-on presque pas des moindres dérangements ? Couleurs, odeurs, actions, vivacité d'esprit, rien n'y paroît changé. Quelques-unes même n'en paroissent que plus vermeilles, & plus agréablement animées. Ce sont celles d'un tempérament sanguin, médiocrèment bilieux. Combien d'autres encore en sont quittes pour une legere pâleur, quelques nonchalances, un air un peu plus morne? D'autres enfin ont les yeux légerement battus avec beaucoup de pâleur, les levres moins vermeilles, l'haleine un peu forte. Ces dernieres seront sanguines pituiteuses, ou pituiteuses sanguines.

Mais, dit Sophie, sanguines pituiteuses, ou pituiteuses sanguines, n'est-ce pas la même chose?

Non, Madame, répondit Asclepiade. Par les premieres, je comprends celles dont essentiellement le tempérament est sanguin, mais mêlé de beaucoup de pituite, ce qui lui donne une singularité qui n'altere point son espece. Les pituiteuses sanguines ont pareillement la pituite pour caractere essentiel, & leur distinction vient de la participation du caractere sanguin. Ainsi l'on dit sanguin bilieux, & bilieux sanguin; comme bilieux pituiteux, & pituiteux bilieux : ce sont des varlétés qui forment des caracteres marqués dans chacun des sujets qu'ils constituent. Mais, Madame, ce seroit trop nous écarter que d'entreprendre de vous expliquer ces mysteres, qu'à mesure qu'on pratique on trouve chaque jour de la plus grande importance,

Car, par exemple, dans les personnes que je viens de citer, pourquoi de si legers changements ? Pourquoi dans de belles personnes ces changements ne servent-ils presque qu'à leur donner je ne sçai quoi de plus touchant, de plus tendre, de plus aimable par conséquent; lorsqu'au contraire chez d'autres moins favorisées des graces ils répandent je ne sçai quoi de rebutant; & chez d'autres enfin tous ces horribles signes dont vous étiez épouvantée ?

C'est néanmoins la même cause qui agit, & qui le fait en conséquence des mêmes loix générales, & par les mêmes moyens: évenements ainsi parfaitement semblables; mais tant de différences qui les distinguent si fort vient des caracteres attachés à ces moyens; de la disposition où se trouvent les conformations des parties; de la plus grande, ou de la moindre force, des développements des esprits, & même de quelques singularités qui peuvent leur être spécialement attachées.

Ainsi, par exemple, c'est dans les personnes bilieuses pituiteuses, & dans les atrabilaires pituityeuses, que se montrent les plus rebutantes altérations; & pour vous en rendre raison, considérez que, naturellement peu favorisées des graces, avec des traits irréguliers, laides en un mot, leur tein n'a point ces couleurs dont l'éclat pourroit être capable d'effacer bien des deffauts. Elles sont brunes, ou d'un rouge plus purpurin que vermeil, ou d'une sorte de pâleur ternie. Ainsi, pour peu qu'il s'ajoute à des dispositions déja si peu favorables des altérations fort *chargées*, elles s'enlaidissent à l'excès.

Or la constitution de leur sang est plus que toute autre susceptible de ces altérations. Chez les bilieuses pituiteuses, & atrabilaires pituiteuses, toutes les parties n'ont rien que de grossier, de pesant. Leurs parties huileuses n'ont ni cette pureté, ni cette rarefaction, qui les feroit passer à une rougeur éclatante. Car c'est le propre des parties huileuses ou sulphurées, de se rougir d'autant plus qu'elles sont mieux dissoutes, plus volatiles, & mieux étenduës; au lieu qu'elles restent ou d'un roux, ou d'un jaune urieux, & compact, lorsqu'elles n'ont pu atteindre aux termes d'une parfaite rarefaction. Dé-là vient, par exemple, qu'à ne faire qu'observer le tein des per-

fonnes, on peut juger sûrement des qualités de leurs bonnes ou mauvaises digestions, & de la pureté de leur fang, ou
des groffieretés mal faines, qui l'alte-
rent.

D'un autre côté, leur pituite, dans fa
maniere d'être, peche par des qualités
équivalentes; elle eft plus épaiffe, chargée de falures moins legères, moins volatiles, moins adoucies, plus âcres, plus
corrofives. Or avec des difpofitions fi
différentes, vous comprendrez aifément
que, quand même les efprits germinants
ou prolifiques, feroient fuppofés fe développer, & s'étendre dans les mêmes
mefures d'activité; c'eft affez qu'ils rencontrent un fang tel que je viens de le dé-
crire pour qu'ils s'agitent d'une maniere tout auffi irréguliere que fa conftitution. Ils trouveront dans les parties groffieres, & pefantes, de ces humeurs, tantôt de quoi former des gonflements, des
embarras; & tantôt, après en avoir brifé les obftacles par le redoublement de
leurs efforts, de quoi produire des boüillonnements, & des épanchements impétueux. Car vous le fçavez, Madame,
plus les liqueurs font groffieres, & gluantes, & plus elles boüillent fur le feu d'une

maniere irréguliere. Ce ne sont d'abord
que des gonflements, des extensions,
mille & mille secousses bizarres, jusqu'à
ce qu'enfin ce tissu trop serré, qui arrê-
toit les passages de la chaleur, & qui la
tenoit plus concentrée, vienne à se briser : après quoi tant de boüillonnements
impétueux cedent enfin, & se réduisent
à de plus justes mesures.

Votre comparaison, dit Sophie, ne
s'accorde pas mal avec ce que vous prétendez m'expliquer ; mais qui pourroit
m'assurer que l'un & l'autre sont justes ?
A vous parler naturellement, je ne comprends gueres ce développement des esprits tel que vous le supposez. Quant à
la constitution du sang, suivant les termes de votre description, je la passerois
plus volontiers ; mais ne craindriez-
vous point qu'en voulant rapporter si
exactement tout ce qui se passe au-dedans de nous d'une maniere si secrette, &
si mystérieuse, aux expériences faites sur
des choses que vous trouvez au dehors,
ce ne soit une occasion de méprise ? Dans
le vrai, il me reste sur tout cela de violents scrupules. Si vous le voulez bien,
Monsieur, n'allons point si vîte à la conclusion, & tranquilisez-moi par de justes éclaircissements. A a ij

Volontiers, Madame, répliqua Afclepiade ; je vais eſſayer de vous ſatiſ-
faire.

Poſons d'abord pour principe, s'il
vous plaît, que dans l'Univers il n'y a
qu'une même nature, qu'un même ſyſtême général par conſéquent, ſuivant les
loix duquel tous les évenements ſont abſolument exécutés, enſorte que dans
quelques lieux qu'ils arrivent, au dedans
de nous, ou au-dehors, ce ne peut être
qu'en conſéquence des mêmes loix générales auſquelles tout ce qui ſe rencontre
de plus ſingulier dans les méchaniques
particulieres des choſes ne ſert tout au
plus qu'à donner quelques déterminations particulieres ; & cela ſeulement
pour appliquer ces loix à l'exécution des
faits ſinguliers qui ont dû être appropriés pour chaque eſpéce. C'eſt en conſéquence de cela que nous ſommes ſi fort
ſuſceptibles des effets qui ſe paſſent au-
dehors de nous ; & que ce qui nous arrive de plus intérieur ſe communique ſi
facilement aux choſes extérieures.

Par exemple, ſi l'odeur forte qui tranſ-
pire de certaines perſonnes dans l'état
dont nous parlons eſt capable de corrompre du vinaigre renfermé dans un

tonneau, ou dans le moment qu’on l’en
tire, ou de faire les autres effets que
nous sçavons ; cela ne peut arriver qu’en
conséquence des proportions exactes, qui
se rencontrent entre les choses étrangeres, ou externes, & celles qui sont con-
tenuës au-dedans de nous.

Je veux bien, interrompit Sophie,
vous passer cela. C’est par les aliments
que nous sommes nourris ; par les médi-
caments que nous sommes guéris ; toutes choses étrangeres, mais qui s’appro-
prient avec nous.

Il ne me reste donc plus, Madame,
reprit Asclepiade, qu’à conclure que, si
les choses, ou médicamenteuses, ou alimenteuses, nous deviennent si favorables, ce ne peut être qu’autant que leurs
parties, que leurs qualités, que l’ordre
de leurs mouvements si réguliers ; en un
mot, que tout ce qui se rencontre dans
leur méchanique se rencontre aussi dans
la nôtre en justes proportions ; d’où nous
avons lieu de conclure que ce qui se
passe en elles, & pour elles en particulier, ressemble assez avec ce qui se fait
en nous pour que nous ayons droit à
nous aider de leurs comparaisons ; &,
comme en tous lieux la nature n’agit ja-

mais que de la maniere la plus simple,
la plus uniforme, nous pouvons avec
raison établir nos conjectures touchant
les méchaniques les plus secrettes, &
dont les opérations nous semblent les
plus mystérieuses, sur ce que nous aurons exactement observé dans d'autres
évenements à-peu-près semblables, mais
qui arrivent en d'autres corps d'une maniere plus sensible, & plus à découvert.

Il est vrai que dans les corps animés,
& sensibles, il se fait une addition de
sentiments, qui ne se rencontrent pas
dans les machines inanimées ; mais cette
addition, loin de rien changer à ce qui
est du sort principal de la méchanique,
ou du mouvement & de la qualité des
parties, n'y est en quelque maniere que
très - superficiellement attachée. Car,
par exemple, Madame, je puis raison-
ner ainsi avec vous, qui me paroissez si
bien instruite des faits les plus curieux de
la Philosophie ; croyez-vous que par
eux-mêmes ces atômes solaires, dont il
nous semble que chaque jour le soleil,
en répandant sa lumiere, vient inon-
der l'Univers ; croyez-vous, dis je, que
ces atômes soient lumineux par eux-mêmes ?

Non, à coup sûr, répliqua Sophie. C'eſt dans nos yeux, & en conſéquence de leur diſpoſition, & des ſentiments qui leur ſont attachés, qu'ils produiſent la lumiere. Je les comparerai même, ſi vous voulez, à une matiere, ou pouſſiere très-ſubtile, fort agitée.

Bon, Madame, reprit Aſclepiade, il ne nous en faut pas davantage, & j'ai bien compris ce que je dévois attendre de vous. Or pourquoi ne dirai-je pas que le ſentiment qui eſt ajouté en nous avec la vie imprime pareillement de tels caracteres aux matieres qui ſe développent dans nous, que, bien qu'elles ne ſe déve-loppent que de la maniere la plus machi-nale, & la plus uniforme par conſéquent avec ce qui ſe paſſe dans les autres ma-chines, elles excitent néanmoins des ſen-timents ? Mais ils leur appartiennent auſſi peu que la lumiere a ces atômes ſolaires, ſuivant que vous en êtes conve-nuë. C'eſt pourquoi à l'occaſion de ces ſentiments, nous ne dévons en aucune maniere prendre le change ſur la qualité des matieres propres à les exciter comme cauſes occaſionnelles.

Suivant donc ces principes, que je croi démontrés, ſuppoſons deſormais que de

ces parties du sexe, de certains endroits
où sont renfermés les esprits qui doivent
servir de principaux moyens à la propagation, & que par allusion à ceux des arbres, & des plantes, qui constituent les
germes de leurs semences, j'ai appellé
germinants ou prolifiques, pour les rapprocher d'une maniere plus générale de
toutes les espéces des choses qui se repro-
duisent en produisant de quoi se multiplier; supposons, dis-je, que ces esprits
ainsi contenus comme dans leurs semences propres, ont de temps en temps de
certains mouvements d'efflorescence, ou
d'exaltation, comme pour entrer dans
les mouvements de leurs actions naturelles ou légitimes; vous les compare-
rez, si vous voulez, à ces atômes si subtils qui émanent des corps odorants, &
qui le font en plus ou moins grande
abondance, suivant qu'ils sont plus ou
moins poussés; vous jugez bien qu'ils
doivent être d'une grande activité, qu'ils
sont capables de pénétrer bien facilement
dans des corps ouverts, & propres à les
recevoir; & que, du moment qu'ils s'y
seront fait jour, qu'ils y seront entrés
facilement & avec abondance, forts &
vigoureux comme ils sont, poussés d'ailleurs

leurs avec une grande activité, ils ne manqueront pas de causer dans ces corps des changements très - considérables, pour peu que ces corps en soient susceptibles.

Ces esprits germinants pénétrant donc ainsi dans toute la masse des humeurs, quelles émotions n'y causeront-ils pas ? S'ils paroissent à l'extérieur moins agités que le lait, que les autres liqueurs qu'on met bouillir sur le feu, & s'ils font moins de bruit, cela n'empêche pas qu'agissant dans le plus intérieur de leur substance, que s'unissant dans toute l'étenduë du tissu de leurs parties de la maniere la plus intime, & la plus exacte, ils n'y causent des altérations, ou changements très-considérables.

Ainsi, Madame, vous aurez pû sçavoir que la chair des animaux tués en de certains temps, où il auroit été plus à propos de les épargner en faveur de leur propagation, prend un goût & une odeur si extraordinaires, qu'elle n'est pas reconnoissable, & même qu'on n'en sçauroit manger. La chair des sangliers dans ces temps-là put à l'excès, & acquiert un goût & une fadeur très-dégoûtante. Celle des cerfs s'altére de même ; mais l'odeur &

le goût font très-différents. Dans le même temps la chair des taureaux est très-
mal faine, & l'on en conte des effets
très-furprenants.

Suivant ces obfervations, interrompit Sophie, vous auriez fort raifon de
comparer vos efflorefcences à celles des
corps odoriférents. Mais pourquoi ces
changements de goût dans la chair des
animaux ?

C'est, Madame, repliqua Afclepiade, qu'alors les efprits pénétrent fi fort
dans toute l'étendüe des parties, leur
impriment des qualités fi nouvelles, ou
dérangent à tel point comme le tiffu de
leurs parties, & même donnent à ces
parties-là de tels mouvements, un fi
grand changement de confiftence, qu'il
en arrive néceffairement que leur odeur
& leur goût en font changés. Car, vous
le fçavez, Madame, le goût n'eft formé
dans la langue, & le palais, que par un
certain ébranlement de cent mille petites houppes nerveufes, dont l'afforti-
ment compofe l'organe du goût dans les
membranes de la peau. Or ce n'eft qu'autant qu'on trouve toujours dans de certains corps les parties affez uniformes
pour exciter conftamment, & de la mê-

mie maniere, les ébranlements de ces houppes nerveuses, qu'ils produisent toujours le même goût ; de maniere que, du moment qu'il est changé, on doit croire qu'un tel changement ne peut être que l'effet de celui qui est arrivé dans la substance des choses qui sont l'objet du goût.

Ces odeurs ont des causes pareilles. L'affinité est très-grande entre le goût & l'odorat. Ils se mêlent même à tel point que c'est par l'odorat que le goût est perfectionné.

Oh ! pour cela, interrompit Sophie, je le sçai ; & que, quand on ne connoît pas ce qu'on mâche, le nez bien bouché, on a de la peine à discerner ce que c'est. Mais voilà d'étranges effets de l'action de ces esprits germinants.

Pourriez-vous donc croire, Madame, qu'ayant dû être capable des grandes choses que vous leur connoissez, ils n'ayent pas dû être revêtus de grandes propriétés ? Il est vrai qu'elles ne peuvent être telles que par rapport aux matieres sur lesquelles ils ont dû agir. Aussi leurs effets deviennent-ils plus ou moins considérables, & marqués, suivant que ces matieres s'en trouvent plus ou moins susceptibles. On a lieu de conjecturer

par diverses raisons, qu'ils tiennent beaucoup du caractére des sels volatils ammoniacs, ou du moins que ces sels leur sont
étroitement unis, & qu'ils s'en servent dans leurs opérations comme de
moyens, ou d'instruments, très-appro-
priés. De-là vient qu'ils agissent avec
tant d'activité, & qu'ils pénétrent si
fort dans la plûpart des matieres. Alors,
suivant qu'ils se développeront dans des
constitutions plus ou moins pures, ou
chargées d'humeurs mal conditionnées,
telles que seroient, par exemple, celles
des personnes bilieuses, atrabilaires, ils
mettront ces humeurs en de tels mouvements ; ils en dissoudront une certaine
partie de telle sorte, que l'entraînant
par les voyes des urines, & de l'insensible transpiration, ce sera avec des odeurs
très-rebutantes, & fort extraordinaires.
Ces matieres sulphureuses, ou huileuses,
car cela revient au même, & c'est pour
rapprocher les choses davantage de votre connoissance que j'employe ces *syno-
nymes* ; ces matieres, dis-je, dissoutes
par ces sels volatils ammoniacs, produisent une odeur puante, & des compo-
sitions de fort mauvais goût. D'ailleurs
dans ces agitations si tumultueuses,

qu'excitent également dans tout ce qui
entre dans la composition des humeurs
ces esprits si fermentescibles, ils produisent, suivant la propriété de certaines
combinaisons peu régulières, & mal as-
forties, tous ces goûts, & ces odeurs
fausses & extraordinaires . . . .

C'est-à-dire, Monsieur, interrompit
Sophie, que, suivant que de certaines
femmes auront le sang plus doux,
mieux conditionné, en un mot d'une
composition mieux assortie de principes
legers, & que j'appellerois volontiers
balsamiques, ou de la meilleure odeur;
vos esprits germinants n'en feront rien
exhaler de si désagréable, & de si rebutant, que des autres femmes dont le
sang est plus rempli d'impuretés. Ce sera
alors un préjugé bien favorable pour juger de la bonne consistence de ces personnes, & de leur santé solidement af-
fermie, que de n'avoir point d'odeurs
qui ayent rien de rebutant. Il est vrai,
il y en a qui dans cet état répandent une
odeur bien étrange; mais j'ai aussi remarqué que plus elles sentoient mauvais, plus on leur trouvoit d'altération
dans le tein. Les brunes, par exemple,
& les autres qui, avec une peau blanche,

ont les cheveux très-noirs, font fujettes
à fentir violemment le *gouffet*. Car nous
faifons auffi nos obfervations fans nous
en rien dire.

Vous penfez très-jufte, Madame, reprit Afclepiade ; & vous jugez bien que,
s'il fe trouve déja naturellement en de
certaines perfonnes des odeurs fi mauvaifes actuellement préparées, elles feront
pouffées à l'excès, lorfque nos efprits ammoniacs les auront exaltées dans leur
plus grande force.

Il eft d'ailleurs certain que ces efprits,
empruntant des tempéraments qu'ils
animent comme de legères *teintures*,
qui les rendent plus ou moins âcres, diffolvants, ammoniacs ; ils le feront
davantage dans les bilieux pituiteux ,
dans les atrabilaires ; & ils feront plus
fubtils, & plus dépouillés de ces teintures fulphureufes, & puantes, dans les pituiteux vrais & les fanguins; il y aura
pourtant toujours de l'odeur, mais bien
moins forte, & rebutante.

Il me femble, dit Sophie, que nous
prenons un plaifir bien extraordinaire de
nous amufer fi longtemps à nous empoi-
fonner l'imagination de ces mauvaifes
odeurs. Tout autre fujet feroit plus agréable.

J'en conviens, Madame, dit Asclepiade, & dès le premier moment je n'aurois pas manqué à vous les faire éviter,
s'il n'eût été nécessaire d'en discourir assez
pour que vous puissiez comprendre quels
puissants effets la matiere qui les enfan-
te est capable de produire dans les veines ;
quelles fermentations violentes, quels
dérangements considérables, enfin quelles irrégularités elle peut causer, lorsqu'elle agit également sur le sang, & les
esprits. Nous avons déja observé une
grande partie des symptômes que les vapeurs ont coutume de produire ; & quelquefois jusques à quels terribles excès
elles en poussent la véhémence. Ce ne
seront d'abord que des agitations tumultueuses, des bouleversements extraordinaires, dans toute l'œconomie animale.
Mais que l'action de ces matieres soit
augmentée par la sensibilité des parties
qu'elles attaquent ; cette sensibilité
produit des sentimens tendres, passionnés ; ou ces fureurs si singulieres dont
l'imagination se laisse saisir. Bientôt nous
verrons que, de la même maniere à-
peu-près que les atômes lumineux paroissent porter la lumiere dans nos yeux,
& nous éclairer, il naîtra de ces mouve-

ments nouveaux qui agitent nos veines, & nos autres parties, de mouvements d'affection, de tendresse, de desirs, & de ces autres sentiments dont les violentes passions sont accompagnées.

Par - là vous jugerez que , suivant que l'état de certaines compléxions les rendront plus ou moins sensibles, violentes , passionnées , ou qu'il est accompagné de plus d'insensibilité; il arrivera que les esprits, de quelque activité qu'ils soient poussés, produiront des sentiments très- différents. Ainsi les unes seront tendres , nonchalantes , mais de la plus grande sensibilité: les autres vives, turbulentes , bizarrement agitées; celles-là inconsidérées , impétueuses; celles-ci furieuses, mais taciturnes; enfin il s'en trouvera de si peu sensibles que tout au plus elles ne sentiront que de legers frissonnements , des bouffées de chaleur, c'est-à-dire seulement quelques mouvements de la machine , sans que leur imagination y prenne part.

Je suis fort dans le goût de ces derniéres , interrompit Sophie ; car je consens que la machine jouë son jeu tant que bon semblera à la nature , pourvû qu'il n'intéresse ni mon cœur ni mon esprit.

Je suis d'accord avec vous, Madame, reprit Asclepiade, & dans le vrai ces dernieres sont de toutes le plus favorablement composées. Car se sentir à propos de rien tourmentée par une passion qu'on ne doit pas satisfaire, dont on rougiroit même de faire l'aveu, ou bien se faire de ces occasions qui ne devroient servir tout au plus que d'un agréable amusement, se faire, dis-je, des sujets qui deviennent si sérieux, si intéressants, sans même que l'esprit & le cœur y consentent, c'est sans doute un grand malheur. Heureusement les personnes si disgraciées ne sont pas en grand nombre; & celles du caractére que vous préférez se trouvent le plus fréquemment.

Je le crois comme vous le dites, reprit Sophie.

Pourquoi, Madame, répondit Asclepiade, ne me croiriez-vous pas sincere, puisque je dois convenir qu'il est si rare de voir les emportements & les fureurs dont j'ai été obligé de parler?

C'est peut-être, repliqua Sophie, que vous prétendez en mettre sur le compte de la vertu, de la raison, des bienséances, ou de la crainte plus qu'il n'y en a.

Mais, Madame, reprit Asclepiade,

aimeriez-vous mieux que je fisse ces femmes sages machinalement ? Leur gloire me paroît bien plus grande de les rendre redevables à la vertu, ou à l'autorité des bienséances, plutôt qu'à l'insipidité de leur tempérament. Toutefois je ne prétends rien approfondir de ce côté-là. Il me suffit d'en discourir par rapport à ce qui est précisément de l'animal, ou de la machine. Ainsi, pour reprendre notre sujet, je dis que, toutes choses ainsi établies du côté de la force & des effets de ces efflorescences si vives & d'une si grande puissance, vous devez comprendre que ce n'est que par leur moyen que sont préparées, sollicitées & poussées ces décharges sanguines qui se font tous les mois. Elles ne commencent en effet à paroître que lorsque les vierges commencent à être assez formées pour être susceptibles de quelque chose de plus. Alors même on n'attend ni un accroissement parfait, ni un certain nombre d'années. Ces regles sont comme le signal, la manifestation que donne la Nature, de sa perfection. Aussi dès ces premiers tems, quelques prématurés qu'ils paroissent, trouvez-vous dans ces vierges une vivacité, une force, qu'à peine

les autres plus avancées pourroient avoir,
& cela tout autant du côté de l'esprit
que du corps.

Mais, Monsieur, dit Sophie, d'où
vient ce terme si importun de tous les
mois ? cette assiduité de révolutions si
réguliéres ?

Exemptez-moi, Madame, répondit
Asclepiade, de la nécessité de hazarder
à ce sujet plusieurs conjectures que peut-
être j'aurois de la peine à prouver, &
qui d'ailleurs ne sont d'aucune importance pour le sujet que nous traitons.
C'est assez que nous trouvions les choses
ainsi établies dans le monde. Il est vrai
que je pourrois vous rapporter l'opinion
de quelques Auteurs fameux, qui n'at-
tribuent ces décharges périodiques qu'à
la seule plénitude des humeurs, qu'à la
seule abondance du sang, & à la disposition toute particuliere des vaisseaux dans
le lieu où ils s'évacuent ; & ne veulent
pas même se mettre en dépense pour
l'établissement des esprits que je reconnois si puissants ; mais leur sentiment
m'a paru si *ideal* que je lui ai préféré ce
qu'une observation plus exacte de la maniere dont les choses se passent m'a fait
croire de plus certain. Pourquoi, par

exemple, les perſonnes graſſes, replettes,
dans leſquelles il ſemble que les veines
ſont pleines de ſang , ſont - elles néanmoins ſi médiocrement réglées en comparaiſon de celles qui ſont plutôt maigres que graſſes , & ſeulement charnuës;
dont la taille eſt legère & le teint plutôt
pâle que haut en couleur ? Il eſt vrai
qu'elles ont les veines plus groſſes, mieux
développées ; le pouls plus ſenſible , plus
élevé, plus ferme ; au lieu que les groſſes
perſonnes n'ont à l'extérieur que de petits vaiſſeaux profonds , roulants, & un
pouls enfoncé , & difficile ſouvent à bien
reconnoître.

Ainſi, Monſieur , dit Sophie , vous
prétendriez que dans ces perſonnes les
eſprits agiroient avec moins de vivacité,
ou que leur ſang ſeroit moins ſuſceptible
de cette évacuation.

Oui , Madame , répondit Aſclepiade.
Ce ſont des maſſes peſantes , & que je
dirois aſſez volontiers ſemblables à ces
terres *marécageuſes* , dans leſquelles s'ab-
ſorbe & s'éteint la plus grande activité
des eſprits ; & dans leſquelles en effet le
ſang n'acquiert point cette pureté, cette
raréfaction legère , bouillonnante , telle
en un mot qu'on l'obſerve dans les au-

tes. Auffi leur trouve-t-on rarement de ces *teintes pures* du plus beau blanc & de l'incarnat le plus vif. Ce font feulement des blancheurs *épaiffes*, des rouges mattes ; en un mot vous n'y voyez jamais cette forte de *tranfparence*, s'il m'eft permis de m'exprimer ainfi , qui rend le teint fi éclatant dans les perfonnes *charnuës* , bien *moulées* , d'une taille aifée, legère, & *fueltes* , pour employer un mot italien ou *pouflinefque* , comme lifent les Peintres , fi vous me paffez encore ce terme. Dans celles-ci, toujours pleines *de feu* , de vivacité , les efprits fe développent avec bien plus de facilité , & leur fang eft bien plus fufceptible de leurs impreffions.

Au refte voici une conjecture que je hazarderai , s'il vous plaît. Comme c'eft dans le fyftême végétal que fe font généralement toutes les végétations , toutes les propagations des efpeces , tous les accroiffements , en un mot les productions de toutes les efpeces des chofes , & qu'il paroît que c'eft fur ce fyftême fpécialement que la lune domine ; je m'imagine que c'eft à la différence de fes manieres d'influer qu'il faut attribuer ce qui fufcite les efflorefcences des efprits germinants , ou multiplicatifs....

C'eſt-à-dire, interrompit Sophie, que vous feriez de ces eſprits une eſpece tou-te différente de ces autres eſprits qui nous animent, en un mot des eſprits que vous appellez animaux.

Je le croirois ainſi, Madame, répon-dit Aſclepiade, quoique je ſuppoſe en-tr'eux beaucoup d'affinité. C'eſt pour la génération ſinguliere de ces eſprits pro-lifiques que je croirois qu'il a été or-donné à chaque choſe de produire de quoi faire la ſemence, & de quoi ſe multiplier ; au lieu qu'il mė ſemble que le ſoleil tout ſeul a pû contribuer à la production des eſprits animaux ; enſorte que, ne devant ſervir qu'à échauffer, qu'à faire mouvoir, que de principaux inſtruments à la ſenſibilité des parties ; leur véhicule naturel, ou plutôt les ſucs dont ils doivent naître, ſont les parties huileuſes du ſang, ou ces parties rouges & balſamiques qui en colorent toute la maſſe, quoiqu'elles ſoient en bien moin-dre quantiré que les parties ſéreuſes ou lymphatiques, qui ſervent de leur côté de principal véhicule au ſuc nourricier. Il me faudroit trop de tems pour vous démontrer cette vérité ; mais ſuppoſons-la, s'il vous plaît, comme conſtante ;

une autre fois nous y pourrons revenir.
Cela donc ainsi supposé , je pense que
les esprits germinants ou prolifiques ,
ont d'un autre côté le suc nourricier
pour véhicule ; que c'est à sa partie la
plus pure , la plus quinteſſenciée , la
plus parfaite , qu'ils ſont ſpécialement
attachés ; de ſorte que dans leurs développements ils affectent principalement
tout ce qui ſert à la nourriture des parties , la lymphe , les ſéroſités ; & qu'en
conſéquence ils entraînent facilement
dans leurs émotions tout ce qui eſt du
caractere de ces ſucs.

Mais, Madame , pour vous donner
une idée plus exacte de ce ſyſtême , il
ſeroit heureux que vous fuſſiez prévenuë
de ces connoiſſances anatomiques , qui
me mettroient en état de vous les rap-
peller, & de vous en expliquer le méchanique.

C'eſt , interrompit Sophie , ce qui me
manque , & dont je crois me pouvoir
paſſer. Raiſonnons , je vous prie , ſur les
faits de la maniere la plus générale. Elle
ſuffit à mes deſſeins. Je crains même que
vous ne m'engagiez un peu trop avant ;
j'en friſſonne preſque depuis un quart
d'heure ; car il eſt de certains ſujets où

je ne dois pas devenir si sçavante. Ainsi
vous m'en dites assez, Monsieur, ce me
semble, lorsque vous m'assurez comme
certain que, du moment que les esprits
s'épanchent d'une maniere si irréguliere,
ils agissent spécialement sur les sérosités.
Mais dans tout le sang que j'ai vû tirer
des veines, la sérosité me paroît si fort
mêlée avec la masse rouge, que ce n'est
qu'après un long repos que l'une se sépare de l'autre. D'ailleurs ne les tire-t-on
pas également par l'ouverture de la même veine ?

Oui, Madame, répondit Asclepiade;
& vous supposez fort juste leur mêlange
dans le corps humain : car le mouvement
de ces liqueurs est tel que tantôt elles se
mêlent & tantôt elles se séparent; que,
si elles ont quelques vaisseaux particuliers, elles en ont beaucoup qui leur deviennent communs. Les arteres & les
veines leur servent ainsi de vaisseaux cir-
culatoires; mais cela n'empêche pas que,
si les esprits dont je parle sont particuliérement attachés aux parties nourri-
ciéres du sang, je veux dire aux séreuses
ou lymphatiques, ils ne les puissent sin-
guliérement affecter. Ce ne sera pas
néanmoins d'une maniere qui les exclue

de

de toute communication avec les parties
rouges, ou huileuses. De leur côté aussi
les esprits animaux, quoique developpés des parties rouges, trouvent les parties lymphatiques susceptibles de leurs
impressions. Bien plus , & c’est par ce
moyen qu’il se fait entre ces esprits &
ces humeurs de si grandes communica-
tions de mouvements , d’impressions ,
de qualités , qu’ils s’entraînent, & s’é-
branlent mutuellement d’une maniere
si parfaite. Du moment en effet que les
esprits germinants entrent en action les
autres cédent, s’en laissent entraîner,
ne contribuent même que trop souvent
à rendre leur impétuosité excessive. Il
arrive aussi très-souvent que par l’activité toute seule des esprits animaux les
esprits germinants, & tout ce qui est de
leur suite , sont fortement suscités, &
mis en mouvements. Mais insensiblement nous nous sommes écartés, reprenons ce que nous avions à dire des
déterminations que la lune paroît exciter. Ce ne sera qu’en deux mots , &
seulement de la maniere la plus générale ; car, à moins que d’entreprendre
des dissertations entieres sur ces sortes
de sujets, il seroit impossible d’en don-

Cc

ner de suffisantes explications.

La matiere, dit Sophie, me paroît néanmoins très-curieuse, & vaudroit bien un entretien.

Elle l'est beaucoup en effet, Madame. J'avouë encore que ces éclaircissements ne conviendroient pas mal ici ; mais, pour nous y arrêter aussi long-tems qu'il seroit nécessaire, nous nous engagerions dans de trop longs détours ; ce qui nous feroit bientôt perdre de vuë notre principal objet. Une autre fois je m'engage à vous satisfaire, & nous en ferons à son tour le sujet principal d'une conversation.

C'est donc en conséquence des mêmes loix générales, & précisément par les mêmes raisons méchaniques, que les *irradiations* de la lune servent à déterminer tout ce qui se passe dans le systême de végétation qu'elle influë spécialement, & sur ce qu'il y a dans nos veines de sucs nourriciers, & sur les esprits germinants qui en doivent être les principaux moteurs, dès regles des femmes par conséquent, ou sur les efflorescences périodiques qui les déterminent. Mais, comme le sang est mêlé dans les vaisseaux où les efflorescences pénétrent, elles agitent toute la masse des liqueurs presque indistinctement, quoique ce soit principalement sur les sucs nourriciers, la lymphe, la sérosité qu'elles agissent ; (car ces termes ne désignent que diverses consistences de la liqueur préparée pour la nourriture des parties) & de-là vient que par les fermentations nouvelles qui excitent les efflorescences, par les gonflements, les raréfactions qui en sont les suites ; le sang forr agité venant à trouver de faciles entrées dans les veines de certaine partie que vous sçavez (parce qu'elles sont disposées de maniere à s'ouvrir plus facilement que les autres) s'ouvre en effet un passage, s'extravase, & s'épanche ; & c'est assez pour qu'à l'instant même ce qu'il y avoit de plus actif, & de plus impétueux, dans ces efflorescences s'amortisse ; & cela à-peu-près de la même maniere que le moindre jour qu'on donne au vin qui boût, & fermente, violemment dans son tonneau, qui même alors se disposeroit à faire crever ses fonds, fait qu'il s'appaise à l'instant.

Or plus ces évènements se passent d'une maniere douce & facile, moins il en arrive d'accidents. Rien n'y *fait de bruit* : fortes de dérangements néanmoins, mais si fort ménagés par la nature même en conféquence des loix générales, qu'elle les fait paifiblement entrer dans l'ordre de fes deffeins les plus réguliers. Alors il arrive qu'à proportion que par la jeuneffe, par la délicateffe, par la vivacité, en un mot par une fuite des qualités des tempéraments, il arrive, dis-je, qu'à proportion que les chofes fe trouvent plus ou moins fufceptibles des divers mouvements de la Lune; tantôt dans fon croiffant, tantôt dans fon plein, & tantôt dans fon décours, il fe fait de certains partages entre les filles & les femmes, jeunes & vieilles, dont les unes font plutôt réglées que les autres; celles-ci dans les croiffants, les autres dans les pleines Lunes, & les autres enfin dans leur décours.

Mais fuppofons que différentes difpofitions extraordinaires viennent à fe rencontrer; qu'un fang foit trop glaireux, par exemple, & moins fufceptible de ces efflorefcences legeres, & faciles, qui n'auroient pas longtems foutenu l'activité des efprits, & qui, cédant par une prompte, & facile hémorrhagie, en

auroient amorti la plus grande force ;
on obfervera qu'avant que cet épanchement fe faffe, les gonflemens, les agitations extraordinaires ne manqueront
pas d'arriver. Toute la maffe du fang s'y
trouvera bientôt comprife. Alors les
efprits animaux troublés , & dérangés ,
produiront auffi leurs fymptômes, & ce
fera ainfi que fe formera une attaque
vaporeufe. En conféquence il eft à propos
de faire de certaines obfervations, qu'il
eft important de ne pas oublier.

1°. La premiere eft qu'il doit y avoir
de juftes rapports entre toutes les qualités
dont les efprits germinants , ou prolifi-
que, font revêtus & celles de la maffe des
humeurs ; & qu'entre les unes & les autres , dans quelque jufte équilibre de puif-
fance qu'elles foient établies , il eft néceffaire que l'organe , ou la partie dans laquelle fe paffent leurs principales émotions , foit difpofée de maniere qu'elle
puiffe céder à propos.

2°. Que , lorfque les efprits agiffent
avec trop de force, & que du côté de la
maffe des humeurs rien ne fe trouve capable d'en balancer l'éxceffive impétuofité de la maniere la plus convenable ,
elle la pouffe à de tels excès qu'il en arti-

ve très-souvent *des pertes* de sang funestes;
deffauts qui, suivant qu'ils sont plus ou
moins grands, produisent aussi des pertes
plus ou moins considérables.

3°. Que, lorsqu'au contraire le sang
excede par sa pesanteur, par sa grossiere-
té de ses parties, leur *cohérence* trop grande, telle que trop de liaison entr'elles
est capable d'en causer; lors, dis-je, qu'il
excéde la force & l'activité des esprits,
il ne se fait alors de leur part que de
vains & inutiles efforts; ce qui n'occasionne dans les humeurs que des émotions, des agitations, des gonflements,
& cent autres désordres très-irréguliers,
par lesquels sont suscités divers symptomes vaporeux.

4°. Que, plus les esprits sont de caractère à être réguliérement *suscités* dans
leurs efflorescences légitimes, & plus
exactement aussi les régles sont déterminées dans leurs tems, & avec toutes les
occasions requises; au lieu que du moment que ces esprits sont de caractère à
n'être agités qu'irréguliérement, c'est-à-
dire à l'être dans un tems plutôt que
dans un autre; ou qu'une certaine quantité de leurs parties n'est pas prête à céder à l'activité étrangere qui la suscite,

pendant que l'autre y céde, il s'en fait
des développements imparfairs, irréguliers, & partagés les uns dans un tems &
les autres dans un autre ; & il arrive de
ces épanchements des régles si bizarres ,
si inégaux, si *entrecoupés* ; je veux dire
qui se montrent , & cédent , & puis reprennent bizarrement ; de sorte que c'est
par-là que sont causées toutes ces irrégularités qui sont si importunes , & qui
donnent lieu à tant de symptomes si
différents. Ce ne seront en effet que de
simples secousses, mais qui ébranlent si
fort toute l'œconomie animale , & particuliérement en ce qui appartient à
l'ordre des digestions, qu'elles s'en trouveront plus ou moins altérées , ce qui
par un retour nécessaire produira d'autres effets. Car, une action étant blessée,
beaucoup d'autres qui se succédent le
font aussi ; ce qui donne lieu à une
telle propagation de symptomes qu'il
s'en fait une confusion capable de produire les plus fâcheux événements. Mais,
pour ne nous attacher qu'à ceux des régles ; tantôt elles n'auront fait que se
montrer, & tantôt ce seront de fâcheuses pertes, après lesquelles, lorsque tout
paroîtroit devoir cesser, on verra succé-

der une autre espéce de mal. Ce seront
des tensions flatueuses dans les entrailles, & qui les feront s'élever,& rendront
toute la capacité du bas-ventre aussi
dure, aussi tenduë que le feroit une hydropisie tympanite, ou produite par les
vents. Ces flatuosités portent à la tête,
y causent très-souvent des affections
vertigineuses, quelquefois des étonnements très-forts, & c'est ainsi que s'é-
levent la plus grande partie des symptomes vaporeux dont nous parlions précédemment.

Or il est à remarquer que dans toutes
ces attaques les flatuosités vaporeuses deviennent comme des causes adjointes à
celles qui en qualité de principale dépendent de l'irrégularité des regles ; & l'on
remarque que ces flatuosités dominent
d'autant plus que les glaires sont plus répanduës;ce qui convient particuliérement
aux personnes pituiteuses.

Mais il y a une observation importante à faire sur la matiere de ces glaires.
Car, bien que toutes paroissent avoir
une matiere uniforme, je veux dire les
sucs nourriciers, la lymphe, la sérosité,
elles différent néanmoins beaucoup entre elles , par rapport au tempérament

des perfonnes. Car les qualités des fucs
nourriciers fe trouvent en chacun d'eux
tellement appropriés à leurs conftitutions propres, que celle par exemple, qui
fera pour le fanguin différera beaucoup de
celle qui eft appropriée au tempéranient
bilieux, & à l'atrabilaire : de forte que
l'on pourra dire qu'entre ces glaires les
unes feront plus aqueufes, plus diffoutes,
plus chargées de fels; les autres plus liées,
& plus remplies de falure volatile ; que
celles-ci auront des teintures bilieufes;
& celles-là feront également empreintes
des qualités de l'atrabile.

Or chacune d'elles n'agiffant qu'en
conféquence des qualités attachées à fa
propre conftitution, il en arrive que,
quand même elles feroient pouffées &
agitées par les caufes les plus uniformes,
leurs effets fe trouveront différents.

Il faut encore faire attention que,
n'ayant pas avancé que les matieres de
la dépendance des fucs nourriciers, c'eft-
à-dire les matieres féreufes, étoient les
feules agitées par les effervefcences des
efprits germinants ; & qu'au contraire
ayant fuppofé qu'ils portoient auffi leurs
atteintes fur les parties huileufes, ou bal-
famiques ; celles-ci produifent de leur

D d

côté leurs desordres, lorsqu'elles sont extraordinairement agitées. Mais celles qui sont *les moins travaillées*, les moins épurées dans les veines, & qui conservent plus de crudités, & de deffauts de digestion, telles que sont les matieres bilieuses & les atrabilaires, celles-là, dis-je, sont beaucoup plus capables que toutes les autres d'augmenter le desordre, & la confusion, par leurs mouvements extraordinaires. Alors poussées à l'excès, forcées de s'étendre & de pénétrer dans des couloirs peu appropriés, elles y laissent mille embarras, & très-souvent des obstructions qu'il est difficile de surmonter.

Ainsi des principes très-éloignés, profonds, cachés, produisent à l'extérieur des effets en apparence si éloignés de leur caractere, qu'à moins d'avoir cette juste pénétration qui fait que d'un effet on passe aux autres, on ne remonteroit jamais à leur origine; & de-là vient que la plûpart des maladies ressemblent si peu aux causes qui les ont produites qu'on prend le change. C'est aux effets qu'on s'attache, mais on ne les détruit presque jamais, parce que pendant que d'un côté on fait les plus grands efforts pour

les détruire , leurs caufes cachées agiffent toujours fans qu'on s'en apperçoive.

En effet , du moment que l'ordre fi
naturel des révolutions périodiques fuf-
citées en de certain tems par l'agent uni-
verfel , j'entends les révolutions de la
Lune , du moment, dis-je , que l'ordre
s'eft une fois derangé d'une certaine façon , il devient bientôt fufceptible de
plufieurs autres fortes de derangements.
Alors les efflorefcences , par exemple ,
ne font plus réglées ; le fang animé ,
échauffé par la fermentation irréguliere
des humeurs , les fufcite à tems & à
contretems ; ce qui fait un derangement,
& fouvent même une continuation très-
importune. Le *métaphyfique* même , car
c'eft ainfi que j'appelle tout ce qui appartient à l'efprit , tout ce que renferment
les myfteres du cœur, n'y contribue pas
moins que les autres caufes matérielles.
Combien d'accès de fievres , & d'autres
maladies, font capables d'avancer, ou de
retarder, ces fortes d'efflorefcences? Mais il
eft à obferver qu'elles ne portent pas toujours fur les humeurs , & qu'elles n'agitent pas le fang jufques au point de le
faire s'extravafer. Ainfi les régles ne paroîtront point , mais les vapeurs feront

D d ij

formées. Ce ne sera que la masse des esprits qui s'en trouvera le plus violemment affectée.

Ainsi, Monsieur, interrompit Sophie, je dois conclure de tout ce que vous venez d'expliquer, d'une maniere qui me paroît vraie, parce qu'elle me semble très-facile, & très-simple, qu'autant que les esprits germinants & le sang agissent de concert, tout se trouve très-régulier, ou dans l'ordre que la nature paroît avoir voulu établir ; mais qu'il y a de part & d'autre tant d'occasions diverses de derangements, d'inégalités, & d'autres deffauts, qu'il doit nécessairement arriver de la part de chacun d'eux autant d'événements mal sains, les uns plus, les autres moins. Je comprends même qu'ils peuvent aller jusques à l'infini ; premierement par eux-mêmes ; & en second lieu en conséquence de la grande composition du corps humain ; machine d'autant plus susceptible d'altérations qu'elle est plus composée, & assortie de parties plus délicates.

Votre justesse, Madame, reprit Asclepiade, & votre pénétration, vontau-delà de tout ce qu'on en peut dire ; &

cette conclusion que vous venez de tirer, comprend tout ce que je pourrois continuer à dire dans un long discours. Ainsi, vous voyant desormais si parfaitement au fait, il ne me reste plus qu'à parler des remedes qui conviennent aux vapeurs qui naissent à l'occasion de ces derangements. Car vous comprenez bien que tantôt ces esprits, devenus si irréguliers, pousseront avec plus ou moins d'effort leurs efflorescences, sans qu'il s'en produise d'hémorrhagies, & tantôt qu'il se produira des hémorrhagies qui auront trop de véhémence à raison de la trop grande fluidité du sang, de ce qu'il est par lui-même trop échauffé, ou enfin de ce que l'ouverture des vaisseaux est trop grande. Mais alors une grande partie de la plus grande force des efflorescences ou agitation des esprits sera diminuée, parce qu'elle trouve jour, & se dissipe à mesure que le sang s'épanche. On observe même qu'un des plus fâcheux événements qui arrivent pendant les pertes de sang arrive au moment qu'elles sont arrêtées, ou seulement suspenduës : les efforts vaporeux redeviennent plus violents ; ils tendent les entrailles, oppressent l'estomac, gê-

nent la respiration, attaquent la tête,
l'accablent d'étonnements vertigineux,
menacent même d'apopléxie, se répandent encore dans tout le genre nerveux, & causent des mouvements con-
vulsifs, qui quelquefois même appro-
chent beaucoup de ceux des épileptiques. Des effets plus fâcheux encore sont
aussi arrivés, je dis des effets mortels ;
de sorte que dans ces tristes conjonctures
on se trouve auprès d'une malade quelquefois réduit à la triste nécessité ou de
lui voir perdre jusques à la derniere gout-
te de son sang, ou de la jetter dans les
plus funestes convulsions. Ce qu'il y a
encore de plus fâcheux, c'est que très-
souvent ces pertes ne sont pas exemptes
de ces vapeurs convulsives ; car elles se
developpent alors d'autant plus qu'il
reste moins de sang, & que la sérosité,
principal siége des vapeurs, domine davantage. Il sembloit que le poids du
sang servoit à balancer un peu d'activité
vaporeuse, ou cette violente émotion
des esprits. Toutefois par un retour presque nécessaire, les grandes secousses, les
puissants efforts, l'excessive agitation
de toutes les parties, poussent, précipitent
encore de plus en plus l'épanchement du

sang : mal très-grand alors de toutes les manieres, desordre général, tempête effective, qui déconcerte absolument toute l'œconomie animale.

Aussi je ne les vois jamais arriver, je vous l'avouë, Madame, que je ne tremble, quelque expérience que je croye avoir avoir acquis dans cette sorte de maladie. Il est vrai que toutes ne sont pas également *orageuses*. Il en arrive assez souvent qu'on pourroit appeller des hémorrhagies simples, & dont il n'y a rien à craindre en comparaison des autres, où les impétuosités vaporeuses dominent à l'excès.

Mon Dieu, Monsieur, dit Sophie, parlons, je vous prie, un peu à fond de ces vapeurs. C'est de toutes les maladies celle que je redoute le plus. J'en sçai diverses histoires qui me font trembler; au point même que, bien que je jouisse d'une santé assez bonne, je ne me trouve jamais sans crainte dans de certains tems.

Je le veux bien, Madame, répondit Asclepiade, mais vous êtes appliquée depuis longtems, & je craindrois qu'enfin votre imagination ne s'en trouvât fatiguée ; car le détail où vous m'enga-

gez ne peut être court: remettons donc
à tantôt, s'il vous plaît, ce qui me reste
à dire.

Le conseil est excellent, dit Sophie,
mais la curiosité n'attend gueres volontiers. Cependant je trouve que ma tête
commence à s'échauffer. A tantôt donc,
s'il vous plaît.

SIXIEME ENTRETIEN.

Suite du precédent.

PRofitons, Monsieur, du loisir que
le hazard nous donne, dit Sophie à
Asclepiade. Beaucoup de compagnie
étoit arrivée au Château; & l'après-dîné,
pendant qu'elle s'occupoit au jeu, Asclepiade & Sophie, restés auprès de la
malade, reprirent ainsi leurs entretiens.

De toutes les maladies, continua donc
Sophie, auxquelles les femmes sont sujettes il me semble qu'il n'y en a point
de plus intéressantes que les pertes. On
m'en a fait des frayeurs qui me les font
considérer comme des écueils très-dan-
gereux, si ce n'est pour un tems, du
moins pour un autre; & par malheur le

tems où elles sont le plus redoutables est
celui-là même où elles devroient être
moins à craindre , selon toutes les apparences : c'est celui où les régles doivent
cesser.

Vous ne comptez donc pour rien ,
Madame , dit Asclepiade , celles qui accompagnent , ou qui suivent les accou-
chements ?

Je n'y pensois pas , dit Sophie ; elles
sont fort à craindre sans doute ; mais je
m'imagine qu'arrivant alors plus conséquemment aux loix de la Nature , les
autres comme irrégulieres sont plus à ap-
préhender.

Quand même ce ne seroit pas la perte
précisément qu'on devroit craindre ,
combien de maladies différentes paroís-
sent en leurs places ! Entre nous autres
femmes , les discours que nous tenons
quelquefois à ce sujet , nous remplissent
d'une terreur extrême ; quoique le plus
grand nombre ne soit pas traité d'une
maniere si fâcheuse que quelques autres.
Mais on est si disposé à redouter plutôt
les plus fâcheux événements , qu'à s'occuper de flatteuses espérances , que c'est
précisément en ces occasions où le mal
d'autrui frappe le plus vivement.

Ce n'est pas là néanmoins , dit Asclepiade , ce que j'ai le plus universellement observé dans le monde, & particulierement parmi les femmes qui aiment le plaisir. On a même beau leur représenter qu'elles se vont précipiter contre ces terribles écueils à force de s'échauffer le sang par leurs grands repas, par l'assiduité à leurs veilles , enfin par cette action perpétuelle où les retient une perpétuelle succession de plaisirs , dont elles ne voudroient perdre aucun : ce n'est pour elles que songer au mal d'autrui, & l'erreur de se croire tout autrement faites que les autres ou plus favorisées par la Nature , leur inspire une confiance au-dessus de tous les dangers.

Elles se flattent même que , si dans le cours de la vie chaque année leur beauté souffre quelques diminutions, & enfin un déchet considérable , elles ne manqueront pas à devenir vénérables , lorsqu'elles pourront cesser d'être aimables.

Ah ! que dites-vous là , dit Sophie ? jamais femme ne l'a pensé ainsi ; & ce seroit de tous les complimens le moins favorablement reçu que le titre de vé nérable. Vous avez en vuë sur ma parole quelque Abbesse surannée. Mais dites plutôt qu'alors on se retranche sur la force & la solidité de l'esprit, que l'on prétend *payer de raison*, & qu'avec certains airs de grandeurs, que de nouvelles graces accompagnent, on ne croit pas moins en imposer qu'on auroit cru le faire par tous les agréments passés, & qui ne sont plus de saison.

Mais venons au fait, Monsieur, parlons de ce passage terrible, qui dans le cours de la vie des personnes de mon sexe ne me semble pas moins dangereux, & moins nécessaire, que celui de la ligne dans les voyages *de long cours*.

Madame, reprit Asclepiade, ce n'est pas seulement dans ces tems, que je pourois appeller *critiques*, à cause des derniers efforts que paroît faire la Nature, que les pertes sont à redouter : je le puis dire, c'est en beaucoup d'autres qui devancent de beaucoup ces termes. Il est vrai que, si de certaines personnes y sont sujettes, un plus grand nombre d'autres y sont peu exposées, & vous allez juger que le raisonnement s'accorde en ce point avec l'expérience.

Mais il est à propos, pour ne rien ici

confondre, d'établir un ordre, & de difcourir méthodiquement fur les pertes.
Car, bien qu'elles conviennent toutes en
ce qui concerne l'hémorrhagie, ou l'é-
coulement du fang, de ce qu'il faut qu'il
fe faffe alors dans les vaiffeaux quelques
ouvertures confidérables, par lefquelles
le fang s'épanche, leurs caufes font néanmoins fort différentes ; & c'eft précifément pour ces caufes qu'il faut ufer de
diftinction, lorfqu'on prétend en arrêter
les effets, & faire furement ceffer ces
pertes dangereufes.

Il eft donc des pertes de fang qui n'arrivent que par l'effet tout fimple d'une
trop grande plénitude, qui à la premiere
agitation violente, & fouvent, quelle
qu'en foit la caufe, occafionne la rup-
ture de quelques vaiffeaux fanguins. Ces
hémorrhagies pourroient paffer pour des
crifes, & d'abord on ne les doit pas
moins laiffer couler qu'une faignée faite
feulement pour defemplir. Auffi voit-on
qu'après une certaine quantité de fang
épanché, elles s'arrêtent facilement d'elles-mêmes. Ainfi dans les hommes, &
particulierement dans les jeunes gens,
de pareilles decharges fe font par le nez;
enfuite defquelles ils fe trouvent plus

degagés, *allegés*, la tête plus libre, la
respiration plus aisée, leur teint même
reprend des couleurs plus pures, & d'un
caractere plus avantageux. Aussi ne paroît-il aucunes émotions violentes, ni
avant ni après ces hémorrhagies ; & le
pouls n'a point cette dureté, cette *vi-
bration*, cette fréquence, qu'on observe
dans les autres hémorrhagies.

Il s'en fait d'autres qui paroissent être
d'un caractere plus *critique*, en ce qu'elles sont précedées de fievres, & de divers
symptômes par lesquels on juge des embarras où la Nature se trouve, & des
efforts qu'elle fait pour se procurer un
degagement : crises particulierement
affectées à de certaines maladies, dont
il seroit inutile de faire le détail. Elles
ont leurs signes propres, conséquemm-
ment auxquels le Médecin fera son prognostic, & annoncera une hémorrhagie
pour le cinquiéme ou le septiéme jour
de la maladie, ou pour d'autres posté-
rieurs. Ces crises deviennent ainsi des
remedes plutôt que des événements fâcheux. Elles exigent néanmoins l'attention d'un Médecin, pour qu'il en tem-
pere à propos le cours, s'il observoit
qu'elles devinssent trop exagerées.

C'est particulierement aux personnes sanguines vraies, sanguines pituiteuses, & sanguines bilieuses, qu'elles arrivent le plus fréquemment, & même les personnes de ces tempéraments ont presque toujours leurs régles plus abondamment, & plus régulierement marquées, que les autres, lors même que cette évacuation se fait le plus naturellement. Les hommes même de ces tempéraments lorsqu'ils commencent à vieillir, se trouvent sujets à des flux hémorrhoidaux, lesquels ne sont ni moins périodiques, ni moins réguliers, que les évacuations des femmes; & l'on peut dès leur adolescence en faire le prognostic. Car, si alors ils saignent fréquemment du nez, & avec abondance, ces hémorrhagies, venant à manquer dans la suite des années, leur en occasionnent d'autres par les voyes inférieures. Mais ces dernieres arrivent à bien des hommes, quoiqu'ils ayent été moins sanguins, & moins sujets aux pertes, dans leur adolescence, & dans leur jeunesse.

Voudriez-vous, Monsieur, interrompit Sophie, passer ainsi en revuë toutes les especes d'hémorrhagies avant que d'en venir à celles qui m'intéressent? Le détail en seroit bien long & j'y prends peu de part : vous me feriez donc plaisir de vous borner à celles que je veux connoître.

Madame , répondit Asclepiade , les femmes ne sont pas moins sujettes aux unes qu'aux autres ; & il leur arrive souvent de passer des unes aux autres. Cependant je m'en tiens à ce que j'en ai dit ; car , si vous ne m'aviez pas interrompu, je vous aurois parlé de deux genres d'hémorrhagies , qui comprennent presque toutes celles qu'on peut appeller symptômes , ou maladies vraies. Les unes sont du genre scorbutique ; & supposent une excessive âcreté , toujours suivie d'une trop grande dissolution , de la masse du sang ; les autres au contraire comprises dans un genre tout opposé tiendront du caractere inflammatoire,ou pleurétique,pour vous le mieux spécifier; où toutes les parties huileuses ou sulphurées du sang , sa partie rouge en un mot , dont j'ai eu l'honneur de vous parler précédemment , sont enflammées à l'excès ; & les parties nourricieres , ou lymphatiques, épaissies & liées outre mesure , & cela par une sorte de tartre volatil à-peuprès semblable à ces acides nitreux incoer cibles qui fe developpent de la maffe des humeurs.

Dans chacun de ces genres les fignes font très-différents, mais la perte du fang eft évidente & uniforme, quoi-que le fang s'y trouve très - différent. Dans les hémorrhagies fcorbutiques il eft rembruni, très-diffout, chargé d'une férofité abondante; ou, lorfque l'acri-monie fe trouve d'un caractere excef-fivement *favoneux*, il ne fe fait prefque aucun départ de la férofité d'avec le fang; ce qui eft la marque d'une diffolution exceffive. Car alors le fang refte limo-neux, pefant, à-peu-près comme de la lie de vin rouge détrempée fans beau-coup d'eau. Le pouls eft mou, lâche, prefque fans reffort, foible, étendu, & *s'éteignant* facilement fous les doigts. Au contraire dans les confiftences pleuré-tiques, ou inflammatoires, il eft dur, ferré, fréquent, petit. Le fang qui s'épanche eft d'un rouge de grofeille, lors particu-liérement qu'il ne s'y fait aucun départ de la férofité; ce qui le rend fec, & fort collé; car plus fouvent encore cette férofité s'en détache. Il fe forme au-deffus de la maffe rouge une forme de coënne, qui s'y tient attachée une fubftance blanchâ-

tre

tre, ou jaunâtre, dure & solide, à-peu-près comme de la colle de vin : deux effets différents d’une même même cause qui coagule la férofité, & enflamme les parties huileufes. C’eft ce que j’ai eu l’honneur de vous faire obferver ci-devant.

Pardonnez-moi, Madame, fi j’ai voulu pourfuivre ces deux genres d’hémorrhagies. Il étoit néceffaire que vous les connuffiez, parce qu’il eft rare de trouver des pertes qui ne tiennent pas plus ou moins de l’un ou de l’autre.

Je crains, interrompit Sophie, que vous n’alliez m’embaraffer : de telles diftinctions m’inquiétent toujours. Car, de quelle maniere fe pourroient connoître ces difpofitions fcorbutiques, & inflammatoires ? de quelle utilité font d’ailleurs ces diftinctions, puifque dans les hémorrhagies il ne s’agit que de la perte du fang, & qu’il n’eft queftion que de l’arrêter pour peu qu’elle devienne exceffive ?

C’eft là néanmoins une néceffité, répondit Afclepiade. Il faut connoître de quel caractere eft le fang, & la nature de la caufe qui le pouffe, puifqu’il eft des fuppreffions qui ne font pas moins dangereufes que les pertes mêmes, que dis-

E e

je, qui pourroient plus promptement
accélerer la mort que la perte ne l'auroit
fait ; & puisqu'il est d'ailleurs constant
qu'après ces suppressions il se developpe
diverses maladies pour lesquelles il seroit
avantageux de renouveller les pertes, ou
tout au moins d'évacuer du sang, quelque vuide qu'on suppose dans les veines.
Pourquoi enfin, Madame, voit-on succéder à de certaines pertes des accidents
si différents de ceux qui suivent les autres ? Mais il me semble qu'en vous dé-
signant les caractéres du sang, les qualités du pouls, c'est déja beaucoup vous
éclaircir la difficulté. Car ce qui m'oblige à partager ainsi les hémorrhagies, &
à les réduire à ces genres si contraires,
c'est que le sang péche en effet par l'un
ou par l'autre des deffauts qui caracteri-
sent ces genres de maladies ; & ces dé-
nominations, inflammatoires & scorbutiques, portent avec elles les indications
qu'on doit nécessairement suivre pour le
choix des remedes.

Ils sont en effet si différents les uns
des autres, qu'en prenant le change, loin
de guérir, on ne manqueroit pas à augmenter le mal. Combien, disois-je, par
exemple, n'a-t-on pas vû périr de mala-

dés , parce que l'on a eu l'imprudence d'entreprendre, de soutenir par d'excellens cordiaux leurs forces qu'on voyoit deffaillir , parce qu'ils ne servoient alors qu'à échauffer & qu'à animer davantage la cause de l'hémorrhagie ! Combien d'autres ont aussi péri à l'occasion de remedes propres à surmonter l'activité de ces causes, mais qui , étant toutes différentes de celles dont je viens de parler , avoient plutôt besoin d'être fortifiées que d'être éteintes !

Rien de plus intéressant que ce que vous me dites-là , Monsieur, reprit Sophie ; & je ne m'étonne plus s'il est facile de prendre le change , & de faire des *qui pro quo* en matiere de Médecine. Dans la vérité on court de grands hazards dans la vie, & l'on a grand intérêt de tomber en bonnes mains. Ainsi , Monsieur , vous ne prétendez pas seulement qu'on doive considérer les pertes par rapport à la trop grande diminution du sang ; il faut encore les considérer par rapport à ce que le sang est en lui-même. Ce sont deux choses auxquelles je n'aurois pas cru qu'on dût s'arrêter , me bornant à la seule nécessité d'arrêter l'hémorrhagie , pour laquelle je m'imaginois qu'il y a un certain nombre de remedes appropriés, desquels il n'étoit question que de faire le choix.

Oui sans doute, Madame, poursuivit Asclepiade, il y a nécessité absoluë de connoître quelle est la qualité du sang, aussi bien que la cause qui en excite l'agitation excessive. Souvent même cette cause ne devient si puissante qu'à l'occasion des qualités du sang. Et vous allez voir de quelles manieres cette observation rentre dans celles que nous avons déja faites.

Nous disions que les vapeurs qui surviennent lorsque le sang est gluant, & trop lié dans sa masse par une consistence trop onctueuse, tel qu'il lui arrive souvent de l'être quand il est chargé d'une bile grossiere, & mal fermentée, ou lorsqu'une sorte de suc mucilagineux, ou glaireux, en embarasse trop les parties ; nous disions, dis-je, que dans ces circonstances le sang souffroit des gonflements, ou extensions de sa masse, des raréfactions irrégulieres, & qui n'embarassoient pas seulement le cours de sa circulation, mais qui lui faisoient produire dans les chairs des bouffissures qui ressemblent à une sorte

de faux embonpoint. Or vous jugez bien
que cette même cause, qui dans une certaine médiocrité n'aura produit que des
vapeurs, sera capable, à ne faire seulement que se developper avec plus de
force, de pousser le sang avec assez d'impétuosité pour produire des pertes. Il ne
faut ainsi que du plus ou du moins ; &
ces pertes alors seront alors accompagnées de vapeurs, qui, suivant qu'elles
seront plus ou moins impétueuses, assiduës, longues, ou bizarres & irrégulieres
dans l'ordre de leurs developpements,
rendront ainsi les écoulements du sang
plus ou moins abondants, assidus, ou irréguliers.

Mais, interrompit Sophie, prétendriez-vous qu'alors c'est le sang qui péche ? je penserois tout autrement, & je
m'imaginerois plutôt que ce seroit uniquement à la cause qui l'agite qu'il faudroit s'attacher. Ce sang par lui-même
resteroit paisible ; mais le principe vaporeux fait tout le desordre.

Rien n'est plus judicieusement pensé,
repliqua Asclepiade ; c'est comme la trop
impétueuse ardeur du feu qui fait trop
violemment s'élever le lait qu'on voudroit
faire bouillir. Aussi dans ces occasions

il est nécessaire d'essayer au plutôt à surmonter ce vaporeux *desordonné*. Et, comme dans sa fougue c'est une nécessité qu'il se répande, qu'il agite, qu'il raréfie, il faut toujours lui procurer quelque issuë. On essaye à lui donner *le change*, quand c'est vers certain endroit qu'il paroît le plus violemment déterminé. Aussi saigne-t-on du bras par *pauses*, & continuë-t-on ainsi à sacrifier du sang pour en éviter une plus grande perte. Cependant ce remede n'est pas toujours également sûr. On risque quelquefois à trop attirer vers la tête. Car c'est à s'élever en haut que toutes les vapeurs sont principalement déterminées, inconvénient auquel il est à propos de faire une sérieuse attention, lors particulierement que la malade a déja trop perdu ; & il est à remarquer qu'en ces tems-là même l'équilibre qui doit se rencontrer entre le poids de la masse du sang & l'activité des esprits étant rompu ; ces esprits alors devenus plus dégagés, plus forts, continuent à se répandre d'une maniere plus impétueuse, & plus irréguliere : & de-là vient que plus les personnes sont sujettes aux vapeurs, & plus les pertes qui leur sont familieres sont difficiles à guérir. Elles se laissent suspendre pour quelque tems, mais bientôt, comme devenuës plus fortes après cette tréve, elles reprennent aussi violemment que jamais. De-là vient encore que les convulsions qui surviennent après les pertes ont un prognostic si dangereux.

Un remede que j'ai fait fréquemment pratiquer alors, je veux dire lorsque l'épanchement a été assez considérable, est de poser tout d'un coup sur toute l'étenduë du bas ventre une serviette trempée dans l'eau la plus fraîche, & de l'y laisser un demi quart d'heure, après lequel on en remet un autre, jusques à ce que la fureur du sang soit amortie. Souvent encore au lieu d'eau j'employe du plus fort vinaigre. L'effet en est plus puissant à raison de l'acide coagulant qu'il contient ; &, comme dans ces circonstances la raréfaction du sang est excessive, on doit moins craindre l'effet de cet acide du vinaigre que dans un autre temps. Car tout ce qu'il peut faire alors est de rétablir le sang dans la consistence qu'il doit avoir.

Pour mieux assurer encore ces moments de calme, & rendre le vinaigre plus specifique, je le mêle avec une

forte décoction de feuilles d'absinthe
qu'on a laissé refroidir. Cependant je ne
m'en remets pas en entier à ces remedes exterieurs de la guérison que j'attends ; j'en employe d'internes, & le
plus spécifique de tous est le charbon de
liege réduit en poudre. On le donne de
deux en deux heures, depuis un demi
gros jusqu'à un gros, délayé dans un peu
de bon vin, ou un peu de syrop d'absinthe. Il se trouve dans ce charbon une
sorte de sulphureux narcotique très-ap-
proprié pour calmer l'excessive émotion
des esprits ; & je puis dire que je ne l'ai
jamais vû manquer. Il est vrai qu'il n'a-
git pas toujours avec la même célerité,
mais un peu plutôt ou plus tard il fait
heureusement son effet.

Cependant il n'est pas avantageux
qu'il agisse trop vîte ; parce que, lorsque le sang est fort vaporeux, il est utile
que de tems en tems il se fasse quelque
jour. Aussi du moment que l'on voit la
perte considerablement diminuée, il faut
cesser le remede, pour ne le reprendre
que dans les bouffées qui la font recommencer, ou bien dès que l'effet de la
suspension commence, on diminue peu-
à-peu & la quantité & la fréquence
des doses. La

La poudre très-desséchée de gousses de fèves produit un effet à peu-près pareil. Plusieurs personnes s'en servent très-utilement. On la donne depuis un demi gros jusqu'à un gros dans un peu d'excellent vin rosé, & l'on réitere de quatre en quatre heures avec les mêmes précautions que pour le liege brûlé.

Mais, comme ces remedes ne sont que palliatifs, & que peut-être bientôt après l'orage pourroit recommencer, outre qu'il est d'ailleurs avantageux de procurer au sang une consistence moins facilement susceptible de ces émotions si étranges, je me sers fort utilement de suc d'orties noires. Ce sont les orties qui se trouvent partout le plus communément. On les pile, on les exprime fortement, on fait boüillir leur suc un moment pour le clarifier, & on le donne de quatre en quatre heures depuis trois onces jusqu'à six pendant les trois premiers jours, & de six heures en six heures les trois jours suivans.

Quand j'observe dans le sang trop de raréfaction, & d'impétuosité, & que je prévois que le calme sera plus difficile à procurer, j'ajoute au moment de l'ébullition sur une livre de ce suc un gros d'a-

lun cru bien pulverifé : c'eſt alors un remede des plus ſpecifiques, & qui convient en pluſieurs autres maladies.

La décoction de feuilles de pervenche,
& de bourſe à paſteur, ſont encore des
ſpécifiques également éprouvés. Leurs
plus grandes proprietés conſiſtent en certaines qualités vulneraires propres à ab-
ſorber cet acide volatil, ſi tumultueux,
& ſi fort incoercible par tous les autres
remedes acides, qui fait dans le ſang le
principal deſordre. Et l'on experimente
en effet qu'autant que cette décoction
éteint l'exceſſive activité inflammatoire
qui anime ſi fort les parties huileuſes du
ſang, autant elle diſſout les coagulations
de la ſéroſité, & contribue en même
tems à rétablir l'inſenſible tranſpiration;
bien que d'abord ce ſoit par la voye des
urines qu'elle paroiſſe principalement
pouſſer. Auſſi s'apperçoit-on bientôt
que le pouls change de caractere. De
ſerré, de dur, de petit, de fréquent
qu'il étoit, il s'étend, ſe ramollit, s'é-
leve, ſe relâche : heureuſe marque, qu'il
ne faut jamais perdre de vuë !

Ceux qui ignorent les effets extraordinaires que produiſent entre eux les acides, ſuivant qu'ils ſont ou plus fixes ou

plus volatils, ou plus adoucis ou revêtus de qualités corrosives, seront surpris que dans le dessein de suivre les mêmes indications vulneraires, j'employe encore dans ces pressantes occurrences l'essence, ou l'*huile de Rabel*, je veux dire l'huile de vitriol dulcifiée avec l'esprit-de-vin, puisqu'elle est un acide puissant. Car j'en mets quelques gouttes dans les bouillons, & les breuvages, que prend la malade. Son effet n'est pas moins specifique que celui des autres remedes, bien qu'en conséquence d'une méchanique toute différente.

Mais, dit Sophie, vous ne me parlez point de ce mélange de corail, de sang-dragon, & d'alun, dont on fait un usage si fréquent.

Je le devrois, répondit Asclepiade, & j'en ai vû quelques bons effets, comme de plusieurs autres remedes, dont je pourrois également parler ; mais, les ayant trouvé d'une pratique moins sûre que ceux que je vous propose (car très-souvent ils sont fautifs) j'ai cru ne devoir vous rendre compte que de ceux dont je fais l'usage le plus fréquent. Je pouvois, par exemple, vous parler du souphre anodin de vitriol, & de plufieurs autres remedes chimiques , vantés comme les plus fpécifiques ; mais ces remedes , pour être excellents , doivent être préparés de très-bonne main ; & même , pour qu'un Médecin y pût avoir une confiance parfaite , il faudroit que lui-même eût veillé à leur préparation

Ah ! ne me parlez jamais de remedes chimiques , interrompit Sophie ; je les redoute infiniment , & je fuis perfuadée , qu'il y a tôt ou tard de fâcheux retours à craindre de leur part. Je me fervirai même de l'expreffion d'un certain Médecin fort de mes amis , qui me difoit un jour à leur fujet , qu'ils n'étoient que des bêtes farouches apprivoifées , lefquelles tôt ou tard reviennent à leur férocité naturelle.

Je ferois affez de fon fentiment , repartit Afclepiade : il eft néanmoins de certaines préparations métalliques , & minérales , qui ont des effets fuperieurs à tous ceux des fubftances végetales , & animales. Cette huile de Rabel , par exemple , fera plus sûrement ceffer toutes les émotions fermentefcibles que tous les fucs tirés des plantes. Mais ne rendons point la thèfe trop générale d'un côté & d'un autre ; & préferons tant

que nous le pouvons les préparations galeniques aux chimiques, sans exclurre
néanmoins absolument ces dernieres. Car
les galeniques ont aussi de grands deffauts, dont il n'est pas à présent question de parler.

On se sert encore d'autres rémedes
contre les hemorrhagies. Les uns qui
par des propriétés secrettes, & qu'on
pourroit nommer magnetisme, font
promptement cesser toute l'émotion qui
fait la perte. Mais j'ai si rarement vû
réussir ces sortes de remedes, qu'au lieu
de les indiquer, je renvoye volontiers
aux Auteurs qui en ont écrit. Là on
trouvera des détails de sympathies, &
d'antipathies, merveilleuses, des poudres
de sympathie, des bois constellés, des ta-
lismans, des os, des chairs d'animaux,
enfin cent sortes de remedes admirables.
Mais, comme l'ex périence m'a trompé
à l'égard d'un grand nombre, je suspends
mon jugement à l'égard des autres, &
je m'en tiens à la méthode, & aux rémedes, que cette même expérience &
la raison m'ont fait connoître d'un usage plus certain.

D'abord que la violence de l'hémorrhagie est diminuée, on pense à procu-

ter la liberté du ventre, qui pendant ces orages est arrêtée ; & dont il est à croire que la trop grande paresse ne contribue pas médiocrement à tenir concentrée dans toute l'étendue du bas ventre une chaleur très-propre à animer l'émotion extraordinaire du sang, & la fougue de ces vapeurs, qui portent alors si fort à la tête. Mais il faut observer si le ventre ne resteroit point tendu, élevé, & à-peu-près aussi dur que dans les commencements d'une hydropisie tympanite ; effet très-fâcheux, & qui très-fréquemment succede à la suppression des hémorrhagies, & même qui les accompagne souvent, comme il arrive dans ces vapeurs flatueuses, dont j'ai eu l'honneur de vous parler précédemment. Alors toutes les fibres des entrailles restent tendues, & dans une sorte de mouvement tonique, qui les empêche d'agir. C'est pourquoi vous pourriez alors donner de suite plusieurs lavements sans qu'il en pût sortir un seul.

Cependant on ne risque rien lorsqu'on en donne, pourvu qu'ils soient plutôt vulnéraires & adoucissants, que laxatifs, parce qu'ils ne feroient encore qu'irriter, & confirmer de plus en plus les *crispa-*

tions, & le mouvement tonique. C'est
un bain intérieur, qui par son séjour
peut être de quelque utilité. Ceux que
je préfere aux autres se font avec un
tiers de bouillon à la viande, & les deux
tiers de décoction émolliente, comme de
mauves, guimauves, moleine, bete,
choux verds, camomille, mélilot, &
absinthe. Mais un seul suffira d'abord
pour ne pas augmenter la tension.

Ensuite, & ce sera le lendemain au
matin, on en donnera un autre plus actif. Il sera composé de moitié d'urine
dans laquelle on aura dissout un gros
des pilules contre les vapeurs ci-dessus
decrites. Elles s'y fondent comme du savon. L'autre moitié sera de bouillon
clair. L'effet de ce lavement ne m'a jamais manqué. Non seulement il fait
évacuer considérablement, & sans causer aucune irritation ; mais il contribue
encore beaucoup à relâcher toutes ces
crispations, & ces racornissements des
fibres intestinales, qui contribuoient à
la grande tension des entrailles.

Chez beaucoup de personnes, j'ai vû
durer ces tensions vaporeuses longtems
après les pertes ; & même, ce qui paroissoit fort extraordinaire, ne se décla-

rer que périodiquement. Tantôt elles cédoient sans qu'on s'apperçût d'aucune raison de leur cessation, & laissoient toute l'étendue du ventre aussi mollette, aussi platte, que dans la meilleure santé, & bientôt après elles recommençoient, comme si quelques vents du dehors s'étoient venus renfermer; preuve qu'elles étoient plûtôt l'effet de l'irritation des esprits par une vapeur fine, & déliée, qui les avoit agités, que d'une plénitude réelle de vents, qui pour leur cessation auroient dû sortir ou par le haut, ou par le bas. J'ai aussi remarqué que cette sorte de *soufflure* se répandoit dans le sang, & dans toute la capacité des chairs. Alors vous auriez cru trouver la personne parfaitement refaite, & dans le meilleur embonpoint. Ses vaisseaux, qui n'étoient que soufflés, paroissoient pleins; le pouls élevé, étendu, un peu dur cependant, & avec un ressort vigoureux. Mais du soir au matin, & suivant l'état du bas ventre, tant de *fraîcheur* apparente se flétrissoit bientôt, & laissoit reparoître l'amaigrissement, & la pâleur.

Tant que durent ces bizarres alternatives on ne doit point croire la maladie guérie. Ce n'est qu'à la liberté la plus naturelle du ventre, & qu'au rétablissement de l'insensible transpiration, que l'on doit se fier. D'abord la peau, toujours aride, & chaude, se relâche, s'humecte, paroît d'une consistence plus mollette, & plus douce, & revient enfin à son état naturel, quand la transpiration se rétablit.

Les couleurs du teint se rendent souvent équivoques. Car elles restent vermeilles, & souvent même trop rouges; parce que l'inflammation du sang leur donne cet éclat, & d'un autre côté l'épaississement de la sérosité rend leur blancheur plus parfaite. Il est vrai qu'alors il ne faut pas qu'il s'y rencontre de teintures bilieuses; car elles ne corromproient pas moins la blancheur que le rouge. Il deviendroit purpurin, & le blanc jaunâtre, ou d'un jaunâtre verdâtre. C'est donc chez les personnes, dont le sang est *le plus franc*, je veux dire le moins mêlé de crudités, qu'on voit les couleurs devenir moins équivoques.

Vous me faites souvenir, interrompit Sophie, d'une Dame dont cent fois j'ai admiré la constitution; car il est rare de la trouver changée comme les autres, quoiqu'elle soit de la santé la plus délicate ; & même, ce qui pourra davantage vous surprendre, c'est pour elle mettre du plus beau rouge, que de l'exposer au vent froid. Combien de fois pendant que j'étois pâle, glacée dans mon carosse, l'ai-je vuë s'embellir ainsi, & prendre les plus brillantes couleurs !

Que diriez-vous, Madame, reprit Asclepiade, si dans ce moment je vous préparois une poudre qui prendroit feu dans le moment qu'elle seroit exposée à l'air ?

Ah ! je la connois, interrompit Sophie ; ne vous souvient-il pas que deja nous en avons parlé ? Je vous dirai même à présent que je me mis bien en colere un jour à son sujet contre mon Philosophe du logis. J'avois écrit une belle & longue lettre, où j'avois mis tout mon esprit, lorsque je demandai un peu de poussiere pour jetter sur le papier. En voilà, me dit ce curieux ; elle est même agréable, & parfumée, & desseche l'encre dans l'instant. Il tira de sa poche un petit flacon, poudra mon papier, & dans le moment, lorsque j'y pensois le moins, & que je disois je ne sçai quoi, je le vis percé, & brûlé. Qu'est-ce-là,

m’écriai-je ? Ce ne sera rien, me dit-il :
c’est que l’encre se desseche. Mais aussitôt mon papier brûlé m’étonna beaucoup, & me mit fort en colere : je gron-
dai fort ; mais tout sérieusement le curieux me dit, Madame, les belles expériences coutent toujours quelque chose.
Je veux donc, lui dis-je, que pour me
dedommager, vous m’appreniez tout-
à-l’heure, si c’est ici sortilege, ou philosophie. C’est philosophie, Madame, me
dit-il, & pour une inflammation si surprenante il n’y a pas plus d’artifice que
si vous versiez de l’esprit de nitre sur de
l’huile de canelle. Un acide très-volatil
est répandu dans l’air, mais d’une activité, & d’une pénétration surprenante.
Dans ma poudre est concentré un souphre très-raréfié, & tenu comprimé par
l’alun ; de sorte que, du moment qu’il est
pénétré par cet acide aërien, tout d’un
coup il s’enflamme comme auroit fait
de l’huile de canelle mêlée d’esprit de nitre. Sur cela il me dit plusieurs autres
choses dont je ne me souviens pas ; si ce
n’est qu’il rapporta à la différence des
proportions de raréfaction, & de l’activité, de ces diverses matieres, les singularités qui les distinguent dans leurs manieres de s’enflammer.

Jamais souvenir, reprit Asclepiade, n’est venu plus à propos, ni l’expérience ne s’est rencontrée plus juste, pour l’explication que vous desirez. Car désormais, ne faisant que supposer dans les veines de cette Dame un sang pur, très-sulphureux, facilement inflammable, vous n’aurez qu’à penser que le nitre aërien ne domine jamais avec plus d’activité, & plus de force, que dans les grands froids. Puis vous jugerez en conséquence de vôtre expérience, qu’à ne faire que pénétrer dans les veines de cette Dame, il en enflammera davantage le sang que dans toute autre saison. Car ce rouge si éclatant, ces couleurs si blanches, & si pures, ne peuvent venir que d’une plus grande inflammation, ou d’une plus grande chaleur, excitée dans le sang. Aussi, Madame, je crois que cette Dame, dont j’appellerois la beauté de toutes les saisons, puisque vous me la représentez si éclatante, lorsque toutes les choses se ternissent, & s’effacent ; je crois, dis-je, qu’elle est bien moins sensible au froid, & même qu’alors sa santé est bien meilleure.

Il est vrai, reprit Sophie, que dans sa jeunesse on l’auroit crue invulnérable;

mais depuis quelques années sa délicatesse est devenuë excessive. Ce sont des pertes fréquentes, & qui l'inquietent fort.

Je suis persuadé, dit Asclepiade, qu'elle en doit moins redouter les suites qu'une autre; & que du moment qu'on aura pû réuffir à calmer l'impétuosité qui les agite (car dans de tels tempéraments les esprits font d'une grande activité) elle réuffira avec un fang naturellement auffi-bien conftitué à recouvrer une santé parfaite.

Je puis à son sujet vous citer un exemple qui m'a très-fort intrigué. Autrefois une Dame à-peu-près comme la vôtre, & qui s'embelliffoit quand les autres s'éteignent, eut une perte après un leger retardement. Suivant toutes mes conjectures, elle devoit au plus être réglée à l'ordinaire. Car on avoit eu trois femaines auparavant la précaution de defemplir fes vaiffeaux par une faignée. Mais dans le même tems un vent du nord exceffivement froid, & la pleine Lune, fe rencontrerent. Cet incident caufa dans fon fang une émotion fi impétueufe, & fon fang devint fi enflammé, fi petillant, fi vif, que la perte devint exceffive. Vous jugez bien qu'après avoir

laiſſé d'abord couler le ſang ſuffiſam-
ment, je m'attachai à tempérer la perte
par les remedes les plus efficaces. Mais
leur peu de ſuccès me fit comprendre que
c'en étoit trop que d'avoir tout à la fois
à combattre & les aſtres & les éléments
dans une complexion auſſi ſuſceptible de
leurs influences. Ainſi je ne vis réuſſir
que peu-à-peu ce qui juſqu'alors m'a-
voit promptement ſatisfait en cent autres occurrences. Les vapeurs ſurvin-
rent, & rappellerent ſouvent les écoulements du ſang. Les flatuoſités, les ten-
ſions du bas ventre, le mouvement tonique des entrailles, les maux de tête
violents, ſuivirent de près la ceſſation
de la perte. Il ſe fit même des degorge-
ments de ratte, & dans l'eſtomac des
reflux d'une pituite ſi exceſſivement cor-
roſive, qu'après l'évacuation ce ne fut
que par les plus puiſſants alkalis, ou ab-
ſorbants terreux, & balſamiques, que je
réuſſis enfin à les ſurmonter.

Vous ſervîtes-vous alors de vos pilulles, dit Sophie ?

Oui, Madame, répondit Aſclepiade;
nul autre remede n'auroit réuſſi à lâcher
le ventre. L'on en avoit fait l'expérience. Car pluſieurs lavements étoient reſ-

tés sans effet , & ceux dans lesquels je
fondis ces pilulles procurerent une abondante decharge , & firent beaucoup diminuer la tenfion du ventre. Enfin tant
d'accidents divers furent furmontés peu-
à-peu. Mon intention générale fut toujours d'éteindre l'activité trop dominar-
te de ces acides vaporeux très-volatils
dans leur efpece , mais d'une très-violente efficacité. Auffi , reglant fur cette
intention générale mes différents remedes , je vis que d'abord que les urines
étoient chargées d'une prodigieufe quantité de glaires qui , dans les commencements précipités au fond du verre , comme une colle blanche , s'éleverent peu-
à-peu à mefure que leur maffe fe diffol-
voit , & fe raréfioit dans les veines ; s'é-
leverent , dis-je , en un pelotton en forme de pyramide jufqu'à la moitié du
vetre ; & que chaque jour ce pelotton devenoit plus tranfparent , plus leger , &
diminuoit de quantité. Enfuite ce furent
des fouphres mêlés d'un tartre qui fe
précipiterent en forme de craye rougeâ-
tre , briquetée, qui laiffoit aux paroirs
du verre une coagulation blanche , &
fortement attachée. Enfin dans la fuite
les urines devinrent meilleures , & plus

abondantes , & tant de mauvais sédimments disparurent peu-à-peu.

Pendant que les urines étoient ainsi disposées , les selles furent noires , dessechées , & comme le crottin des chevres; accidents qui ne cederent presque qu'aux lavements où je mettois mes pilulles , & *au sel d'epsom* avec la manne. Les selles étoient dans le commencement fort chargées de glaires. C'étoit en effet la source de celles qui dominoient dans les veines.

Ne conviendrez vous pas, Monsieur, dit Sophie , que ce sont-là de grandes maladies?

J'en étois déja convenu, Madame, répondit Asclepiade ; nulle autre n'est chargée d'autant de *contre-indications* , je veux dire de symptômes qui indiquent des nécessités plus contradictoires. La plus pressante de ces indications est d'arrêter la perte, & le péril est évident s'il s'en fait une prompte suppression. Alors l'opium, & les autres remedes narcotiques deviennent très-souvent funestes, parce qu'ils agissent sur les esprits déja mis en desordre , souvent trop épuisés par la révolte de ces autres esprits vaporeux ; qui dans l'ordre de la vie, &

comparés

comparés avec les premiers peuvent être
confiderés comme étrangers. De-là vient
que plus ils agiffent avec impétuofité,
moins les forces fe foutiennent. D'ailleurs ils ne manqueroient pas à fe fixer
dans le cerveau; ou du moins à s'y embarraffer, de maniere à ne pas manquer
d'y exciter des vertiges, des tenfions apo-
plectiques, des délires, en un mot tout
ce que l'on comprend par les tranfports
au cerveau.

Je fçais qu'en pareil circonftance on a
effayé une legère teinture de pavot blanc,
mais en petite quantité; elle fuffit cependant alors pour caufer une douleur de
tête pefante, accompagnée d'un long
accablement. D'un autre côté les remedes propres à diffiper les vapeurs, tels
que le caftor, l'affa fœtida, le galbanum,
& les autres, qu'il feroit inutile de nommer, donnent au fang trop de chaleur,
& d'activité, & ne feroient qu'augmenter la perte, lors particulierement qu'elle
eft dans fa plus grande force; c'eft-à-dire, quand on la doit le plus redouter.
Les remedes rafraîchiffants ne fe diftri-
buent pas facilement, & ne fervent dans
un eftomac déja affoibli, & au milieu
des glaireux qui y regnent, qu'à éteindre

la chaleur, & à augmenter les gonflements qui l'oppreſſent. Outre que dans la tenſion où ſont toutes les fibres, preſque rien ne ſe deplace; en un mot on trouve preſque autant d'oppoſitions qu'on ſe propoſe de remedes. Cependant le tems preſſe. Vous ſentez bientôt que le pouls eſt prêt à vous manquer. De plus en plus endurci, ſerré, petit, vîte, précipité, bientôt il devient inégal, & intermittent, il s'enfonce enfin; mais, à l'aide d'une vapeur qui ſe developpe, il s'éleve, s'étend, & paroît un peu ſe ramollir, & prendre un volume d'une conſiſtence plus conſolante. Mais que ce mieux apparent eſt paſſager! Auſſi déchoit-il pour donner de nouvelles allarmes. Alors la malade s'inquiette, & ſe trouble; ſon imagination s'irrite; de juſtes craintes la deconcertent; elle tombe enfin dans une ſorte d'accablement qui accelere réellement la décadence de toutes ſes forces.

On voudroit les ſoutenir par d'excellents cordiaux, par des potions fortifiantes. L'eſtomac en paroît ſoulagé ſur le champ; car les vents l'accablent, s'y cantonnent, le font s'élever, & comprimer extraordinairement le diaphrag-

me, pendant que l'inteftin colon, qui
n'eft pas moins extraordinairement tendu, le comprime exceffivement en-def-
fous, & que les deux hypochondres s'é-
levent, & fe durciffent ; l'eftomac, dif-
je, en eft foulagé ; mais fur le champ on
s'apperçoit d'une châleur qui fe répand
dans les veines, & d'une augmentation
confidérable de la perte. Ainfi les con-
fections d'hyacinthe, & d'alkermes répondent peu aux efpérances qu'on fon-
doit fur elles. Tous les remedes terreux,
abforbants, les coraux, les yeux d'écre-
viffes ont très-peu d'effet ; ou du moins
il eft trop lent ; &, fi l'on y affocie quelque peu d'opium, comme on eft quelquefois forcé de le faire, ce ne doit être
qu'en fi petite quantité, à raifon du danger qu'il y a dans fon ufage pour peu
qu'il doive être un peu confidérable,
qu'on ne voit pas qu'il réponde d'abord
à la fin qu'on s'étoit propofée. Le fuc-
cin joint avec le corail, ou les yeux d'é-
creviffes, la pierre hématite, la fangui-
ne, n'ont pareillement que des effets
trop lents ; & par malheur, comme il
en faut fouvent réitérer les dofes, elles
s'épaiffiffent dans le fond de l'eftomac,
& s'y lient avec les glaires en forme de

mortier; ce qui le fatigue beaucoup à la fin, & fait quelquefois qu'il eſt forcé de les rejetter par le vomiſſement.

C'eſt-à-dire, interrompit Sophie, qu'il en faut mourir.

C'eſt bien aſſez, repliqua Aſclepiade, que cette maladie expoſe à un très-grand danger. Car la deſcription que je vous fais, eſt celle de la maladie d'une Dame qui en eſt bien guérie. Je prétends même qu'à préſent elle eſt hors de toutes craintes de retour, ſuivant que j'ai eu l'honneur de le lui promettre d'abord. Mais, Madame, mes promeſſes n'auroient pas été ſi hardies ſi elles n'étoient bien fondées ſur l'expérience. Mon deſſein étoit d'éteindre toute cette vivacité des acides volatils qui dominoit depuis ſi longtems dans ſes entrailles, & dans ſon ſang, par l'uſage de la panacée de Saffouge, terre nitreuſe dont la préparation conſiſte à la dépouiller abſolument de toute ſalure, & à ne lui laiſſer que ce qu'elle a d'abſorbant. Et en effet on la réduit ſi bien à ce point, que, pour peu qu'elle vieilliſſe, malgré toutes les précautions, elle attire tellement toute l'acidité nitreuſe dont l'air eſt chargé, qu'elle s'endurcit comme de la chaux,

comme je vous le difois ci-devant; de
forte qu'intérieurement elle s'abreuve de
toute celle qui fe répand dans les entrailles, &, l'enveloppant avec elle, elle
l'entraîne par les felles. Ainfi, après
quelque ufage de ce remede, & des autres vulnéraires, que je vous ai nommés
comme fpécifiques, tels que font les fucs
d'orties, de bourfe à pafteur, & les autres, je l'ai mife à l'ufage du lait, toujours foutenu par des abforbants appropriés, & par ce moyen, procurant à fon
fang une qualité moins fufceptible d'inflammation, je ne doute point qu'elle
ne foit à l'abri des retours des accidents
paffés. Je compte d'ailleurs beaucoup
fur deux chofes; l'une, qu'elle eft dans
les termes où la ceffation des regles doit
fe faire; & l'autre que nous entrions
dans le printems, faifon de toutes la
plus favorable pour retablir les tempéramens, lorfqu'on prend de juftes mefures pour furmonter toutes les chofes qui
donnent occafion à l'exagération de
quelques-unes de leurs qualités. Car ce
n'eft qu'en ce point qu'ils fonr fufceptibles de quelque correction. Jamais on
ne détruit ce qui leur eft effentiel, de
quelque mauvais effet qu'il puiffe être

malheureusement capable. Ainsi que les
gens nés avec une consistence plus favorable se rejouissent de leur bonheur.

Mais, dit Sophie, vous parlez de la
cessation des regles : c'est heureusement
me ramener à une question que j'avois
envie de vous faire depuis longtems.
Pourquoi cessent-elles ?

Vous jugez bien, Madame, répondit
Asclepiade, que ce n'est pas faute de
saug, ni de toute autre plénitude ; que
ce n'est pas non plus à raison d'affoiblissement de l'estomac, ni des autres organes de la digestion ; ni enfin parce que les
forces se trouvent enfin épuisées par
d'autres raisons, puisque c'est après la
cessation de ces régles que les femmes
commencent à s'engraisser, à se rafraîchir, à reprendre enfin comme une consistence, & je dirois même à faire comme un nouveau bail pour la vie. Bien entendu, vous le comprenez sans doute,
que toutes les choses se seront passées,
& que le passage de la ligne fatale, pour
me servir de votre expression, que
j'ai trouvée si ingénieuse, se sera fait de
la maniere la plus favorable. Combien
d'exemples de ce que j'ai l'honneur de
vous dire, où le beau sexe délivré de

l'importune servitude des tems passés rentre en de nouveaux droits !

Ainsi, Madame, je pense qu'il faut
regarder comme cause principale de cette cessation que la nature a établi pour
la force, & l'activité, des esprits germinants, ou prolifiques, de certains termes, ainsi qu'elle l'a fait pour toutes les
autres choses. Il est vrai que ces termes
dépendent assez de diverses circonstances pour qu'ils se trouvent susceptibles
de quelques variétés. Car, à commencer par ceux de leurs premieres efflorescences, il dépend beaucoup des constitutions plus ou moins favorables à leur activité, pour qu'ils se developpent plutôt
ou plus tard. De-là vient aussi que pendant toute l'étenduë de leur durée elles
observent le cours de leurs périodes d'une
maniere plus, ou moins réguliere, & de
même se terminent plutôt, ou plus tard.
En effet elles se perpétuent toute leur
vie chez certaines personnes. J'ai fait
une fois tirer du sang du pied à une
femme de soixante & dix ans, parce
qu'elle avoit les mêmes accidents, qu'une
fille qui manquoit d'être reglée, & les
regles reparurent ensuite. Trois ans
après il en fallut revenir au même reme-

de par la même raison. Mais, Madame,
ce sont-là de ces choses rares, qu'on
peut même dire prodigieuses, desquelles
on ne doit rien conclurre pour la pratique de l'art.

Oh ! c'est ce que je sçais, interrompit
Sophie. Je connois deux Dames, l'une
de soixante ans, & l'autre un peu plus
vieille, qui n'ont jamais cessé d'être réglées. Aussi se plaignent-elles fort de ne
pas profiter des bénéfices de l'âge ; ce qui
ne laisse pas de les inquiéter beaucoup,
redoutant la fin de cette cessation, laquelle néanmoins les menace toujours
d'arriver, étant très-sujettes à des pertes.

Il est vrai, Madame, reprit Asclepiade, qu'il arrive tout aussi fréquemment que l'agent secret qui pousse ces
efflorescences ne cesse d'agir qu'après
les plus violents efforts, & qu'il ne s'é-
teigne que peu-à-peu. Ces efforts même arrivent d'autant plus ordinairement
qu'il se rencontre en des tempéraments
plus vivaces, & mieux constitués ; dans
les sanguins, par exemple, dans les sanguins bilieux, & les sanguins pituiteux ;
terres fécondes, s'il m'est permis de me
servir de cette expression, où les fem-

mes pouffent, & végétent avec plus de force, d'activité, & produifent les plus belles tiges, qu'elles entretiennent même plus longtems dans leur intégrité parfaite.

En effet, Monfieur, dit Sophie, fuivant ce que vous me difiez précédemment, dans la comparaifon que vous faifiez du fyftême végétal avec le nôtre, je croirois volontiers que ces efprits qui tiendroient de la nature de ceux des femences végétales devroient comme les leurs n'avoir de force que pour un tems.

Cela eft conftant, Madame, répondit Afclepiade, & ce tems eft précifément déterminé par la difpofition où les fucs nourriciers commencent à ceffer d'être auffi parfaits qu'ils le font dans le tems de la jeuneffe. Alors, plus doux, plus propres à fe lier, à fe confubftancier avec nos parties, ils leur donnent certains caractères de foupleffe, & de legèreté, qu'ils font incapables de communiquer quand on commence à vieillir. Au contraire, ils font plus chargés de falure, moins onctueux, moins liants, mais plus aqueux, & chargés de parties plus groffieres, & leurs productions deviennent plus parfaites.; de sorte que, pour la production des enfants, où tout doit être très-pur , très-délicat, très-doux , très-balsamique , de telles matieres n'auroient pû fournir que des consistences imparfaites. Aussi voit-on souvent que les enfants qu'ont des vieillards avec les femmes déja fort avancées vers la fin de leurs termes portent dès leur enfance certains caractères de vétusté , qui les distinguent des autres nés en des âges plus convenables ; de maniere que les termes de la fécondité sont fixés très-à-propos tant d'un côté que de l'autre. En un mot ce sont-là de ces choses où il faut plutôt s'en rapporter à l'observation qu'au raisonnement.

Je vois bien , dit Sophie, que vous n'aimez pas beaucoup à philosopher ; car je m'imagine que vous trouveriez bien des choses à me dire sur cela.

Il est vrai, Madame, reprit Asclepiade, qu'on ne manque jamais de raisons; que commençant d'abord par la méchanique des parties , par cette sécheresse, cette dureté qu'elles contractent en vieillissant ; que poursuivant par ces amas insensibles des parties hétérogenes, ou hors-d'œuvres , qui s'amassent peu-à-peu ; enfin continuant ces détails par lesquels les confiftences des chofes font altérées chaque jour, je formerois un long difcours, dans lequel je pourrois faire paroître beaucoup d'érudition. Car je crois bien que vous ne doutez pas que je n'aye beaucoup lû, beaucoup obfervé, & médité fur ces queftions ; mais en tout il me femble qu'il entreroit fouvent plus de conjectures que de vrayes découvertes dans ces curieufes differta-tions.

Paffons donc déformais, interrompit Sophie, à l'hiftoire des pertes de l'autre caractère. Car je vois par ce que vous venez de me dire que dans toutes celles que vous comprendrez dans le genre in-flammatoire il n'y aura de différence à faire que celle du plus, ou du moins.

Cela eft vrai, repliqua Afclepiade, & ce plus ou ce moins fe rencontrera plus de certain côté que d'un autre ; ou de l'un, ou de l'autre tout à la fois. En ef-fet, ou bien le fang fera plus ou moins fufceptible d'inflammation, plus ou moins fluide, & propre à être raréfié, & pouffé à l'excès ; ou bien il fera plus ou moins capable de brifer fes vaiffeaux, qui feront plus ou moins propres à cé-

der à l'impétuosité des esprits; ou bien
ce sera des esprits plus ou moins puissants, vaporeux, capables de s'étendre
avec force, de s'armer des préparations
vaporeuses, qu'ils trouveront à raréfier,
& à pousser les flatuosités alimenteuses,
dont je vous ai parlé. Car vous raison-
nerez toujours juste lorsque vous les con-
sidérerez comme les principaux moteurs
de tant de fâcheux symptômes. J'aurai
même l'honneur de vous dire à ce sujet,
c'est une preuve qui confirme la vérité de
ce sentiment, qu'en bien des occasions
on a expérimenté que détrempant de
l'ardoise neuve, fraîchement de la *per-
riere*, après l'avoir bien pilée avec du
blanc d'œuf bien battu, & que l'éten-
dant sur de la filasse, pour l'appliquer
tout le long de l'épine du dos, mais particulierement sur la région des reins, &
qu'en en appliquant aussi sur les parties
basses du côté opposé, on voyoit dans
les vingt-quatre heures cesser, ou tout
au moins diminuer considérablement
l'hémorrhagie. On réitere cette application du soir au matin, & quelquefois
encore, pour en augmenter la force, on
y ajoute un peu de vinaigre.

L'ardoise est une sorte de tale très-ab-

forbant, & vraisemblablement elle attire par une sorte de *magnetisme* une partie de ces acides *turbulents* qui causoient
la plus grande force de l'agitation tu-
multueuse qui produit la perte.; &
c'est pour cela qu'on choisit les ardoises
qui n'ont pas encore été abbreuvées par
l'esprit nitrieux aërien.

Ce remede, dit Sophie, est bien aisé;
mais est-il aussi sûr que les autres?

Il faut, Madame, convenir que tant
de choses différentes doivent concourir
en fait de remedes, qu'aucun ne peut
être regardé comme absolument certain:
& c'est pour cela qu'un Médecin n'en
sçauroit trop connoître de différents;
parce qu'il passe des uns aux autres d'a-
bord qu'il n'est pas satisfait des premiers.
Il lui suffit de voir qu'ils peuvent généralement remplir les indications générales qu'il a dû se proposer d'abord, &
qu'il ne doit jamais perdre de vuë. Mais
je suppose qu'il les ait judicieusement
tirées.

Enfin, Madame, il se rencontre cent
divers incidents capables de beaucoup
augmenter les pertes, mais qu'on peut
considérer comme étrangers, & sur lesquelles on ne doit pas compter; comme

auſſi il ſe trouve des remedes de pur hazard, dont trop ſouvent on n'oſeroit
uſer dans d'autres occurrences.

Il me ſouvient à ce ſujet d'une femme prête à moyrir, & à laquelle on
avoit fait ſans ſuccès toutes ſortes de remedes. Elle voulut ſe confeſſer. Le Prêtre arriva, ſe plaça à ſon chevet ; &
dans le moment ayant vû ſur les draps
un peu de ſang, ce qu'il ne voyoit jamais ſans tomber en foibleſſe, il tomba
en effet abſolument évanoui, & fit alors
une telle frayeur à la femme que ſa perte
ceſſa ; &, comme elle étoit ſeule, après
avoir aſſez longtems appellé du ſecours,
elle ſe leva, vint ouvrir la porte parce
qu'on ne l'entendoit point, & fit enfin
venir du monde, qui emporta le pauvre
Prêtre, dont l'évanouiſſement étoit de-
venu pour elle un remede ſouverain. De
telles frayeurs ont réuſſi en beaucoup
d'autres occaſions. Cependant je croirois le remede trop peu ſûr pour oſer
l'employer, lorſque les femmes ſont en
ſi grand danger. Le hazard tout ſeul a le
privilége de faire des cures pareilles.

Paſſons enfin aux pertes cauſées par
la trop grande diſſolution du ſang.

Elles ſont ſujettes à de funeſtes dé-

nouëmens , parce qu’alors il domine
souvent dans le sang une telle acrimonie
qu’elle n’est pas éloignée du caractere de
la malignité. On peut même dire que
c’est ce qui en fait le plus grand danger.
Car il s’en faut bien qu’alors les esprits
germinants pouffent avec la même activité que dans les autres, où l’on peut
dire qu’ils font d’autant plus puissants
que les personnes se trouvent plus vivaces , & de la constitution la plus ro-
buste. Dans ces dernieres tout le contraire arrive. Car un des principaux effets dans ces pertes est l’accablement; la
pesanteur générale, & particulierement
dans la tête ; & l’affoiblissement général de toutes les forces. Aussi voit-on
que le teint se ternit, & se roüille ; que
les rouges ordinaires deviennent livides ;
que le pouls s’enfonce, devient mou,
& bientôt deffaillant, si ce n’est par intervalles, où il semble prendre un peu de
dureté avec de la fréquence. Les vents
se cantonnent dans les hypochondres ;
le foye , la ratte paroissent gonflés ; les
entrailles font extraordinairement agitées par des vents, qui souvent y excitent des douleurs plus aggravantes dans
la région des reins. Ce symptôme est

commun dans presque toutes les pertes ; mais autant il est sensible par un excès de chaleur dans les autres, autant il est froid, & douloureux dans celles-ci, & souvent varié par des frissonnements de pituite très-dissoute. Souvent même il s'y joint une importune salivation.

Cependant il arrive que du moment qu'il ne s'y joint aucun des caracteres de la malignité dont je parlois, & qu'il y a seulement une fonte, ou dissolution du sang, ces pertes paroissent plus traitables que les autres. Tout s'y passe avec moins d'impétuosité ; mais les suites n'en sont pas moins redoutables. Car, étant supprimées trop tôt, il survient des bouffissures œdemateuses qui engorgent les parties, & y causent des obstructions, ou fort douloureuses, ou absolument indolentes ; ce qui est un grand mal : premiers essais d'une hydropisie générale, & dont la guerison est d'autant plus difficile qu'elle naît alors d'une plus grande dissolution du sang. Dans cette hydropisie on voit çà & là bizarrement répanduës des taches de meurtrissures, qui annoncent qu'elle tient du caractere scorbutique. Mais c'est moins à ces suites que nous devons nous attacher qu'aux moyens de les prévenir.

Un des meilleurs secours se trouve dans les vinaigres *prophylactiques*, que l'on compose de diverses sortes, c'est-à-dire, en faisant choix des plantes les plus appropriées contre les pertes, pour en faire une forte infusion avec d'excellent vinaigre. Ainsi la pervenche, les orties, les feiiilles de chêne, & plusieurs autres de cette espece, doivent être jointes à l'absynthe, & aux fleurs de camomille. On peut faire ce vinaigre fort aromatique, attendu qu'il est moins facile d'enflammer le sang, parce que sa grande dissolution dépend moins des parties huileuses que d'une salure ammoniacque devenuë trop ouverte, & trop corrosive. Elle agit même sur ces parties huileuses à-peu-près comme feroit le sel de tartre, qui s'allie avec elles, & en compose en les épaississant une sorte de substance savonneuse, qui se fond presque toute dans la sérosité. Et c'est de-là que le sang contracte cette dissolution maladive, où, bien loin d'être plus volatil, comme on le croiroit peut-être, parce qu'il est plus dissout, il le devient beaucoup moins par son union avec la falure qui le lie. Il en devient encore moins coulant, & c'est pourquoi il s'arrête si fréquemment, & forme toutes ces équimofes qu'on voit en dehors en forme de meurtriffures.

Je crois, Madame, qu'il feroit inutile de reprendre ici ce que j'ai eu l'honneur de vous dire au fujet du fcorbut. Il vaut mieux, fongeant à finir, vous dire en abrégé que c'est par l'ufage des aigres, de l'alun, & des fomentations exterieures, qu'on fait avec ces aigres, que l'on parvient à la fuppreffion de ces pertes; que l'on y peut ufer plus fûrement des cordiaux; enfin qu'on y joint les remedes fpécifiques, tels que le charbon de liege, la poudre de feves, en un mot ceux dont j'ai parlé ci-devant; infiftant toujours beaucoup fur tout ce qui, à raifon d'une acidité peu fermentefcible, peut adoucir, & fixer l'acrimonie trop diffolvente, qui domine alors à l'excès.

Ainfi, dit Sophie, voilà une defcription abregée de ces grandes maladies des vapeurs, & des pertes. C'en eft affez pour moi qui n'en veux fçavoir que l'hiftoire; mais je comprends fort, que dans le détail, & quand on en vient à l'expérience, à faire une infinité d'observations, qu'il seroit presque impossible de rapporter dans un discours suivi.

N'en doutez pas, repartit Asclepiade ; il y auroit sur ces matieres un gros *in folio* à composer plutôt que de simples Entretiens. Encore seroit-il nécessaire d'y faire entrer l'histoire presque entiere des autres maladies des femmes.

C'est, interrompit Sophie, un ouvrage que je vous engagerois fort d'entreprendre ; mais je ne voudrois pas que vous vous choisissiez une autre méthode que celle que vous avez bien voulu suivre en ma faveur. Partout vous vous êtes rendu intelligible, au lieu que dans vos manieres ordinaires d'écrire, & où vous entreprenez de tout expliquer, c'est dans des termes, & des tours si singuliers, que le plus souvent on vous perd de vuë. Je suis satisfaite, Monsieur, & vous en remercie. Je suis cependant très-persuadée que le génie de l'Auteur, que l'étenduë de ses connoissances, enfin que les lumieres qu'il tire de ses expériences, sont beaucoup au-dessus de son Ouvrage.

Le compliment eſt trop flatteur pour moi, Madame, répliqua Aſclepiade; & c'en auroit été aſſez de vouloir bien me dire que je ne vous ai pas ennuyée.